JN063163

宮城県の教員採用試験過去問シリーズ ❸

2025年度版

宮城県・仙台市の国語科

過去問

協同教育研究会 編

協同出版

本書には，宮城県・仙台市の教員採用試験の過去問題を収録しています。各問題ごとに，以下のように5段階表記で，難易度，頻出度を示しています。

難　易　度

非常に難しい　☆☆☆☆☆
やや難しい　☆☆☆☆
普通の難易度　☆☆☆
やや易しい　☆☆
非常に易しい　☆

頻　出　度

◎　ほとんど出題されない
◎◎　あまり出題されない
◎◎◎　普通の頻出度
◎◎◎◎　よく出題される
◎◎◎◎◎　非常によく出題される

※本書の過去問題における資料，法令文等の取り扱いについて

本書の過去問題で使用されている資料や法令文の表記や基準は，出題された当時の内容に準拠しているため，解答・解説も当時のものを使用しています。ご了承ください。

はじめに～「過去問」シリーズ利用に際して～

教育を取り巻く環境は変化しつつあり、日本の公教育そのものも、教員免許更新制の廃止やGIGAスクール構想の実現などの改革が進められています。また、現行の学習指導要領では「主体的・対話的で深い学び」を実現するため、指導方法や指導体制の工夫改善により、「個に応じた指導」の充実を図るとともに、コンピュータや情報通信ネットワーク等の情報手段を活用するために必要な環境を整えることが示されています。

一方で、いじめや体罰、不登校、暴力行為など、教育現場の問題もあいかわらず取り沙汰されており、教員に求められるスキルは、今後さらに高いものになっていくことが予想されます。

本書の基本構成としては、出題傾向と対策、過去5年間の出題傾向分析表、過去問題、解答および解説を掲載しています。各自治体や教科によって掲載年数をはじめ、「チェックテスト」や「問題演習」を掲載するなど、内容が異なります。

また原則的には一般受験を対象としております。特別選考等については対応していない場合があります。なお、実際に配布された問題の順番や構成を、編集の都合上、変更している場合があります。あらかじめご了承ください。

最後に、この「過去問」シリーズは、「参考書」シリーズとの併用を前提に編集されております。参考書で要点整理を行い、過去問で実力試しを行う、セットでの活用をおすすめいたします。

みなさまが、この書籍を徹底的に活用し、教員採用試験の合格を勝ち取って、教壇に立っていただければ、それはわたくしたちにとって最上の喜びです。

協同教育研究会

CONTENTS

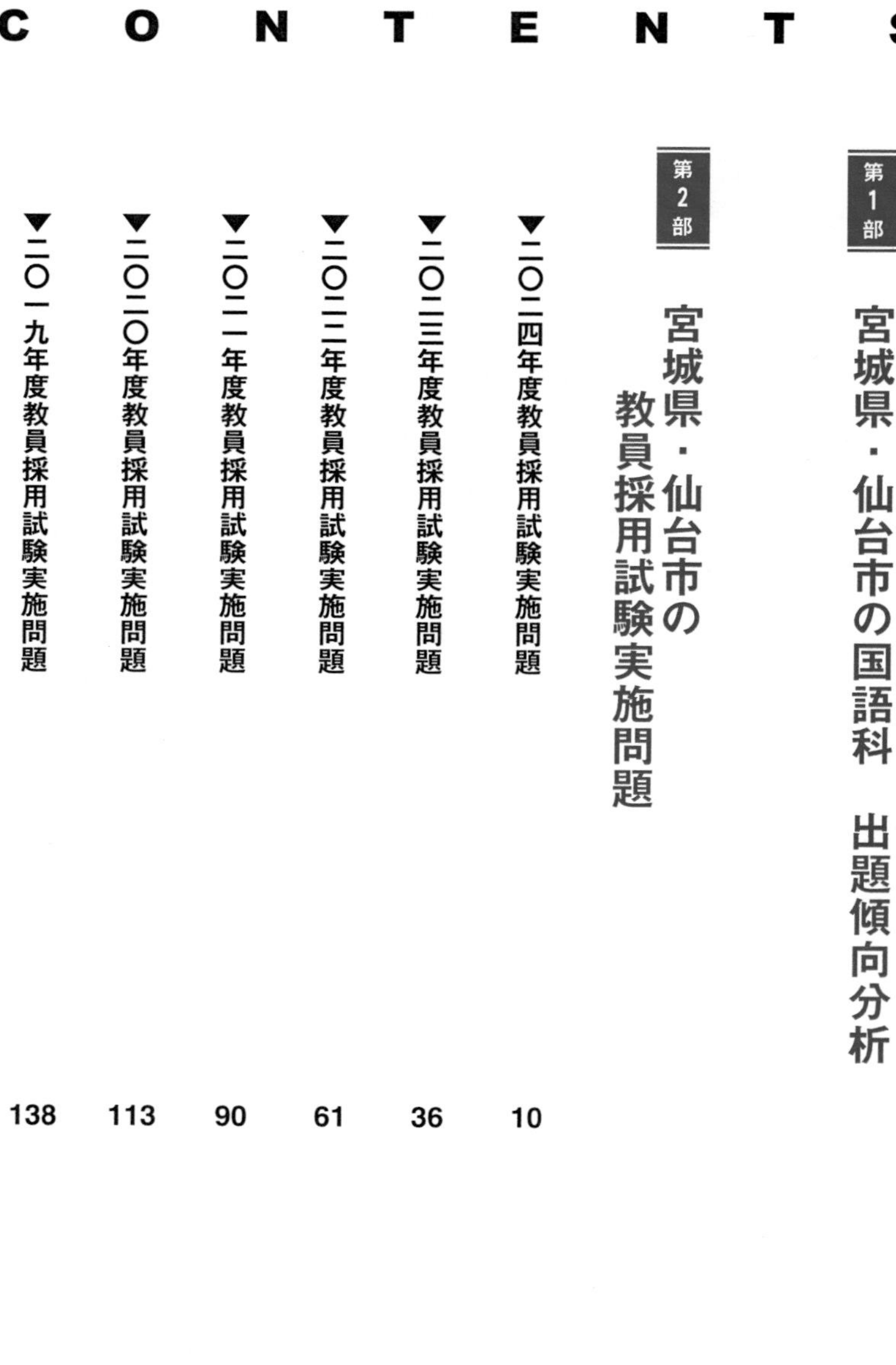

第１部

宮城県・仙台市の国語科出題傾向分析

宮城県・仙台市の国語科　傾向と対策

出題内容は、中高共通で、現代文(評論)と古典(古文・漢文)、国語常識および学習指導法など大問五問である。また、科目(評論)で学習指導法が問われる傾向がここ数年続いてきたが、二〇二〇年度からはなくなっている。また二〇一九年度からは記述式がなくなり、設問すべてが選択式となった。

評論は、藤田政博『バイアスとは何か』からの出題。文法、欠文箇所挿入、内容理解、空欄補充、内容合致などが問われている。難易度は標準。

論理を主とする文章である評論は、意味中心の語句で文章展開が行われる。そのために、語句を検討し、文と文のつながり(話題転換・逆接・順接・並列・対比・選択・理由・要約など)を考え、段落相互の関係をとらえ、要旨や大意を把握することが大切である。

特に、抽象的なことばは、常に他のことばと関連し合っている。同義語や類義語などは、文中での意味を考えるうえで重要な手がかりになる。また、文章構成上、筆者のテーマの結論を最初に述べて文章を展開する頭括法、最後にまとめる尾括法、この両者を一つにした双括法がある。多角的な視点に立ち、体系的・構造的な論理的叙述を解釈し、熟考・分析して論述構成する手順で、記述式・選択式設問の両者に対応する力を身につけることが大切である。

古文は『東関紀行』からの出題。文法、語意、内容説明、傍線部解釈などが問われている。難易度は標準。

古文の学習は、古語の読みと意味、文法(用言の意味と活用、助動詞の意味と活用、助詞の意味とはたらき、敬語の種類と敬意の対象、係結びなど)、和歌では、特に修辞(枕詞、序詞、掛詞、縁語、本歌取り、句切れ・体言止め)

などが重要である。基本的事項の確実な習得が肝要。その応用として全文読解力を身につける。

漢文は、『東坡居士艾子雑説』からの出題。語意、書き下し文と解釈の組み合わせ、訓点、指示内容などが出題されている。難易度は標準以上。

漢文の学習は、漢文の基本構造、基本句形、重要助字、訓点と書き下し文、現代語訳などが大切である。漢詩については、古体詩と唐代に成立した近体詩の「絶句」(四句)、「律詩」(八句)、「排律」(十句以上)および五言・七言に限られていることや修辞(押韻や対句)について学習しておく必要がある。

国語常識は、傍線部の漢字と同じ漢字のもの、慣用表現、四字熟語などが出題されている。

学習指導法は、中学第三学年と高校第一学年の「話すこと・聞くこと」からの出題。【学習の流れ】、単元評価時の留意点などが出題されている。

学習指導要領は改訂の趣旨と教科目標の三つの柱、それを受けた学年や科目の目標と内容を体系的に学習し理解しておくことが大切である。教科目標(1)「知識及び技能」と(2)「思考力・判断力・表現力等」は(1)の習得と(2)(1)の活用の関係にあり、さらに新しい知識・技能の習得のため(2)から(1)の学びが必要となる。この循環学習で「確かな学力」が育成される。

対策としては、中高の教材の基本事項を徹底的に学習するとともに、学習指導要領および学習指導法を修得した上で、宮城県の過去問を徹底的に分析し、その傾向を把握することを勧める。

過去5年間の出題傾向分析

●：中高共通

分類	主な出題事項	2020年度	2021年度	2022年度	2023年度	2024年度
現代文	評論・論説	●	●	●		●
	小説					
	随筆				●	
	韻文（詩・俳句・短歌）		●			
	近代・文学史					
古文	物語			●		
	説話	●	●		●	
	随筆					
	日記・紀行文					●
	和歌・俳句	●				
	俳論					
	歌論					
	能楽論					
	古典文学史	●				
漢文	思想・政治					
	漢詩文				●	
	漢詩					
	歴史		●			
	説話	●		●		●
	中国古典文学史					
	学習指導要領					
	学習指導法	●	●	●	●	●
	その他	●	●	●	●	●

〈備考欄〉「その他」は，敬語，熟語の構成，漢字の読み書き，慣用句，部首，文法等。

第２部

宮城県・仙台市の教員採用試験実施問題

二〇二四年度　実施問題

【中高共通】

【一】次の文章を読んで、以下の各問いに答えなさい。なお、1〜16は、段落の番号を表します。

1　人間は、この世に生まれたときから自分自身をこの世界に投げ出し、世界とがっぷり四つに関わりながら生きています。その際には、単なる生き残りマシンとしてではなく、(a)自分が関わる物事の意味を感じながら生きています。生きていることや自分に関わる物事に意味が感じられ(b)ないと、それこそ死に至るほど悩むものです。

2　このように人間は、自分の身に起こったことや自分の人生などに意味を求める生き物です。ただ、意味は世界のなかに始めから含まれているわけではありません。世界自体はただそのようにあるだけであって、世界で起こったことや世界の有り様について意味を与えるのは人間だけができる作業です。

3　心理学における意味の研究史に関して、2020年9月10日にオンラインで行われた、日本心理学会大会の齋藤洋典(ひろふみ)氏による招待講演があります。「意味を索(もと)めて」と題されたその講演は、近代以降、なかでも特に1960年代以降の心理学が意味をどのように扱おうとしてきたかをまとめるものでした。

4　この時代における心理学の重要な出来事として、認知革命があります。認知革命とは、一言で言うと、人間に対する新しい見方を取り入れながら、心理学だけでなく、さまざまな領域(計算機科学、人類学、脳科学、生理学等)が協力して人間の精神活動の仕組みを明らかにしようという研究の潮流です。このようにしてできた、複数の学問分野を横断的に活用して人間の精神活動の仕組みを明らかにする研究領域を認知科学と呼びます。

5 心理学における一般的な理解では、認知革命によって認知科学が広く普及し、人間の精神作用をコンピュータになぞらえて理解する研究が爆発的に増えました。人間をコンピュータになぞらえるとは、次のようなモデルを使って人間の精神活動を理解するということです。入力装置から入ってきた情報を記憶装置に蓄え、必要に応じて情報処理装置で処理して、処理結果は記憶装置に保存したり、行動として外に出力するというモデルです。人間をいわばノイマン型コンピュータのような情報処理マシンと見る見方です。

6 この見方に基づくことで、人間の精神作用についての理解が飛躍的に進みました。(c)その意味では大成功と言えます。ただ、人間を情報処理マシンとしてみる見方は、人間が「意味」に関わりながら生きている側面を扱うことを困難にします。人間を何かの機械とみなす、他の人間機械論も同様です。もちろん、プログラミング的に「意味」を扱うことはできますが、それは通常、さまざまなパターンを学習するプログラムであり、プログラムを実行している機械自身が本当に「意味」を理解しているとは言えません。

7 ただ、認知革命は人を情報処理マシンとして理解することで研究を飛躍的に進めた「革命」だとよく言われており、私もこの講演を聴くまではそう思っていました。また、最初からそれを意図したものだと考えていました。しかし、認知革命の立役者の一人であるブルーナー(アメリカの教育心理学者、認知心理学者、文化心理学者)は、認知革命は人間が意味を形成する仕組みに関心を抱いていたはずなのに、それを捨てて情報処理(計算操作)に走ったことを非難し、意味を探求することの重要性を説いています(ブルーナー、1999)。そして、フォークサイコロジーや物語ること、文化心理学の重要性を主張しています。その主張は心理学に意味を取り戻せ、ということだったのです。

8 フォークサイコロジーとは、「民族心理学」（　d　）「素朴心理学」と訳され、心理学者ではない人びとが人間の精神や行動について説明し予測するためにもっている知識、信念、およびそれらを独自にまとめ上げたものを指しています。それは人間社会における文化を成り立たせ、また人びとが文化のなかにさまざまな物事を位置づけることで意味を生み出すもととなっています。ヴィルヘルム・ヴントは人間の精神の問題に実験という手法を持ち込んで近代の科学的心理学の礎を築いたいわば近代心理学の父ですが、同時に社会制度が人間の精神に与える影響の大きさを認めて「民族心理学」を重視しました。（　e　）、心理学のなかで、実験で客観的に検証可能な行動のみが人間の精神を説明するために重要で、人間の本性は条件反射や動因の連鎖にすぎないと考える徹底的行動主義者(B・F・スキナーなど)からは、文化や意味というものをまとった民族心理学は徹底的に批判されました。その背後には、他の民間学問が科学に取って代わられたように、心理学においても素朴心理学ではなく科学的心理学こそが人間行動について説明することができるという考え方もあったように思われます。

9 他に、やはり認知革命の立役者の認知心理学者で、アップル社のヒューマン・インターフェイス・ガイドラインの策定に関わったドナルド・ノーマンも、認知革命が意味を扱わなくなったことを否定的に評価しています。

10 現在、科学的研究とは可能なかぎり意味のような主観的要素を排除して「客観的に」行うべきだという考えが広く行き渡っていますが、それは一つの考え方に過ぎないのです。そして、人間を知る際に意味を排除することで、人間理解に支障を来すことがあるということです。

11 私たちはさまざまなことを考えます。なぜ自分はこのように生まれてきたのか。さまざまな事故や災害、病気に遭ったとき、なぜほかならぬ自分に、あるいは近しい人たちに、そのようなことが起きたのか。なぜ、自分の努力は報われたり報われなかったりするのか。私たちはこういった問題について、自分なりの回答をし、意味を見いだしながら生きていきます。

12 意味を付与する作業は人間自身が行っていかねばなりません。そして、人間が自分で見いだし付与した意味を作っていくことで、自分がどのような世界に生きているかを了解していくものと考えられます。そう考えると、私たちがさまざまなバイアスをともないながらも、周囲の物事や自己や他者を認識するのは、世界から自分なりに意味を紡ぎ出している努力であると言っていいかもしれません(私たちが自分に都合よく考えがちなのはそのせいかもしれません)。

13 たとえば、この世は自分にとってどのような場所であるのか。安全か、危険か。食べ物を与えてくれるのか、それはどこへ行ったら与えられるのか。自分にとって近しいあの人は、自分にとって安心できる人か否か、あの人との関係は自分にとってどのような意味があるのか。世界は、正しい人が正しく報われるのか、あるいはそうでないのか。事件や事故が起きた原因は誰にあるのか。なぜそのようなことが起きたのか。

14 そういったことについて、あらためてきちんと考えたことがなく、感覚的なものであるにせよ、私たちは自分なりの見方を持っているでしょう。多くの場合、それに沿ってさまざまな認知や推論を行い、物事や人物の行動を意味づけ、理解していきます。そう考えると、(f)バイアスに対して少し違った見方ができるようになるのではないでしょうか。

15 すなわち、私たちが自分にとって意味のある世界認識を、自分自身の五感からくる情報などを手がかりとして作り出していくときの癖が、バイアスであるといえます。それが自分の都合のいいようにゆがんで見えるものであったとすれば、それは私たちが世界や他者や、あるいは自己を、自分にとって良い意味のあるものとして認識したいという方向性の表れなのかもしれません。

16 バイアスをこのように捉えてみると、ブルーナーが認知革命で行おうとしたことを私たちはさらに進めていくことがきっとできるでしょう。また、私たち人間を劣った機械とみなすこれまでの見方から少し距離を置いて、健気にも意味を求めて自分なりに生きていこうとしている存在として、肯定的に受け入れられるようになるに違いありません。

（藤田政博『バイアスとは何か』より）

問一　傍線部(a)「自分が関わる物事の意味を感じながら生きています」を文節に分けたときの数として正しいものを、次の1～5のうちから一つ選びなさい。

1　5文節　2　6文節　3　7文節　4　8文節　5　9文節

問二　傍線部(b)「ない」と、同じ用法のものを次の1～5のうちから一つ選びなさい。

1　まだ帰りたくない　2　野菜を食べたがらない　3　立派なおこない　4　小銭がない
5　あまりに情けない

問三　本文中には次の段落が抜けていますが、この段落は、どこに入りますか。最も適切な箇所を、あとの1～5のうちから一つ選びなさい。

さて、話を元に戻すと、私もこの講演のはるか前の大学院生のときにブルーナーの『意味の復権』を翻訳で読んでいました。しかし、認知革命に関する思い込みがあったので、ブルーナーの主張の大事な点がタイトル通り「意味の復権」にあったことを十分理解していませんでした。まさに、バイアスです。

1 4と5の間　2 6と7の間　3 8と9の間　4 10と11の間
5 12と13の間

問四　傍線部(c)「その意味では大成功と言えます」とありますが、筆者がこのように表現した理由の説明として最も適切なものを、次の1～5のうちから一つ選びなさい。

1 人間を情報処理マシンとして見る見方により精神作用の理解が進んだという意味では成功したが、人間が「意味」を形成する仕組みの探求が置き去りにされたから。

2 人間を情報処理マシンとして見る見方により精神作用の理解が進んだという意味では成功したが、「革命」と言われるほどの著しい成果は上げられなかったから。

3 コンピュータの進歩により人間の精神作用についての理解が飛躍的に進んだという意味では成功したが、人間が「意味」を形成する仕組みは解明できなかったから。

4 認知革命は人間を情報処理マシンとして理解することで研究を飛躍的に進めたという意味では成功したが、人間を劣った機械とみなす見方を生み出してしまったから。

5 認知革命は人間を情報処理マシンとして理解することで研究を飛躍的に進めたという意味では成功したが、徹底的行動主義者からは完全に批判されてしまったから。

問五　空欄（ d ）、（ e ）にあてはまる語として最も適切なものを次の1～5のうちからそれぞれ一つ選びなさい。

1 しかも　2 もしくは　3 ところで　4 しかし　5 なぜなら

問六　傍線部(f)「バイアスに対して少し違った見方ができるようになる」とありますが、筆者がそのように考える理由の説明として最も適切なものを、次の1～5のうちから一つ選びなさい。

1　人間がさまざまな事象に付与する自分なりの意味や世界認識は、情報を手がかりにバイアスが作り出しているから。
2　人間が世界から意味を紡ぎ出す作業には、客観的な要素を排除してバイアスを重視することが必要だから。
3　人間が世界を正しく認識するためには、自分にとって良い意味を生み出すという意味でバイアスが必要だから。
4　バイアスは、人間が自分にとって意味のある世界を認識するうえで必要な役割を担っていると言えるから。
5　バイアスの存在が、人間が生きる世界に意味を付与する作業において世界を正しく認識することを妨げているから。

問七　この文章の構成や内容に関する説明として適切なものを、次の1～5のうちから二つ選びなさい。
1　心理学における人間と「意味」との関わりについて、二つの考えを対比的に挙げながら筆者の見解を述べている。
2　心理学者の主張を例示しながら、筆者の体験に基づいて反論し、これまでになかった新たな見解を論じている。
3　人間理解に関する研究における双極の意見を対比させながら、バイアスを肯定的に捉えることの是非を論じている。
4　認知革命による人間の見方における欠陥を排除することで、バイアスを肯定的に捉える根拠を強化している。

5　人間や世界を認知するうえで、主観的要素をできるかぎり排除しようとした従来の考え方に再考を促している。

（☆☆☆◎◎◎）

【二】次の文章を読んで、以下の各問いに答えなさい。

本野(ほんの)※注1が原(はら)に打ち出でたれば、四方(よも)の望みかすかに[ア]して、山なく岡な[イ]し。秦甸(しんでん)※注2の一千余里を見渡したらん心地[ウ]して、草土ともに蒼茫(さうばう)※注3たり。月の夜の望みいかならんと(a)ゆかしく覚ゆ。茂れる笹原の中に、あまた踏み分けたる道ありて、行末も迷ひぬべきに、故武蔵(むさし)※注4の司(つかさ)、道のたより※注5の輩(ともがら)に仰せて植ゑおかれたる柳も、いまだ陰とたのむまではなけれども、かつがつ、まづ道しるべとなれるも(b)哀れなり。

唐土(もろこし)の召公奭(せいこうせき)※注6は周の武王の弟なり。成王※注7の三公※注8として燕といふ国をつかさどりき。むかしの西の方を治めし時、ひとつの甘棠(かんたう)※注9のもとをしめて政を行ふ時、司人(つかさびと)より始めてもろもろの民にいたるまで、その本(もと)をうしなはず、あまねく又、(c)人のうれへをことわり、重き罪をもなだめけり。国の民こぞりてその徳政をしのぶ故(ゆゑ)に、召公去りに[エ]し跡までも、かの木を敬ひてあへて伐らず、歌をなんつくりけり※注10。後三条天皇※注11、東宮にておは[オ]しけるに、学士※注12実政(さねまさ)※注13任国におもむく時、「国の民たとひ甘棠の詠(えい)をなすとも、忘るることなかれ、多くの年の風月(ふげつ)の遊び」といふ(d)御製を給はせたりけるも、この心にやありけん、いみじくかたじけなし。かの前(さき)の司も、この召公のあとを追ひて、人をはぐくみ物をあはれむあまり、道のほとりの往還のかげまでも思ひよりて植ゑおかれたる柳なれば、これを見ん輩、皆かの召公をしのびけん国の民のごとくにをしみ育てて、行末の陰をたのまんこと、(e)その本意は定めてたがはじとこそ覚ゆれ。

栽ゑおきし主なき跡の柳はら(f)なほその陰を人やたのまん

(『東関紀行』より)

※注1　本野が原……愛知県豊川市本野ヶ原。
※注2　秦甸の一千余里……唐の都長安の周囲千里。「秦甸の一千余里　凛々として氷鋪けり　漢家の三十六宮　澄々として粉餝れり」(『和漢朗詠集』十五夜)を踏まえた表現。
※注3　蒼茫たり……青く広々としているさま。
※注4　故武蔵の司……鎌倉幕府執権、北条泰時。武蔵守在任一二一九〜三八年。
※注5　道のたよりの輩……道に近いところの住民。
※注6　召公奭……周王室の一族。北燕(河北省)に封じられた。
※注7　成王……武王の子。周の第二代の王。
※注8　三公……太師・太傅・太保の総称で、周代の最高位の官名。
※注9　甘棠のもとをしめて……甘棠の下に座を占めて。「甘棠」はやまなし、小林檎。
※注10　歌……「蔽芾甘棠　勿翦勿伐　召伯所茇」(『詩経』国風・召南)
※注11　後三条天皇……在位一〇六八〜七二年。

※注12　学士……東宮学士。皇太子の輔導教育の任にあたる官名。
※注13　実政……藤原実政。康平七(一〇六四)年、甲斐守に赴任。

問一　二重傍線部ア～カの「し」について、文法的説明が同じになるものの組合せとして正しいものを、以下の1～5のうちから一つ選びなさい。

ア　かすかにして　イ　岡なし　ウ　心地して　エ　去りにし　オ　おはしけるに カ　栽ゑおきし

1　アとウ　2　アとエ　3　イとオ　4　ウとカ　5　エとカ

問二　傍線部(a)「ゆかしく覚ゆ」の解釈として最も適切なものを、次の1～5のうちから一つ選びなさい。

1　趣深く風情がある　2　見てみたいと思われる　3　素朴に感じる　4　美しく見られる
5　懐かしくしのばれる

問三　傍線部(b)「哀れなり」とありますが、筆者は何に対して心を動かされているのですか。その説明として最も適切なものを、次の1～5のうちから一つ選びなさい。

1　故武蔵の司が住民たちに植えさせた柳の木が、とりあえずは道の案内となっていること。
2　故武蔵の司が住民たちに植えさせた柳の木が、単なる道案内としかなっていないこと。
3　故武蔵の司が住民たちに植えさせた柳の木が、まずはその足跡を辿る道案内となっていること。
4　故武蔵の司をしのんで住民たちが植えた柳の木が、ちょっとした道の案内となっていること。
5　故武蔵の司をしのんで住民たちが植えた柳の木が、旅人を待つ道案内となっていること。

問四　傍線部(c)「人のうれへをことわり」の解釈として最も適切なものを、次の1～5のうちから一つ選びなさい。

1　人々の過ちを思いやり　　2　人々の心配を丁重に断り　　3　人々の苦しい立場を弁護し
4　人々の訴えを公平に裁定し　　5　人々の病をすっかり癒し

問五　傍線部(d)「御製を給はせたりける」とありますが、後三条天皇が東宮であったとき、任国に赴く実政に与えた詩の説明として最も適切なものを、次の1～5のうちから一つ選びなさい。

1　召公のように、人々と甘棠の木を愛でる風流心を忘れてはならないと、実政を戒めたもの。
2　召公のように、実政が任国の人々に甘棠を植えさせ、歌を歌わせるだろうと予想したもの。
3　実政が任国で召公のように善政を行い、人々に慕われるであろうことを見越したもの。
4　任国の人々が召公を敬うあまり、実政を受け入れないのではないかと心配したもの。
5　任国の人々が実政を召公のように敬うと、実政がおごり高ぶるのではないかと案じたもの。

問六　傍線部(e)「その本意は定めてたがはじ」の説明として最も適切なものを、次の1～5のうちから一つ選びなさい。

1　故武蔵の司が民を思って柳を植えさせた趣旨は、召公が甘棠を植えさせたのと同じものだということ。
2　故武蔵の司が民を思って柳を植えさせた趣旨は、東宮が実政を思う気持ちと同じものだということ。
3　故武蔵の司が人々を慈しんで国を治めたその思いは、今になってきっと叶ったのだろうということ。
4　故武蔵の司をしのんで甘棠を捕えた人々の気持ちは、いつまでも変わることはないだろうということ。
5　故武蔵の司が植えさせた柳を大事にすることが、民を思うその趣旨に合うはずのものだということ。

問七　傍線部(f)「なほその陰を人やたのまん」の解釈として最も適切なものを、次の1～5のうちから一つ選びなさい。

1 故武蔵の司のご恩を忘れまいとして、今でもなお人々はこの柳の陰に集まり、その菩提を弔うのだろう

2 故武蔵の司は、死後も人々がこの柳の姿に自分の面影を重ねて、思い出してくれることを願ったのだろう

3 人々はこの柳の姿に故武蔵の司の面影を見ることで、今でもなおそのご恩をはっきりと思い出すことだろう

4 人々は憩いの場としてこの柳の陰を頼りとすることで、いつまでも故武蔵の司の恩顧を頼みとすることだろう

5 故武蔵の司がこの柳の下で召公に思いをはせたのと同様に、人々も故武蔵の司の姿を懐かしく思い出すことだろう

(☆☆☆◎◎◎)

【三】 次の文章は、「艾子」という人物と「斉王」とのやりとりの場面です。文章を読んで、以下の各問いに答えなさい。ただし、設問の都合上、訓点を省いたところがあります。

斉王一日臨ミレ朝ニ※注1、顧ミテ二侍臣ヲ一曰ハク、吾ガ国介シ二於数

強国之間、歳苦支備[※注2]、令欲(a)調丁壮、築大城。(b)自
東海起、連即墨[※注3]、経大行[※注4]、接轘轅[※注5]下武関[※注6]、透
迤[※注7]四千里、与諸国隔絶、使秦[※注8]不得窺吾西、
楚[※注8]不得窃吾南、韓[※注8]魏[※注8]不得持吾之左右、(c)豈
不大利邪。今百姓築城、雖有少労、而異日
(d)［　　　　　　　　］、可以永逸[※注9]矣。聞吾
下令、(e)孰不欣躍而来耶。[※注10] 艾子対曰、今且大
雪、臣趨朝、見路側有民、裸露僵[※注11]踣、望天而
歌。臣怪(f)之問其故、答曰、大雪応候[※注12]。且喜明

年人食フヲ㆓賤[※注13]麦ヲ㆒、我ハ即チ今年凍死セン矣。正ニ如ク㆓今日築クガ㆑城ヲ、百姓ハ不ル㆑知ラ㆘享クル㆓永逸ヲ㆒者ノ在ルカヲ㆗何人ニ㆖也ト。

（『東坡居士艾子雑説』より）

※注1　朝……朝会。
※注2　支備……支出。ここでは軍事費。
※注3　即墨……斉の国の東部にある都市。
※注4　大行……斉の北にある太行山脈。
※注5　轘轅……河南にある山の名。
※注6　武関……秦の東の関所。
※注7　逶迤……延々と続く。
※注8　秦・楚・韓・魏……国名。
※注9　逸……気楽に楽しむこと。
※注10　欣躍……踊るようにして喜ぶこと。
※注11　僵踣……体がこわばり、倒れる様子。
※注12　応候……気候が順調であること。
※注13　賤麦……質の劣った麦。

問一　傍線部(a)「調」の本文中における意味として最も適切なものを、次の1～5のうちから一つ選びなさい。

1　検証する　2　軽減する　3　安定する　4　動員する　5　圧迫する

問二　傍線部(b)「自」の本文中における役割と波線部が同じ役割をしているものを、次の1～5のうちから一つ選びなさい。

1　桃李不言、下自成蹊。

2　子曰、見賢思斉焉、見不賢而内自省也。
3　剣自舟中墜於水。
4　笑而不答、心自閑
5　人不可不自勉。

問三　傍線部(c)「豈不大利邪」について、書き下し文と解釈の組合せとして最も適切なものを、次の1～5のうちから一つ選びなさい。

1　豈に大いに利かざるか。　　秦・魏にとって大いに効果のあるものにならないのか。
2　豈に大利は邪ならざるか。　秦・魏にとっての大きな利益は差し障りがあるだろうか。
3　豈に大ならざること利ならんや。　我が国にとって大事でないものが効果的だとは思えない。
4　豈に大利ならざるか。　　我が国にとって大きな利益になるだろうか。
5　豈に大利ならずや。　　　我が国にとって大いに利益となるだろう。

問四　空欄 (d) に入る「二度と戦争や侵略の心配がなくなる」という意味のものとして最も適切なものを、次の1～5のうちから一つ選びなさい。

1　不三復タ有ラ二征戍侵虞之患一
2　不レ有ラ二復タ征戍侵虞之患一ニハ三
3　復タ不レ有ラ二征戍侵虞之患一
4　復タ有リレ不ルコト二征戍侵虞之患一ナラ

5　復タ征戍侵虞之患不レ有ラ

問五　傍線部(e)「孰不欣躍而来耶」について、書き下し文と解釈の組合せとして最も適切なものを、次の1～5のうちから一つ選びなさい。

1　孰(た)れか欣躍せざるに来たらんや。　喜びもないのに我が国に来る者などいない。
2　孰(た)れか欣躍して来たらざらんや。　誰もが喜んで我が国に来るだろう。
3　孰(いづ)くんぞ欣躍せずして来たるか。　どうして喜びもないのに我が国に来たのか。
4　孰(いづ)くんぞ欣躍するに来ざらんや。　喜んだのに我が国に来ないわけがない。
5　孰(いづ)くにか欣躍せずして来たるか。　喜びもないのに来ようとする場所などない。

問六　傍線部(f)「之」の内容として最も適切なものを、次の1～5のうちから一つ選びなさい。

1　大雪の中で切実に天候の回復を望む民が、天に向かって歌を捧げていること。
2　急いで艾子のもとを訪れた民が、雪の中で身を震わせながら歌っていること。
3　大雪の朝に、困窮した様子の民が、道端で天を仰いで歌っていること。
4　生活困窮の中で天候回復の兆しがあり、民が天の恵みに感謝して歌っていること。
5　大雪に苦しむ民が、なお望みを捨てず歌によって王に訴え出たこと。

問七　艾子が斉王に言いたかったこととして最も適切なものを、次の1～5のうちから一つ選びなさい。

1　予測しがたい未来への備えを万全に行い、長期にわたる民の安全を確保しようと努めた王を称賛した。
2　天候を見極め、この先収穫が見込めることを理解して前向きに倹約に努める民を称揚すべきだと助言を行った。
3　貧苦にあえぐ民であっても将来への希望を捨てずに暮らしており、その健気さを知るべきだと皮肉を言った。

4　将来の安寧が得られたとしても、今、足下で民が苦しんでいるのを見過ごしてはならないと苦言を呈した。

5　生活苦から自暴自棄となる民の存在を知り、王が民から目を背け、無関心であることに対して諫言した。

(☆☆☆◎◎◎)

【四】漢字・語句について、次の各問いに答えなさい。

問一　次の(一)～(五)の傍線部のカタカナについて、同じ漢字を含むものを、それぞれ以下の1～5のうちから一つずつ選びなさい。

(一)　仕事の合理化をハカる。

1　委員会にハカって決める。

2　ハカり知れない恩恵を受ける。

3　実行する前にハカりごとが知られてしまう。

4　発言の真意をハカりかねる。

5　局面の打開をハカる。

(二)　列車がジョコウして駅に入る。

1　集中力がケツジョしている。

2　不純物をジョキョする。

3　ジョジョに機能が低下する。
4　キンジョの店へ買い物に行く。
5　成功のイチジョとなれば幸いだ。

(三)　事実をシュウセキして結果を導く。
1　他者の意見をハイセキする。
2　トラックのセキサイ量を遵守する。
3　プロジェクトのジュウセキを担う。
4　スポーツの歴史にコウセキを残す。
5　失敗の原因をツイセキする。

(四)　テストの結果にイッキイチユウする。
1　村の人口減少をユウリョする。
2　先輩から野球部にカンユウされた。
3　ユウギ場では多くの子供たちが楽しんでいる。
4　私はユウジュウフダンな性格だ。
5　能のユウゲンの世界に浸る。

(五)　彼はキッスイの江戸っ子だ。
1　雨脚がオトロえる。
2　釣り糸をタれる。
3　優良図書にオす。

4　成功にヨいしれる。
5　イキな演出だ。

問二　次に示す慣用句の使い方として最も適切なものを、以下の1～5のうちから一つ選びなさい。

気が置けない

1　私の失敗が原因でこの試合に負けたと思うと、気が置けない。
2　思いがけず委員長に選出され、気が置けない。
3　隣の家の女の子とは同じ学年でもあり、気が置けない。
4　並み居る強豪を相手に戦うのは気が置けない。
5　スピーチをするときは、誤解がないように話そうとするので気が置けない。

問三　次の四字熟語とその意味の組合せとして適切でないものを、次の1～5のうちから一つ選びなさい。

1　山紫水明……何のわだかまりもなく清らかで澄み切った心境。
2　羊頭狗肉……うわべだけは立派で、実際が伴わないこと。
3　粒々辛苦……細かい努力を積み重ね、大変な苦労をすること。
4　多士済々……すぐれた人材がたくさんいること。
5　同工異曲……違うようだが、実際はあまり変わりがないこと。

（☆☆☆◎◎◎）

【五】「話すこと・聞くこと」（思考力、判断力、表現力等）の指導に重点を置いた「説得力のある提案をしよう」という単元を設定しました。「環境問題について課題を見つけ、その解決策について自分の考えを同級生に提案する」プレゼンテーションを行います。次に示す【本単元に関わる指導事項】、【学習目標】、【学習の流れ】を参考にして、以下の問一、問二に答えなさい。

【本単元に関わる指導事項】

A　話すこと・聞くこと　中学校第３学年

(1)　ア　目的や場面に応じて、社会生活の中から話題を決め、多様な考えを想定しながら材料を整理し、伝え合う内容を検討すること。

イ　自分の立場や考えを明確にし、相手を説得できるように論理の展開などを考えて、話の構成を工夫すること。

ウ　場の状況に応じて言葉を選ぶなど、自分の考えが分かりやすく伝わるように表現を工夫すること。

A　話すこと・聞くこと　高等学校第１学年「現代の国語」

(1)　ア　目的や場に応じて、実社会の中から適切な話題を決め、様々な観点から情報を収集、整理して、伝え合う内容を検討すること。

イ　自分の考えが的確に伝わるよう、自分の立場や考えを明確にするとともに、相手の反応を予想して論理の展開を考えるなど、話の構成や展開を工夫すること。

ウ　話し言葉の特徴を踏まえて話したり、場の状況に応じて資料や機器を効果的に用いたりするなど、相手の理解が得られるように表現を工夫すること。

【学習目標】
・多様な方法で材料を集め、聞き手を意識して情報を整理する。
・資料や機器などを効果的に活用し、分かりやすいプレゼンテーションを行う。

【学習の流れ】
① 環境問題について多様な方法で材料を集め、情報を整理する。
② ①を基に課題を決定し、解決策について自分の考えを明確にする。
③ 収集した情報と自分の考えを整理し、プレゼンテーションの準備をする。
④ プレゼンテーションを行う。
⑤ お互いのプレゼンテーションを聞き合い、相互評価を行う。

問一 【学習の流れ】①を行う際に留意することとして適切でないものを次の1～5のうちから一つ選びなさい。

1 様々な考えを持った聞き手がいることを想定し、聞き手がプレゼンテーションの内容について納得できるように、信頼性のある材料を集めることが必要である。

2 情報収集の時間短縮と客観性を保つため、生成ＡＩを積極的に活用し、収集する材料の文章の種類や内容、分野の幅を広げることが考えられる。

3　図書館の目録やウェブページを検索することなども材料を集める方法である。これらはマトリックスやイメージマップに整理することで信頼性や妥当性を検討することかできる。

4　テレビや新聞、インターネットなどの、様々な媒体を通じて材料を集める他に、関係者にインタビューしたりすることも材料を集める方法に含まれる。

5　情報の重要度を明確にするため、比較や分類、関係付けを行い、それぞれの共通点を見いだして組み合わせたり、幾つかをまとめて抽象化したりすることが考えられる。

問二　この単元を評価する際に留意する点として適切でないものを、次の1～5のうちから一つ選びなさい。

1　自分の立場や考えを明確にし、聞き手を説得できるように論理の展開などを考えている。

2　プレゼンテーションを行う際に、視線の方向、聞き手のうなずきなどに注意し、聞き手の反応を判断しながら話している。

3　自分の考えが聞き手に分かりやすく伝わるように、書き方を工夫してプレゼンテーションの原稿を作成している。

4　説得力のあるプレゼンテーションを行うために、根拠を示すパンフレットやポスターなどの資料を提示している。

5　同音異義語などを使う際に、誤解が生じないよう、分かりやすい説明を加えたり、言い換えたりするなど、表現の工夫をしている。

（☆☆☆◎◎◎）

解答・解説

【中高共通】

【一】問一　3　問二　2　問三　3　問四　1　問五　d　2　e　4　問六　4
問七　1、5

〈解説〉問一　「自分が／関わる／物事の／意味を／感じながら／生きて／います」となる。　問二　傍線部(b)「ない」は打消しの助動詞であり、これと同じものは「食べたがらない」である。打消しの助動詞は「ない」を「ぬ」に置き換えることができる。　問三　枠内の「話を元に戻すと」「ブルーナー」「認知革命」が判断材料となる。「ブルーナー」は第七段落が初出(一般的に人物名の直後に生没年など、本人に関する説明があるところは初出である)のため、挿入箇所はそれ以降と判断できる。第七段落以降で「認知革命」について書かれた段落は第八段落と第九段落である。　問四　傍線部(c)の後の文章をまとめればよい。「その意味では」とは、直前の「この見方に基づくことで、人間の精神作用についての理解が飛躍的に進みました」を指す。また、傍線部(c)直後にある「人間を情報処理マシンとしてみる見方は、人間が『意味』に関わりながら生きている側面を扱うことを困難にします」ということは「その意味では大成功」の裏側を示している。　問五　d　一文で考えると、前後の「民族心理学」と「素朴心理学」が同じ内容を表すことが分かる。　e　前後の内容をおさえる。前ではヴィルヘルム・ヴントが「『民族心理学』を重視しました」と言っているのに対し、後では「民族心理学は徹底的に批判されました」とあることから、前後の内容は対立関係にあることがわかる。
問六　傍線部(f)の後文の内容をまとめるとよい。第十五段落では「私たちにとって意味のある世界認識を…情報などを手がかりとして作り出していくときの癖」がバイアスであるとしている。その上で、人間は自分なりに意味を見いだしながら生きていると述べられている。　問七　2は「筆者の体験に基づいて反論し」「これまでになかった新たな見解」が、3は「バイアスを肯定的に捉えることの是非を論じて」が、4は「認知革命による人間の見方における欠陥を排除」が本文の内容に合わず、不適切といえる。

【二】問一　5　問二　2　問三　1　問四　4　問五　3　問六　5　問七　4

〈解説〉問一　アは接続助詞「して」の一部、イは形容詞「なし」の一部、ウは動詞「心地す」の一部、エは過去の助動詞、オは動詞「おはす」の一部、カは過去の助動詞である。　問二「ゆかし」は「心惹かれる」、「覚ゆ」はここでは自動詞で「感じられる」という意味である。　問三　筆者が心を動かされた内容は、傍線部(b)の直前にある「故武蔵の司、道のたよりの輩に仰せて…かつがつ、まず道しるべとなれる」である。「仰せ」(仰す)は「命じる」の意で、「かつがつ」(且つ且つ)は「とりあえず」の意味である。　問四　ここでの「うれへ」は「訴え」「不平」、「ことわり」は「判定する」といった意味がある。　問五　傍線部(d)は後三条天皇の発言「国の民たとひ…多くの年の風月の遊び」を「御製を給はせたりける」であったことに注意する。「赴任先の国の民が慣れ親しんでくれたとしても、長く一緒に楽しんだ風流遊びのことを忘れないで」という詩の内容を踏まえること。　問六「その」が直前の「皆かの召公をしのびけん…行く末の陰をたのまんこと」であることをおさえる。「皆があの召公を慕った人々のように柳を大事に育て、将来的に木の下で憩う際の陰となることを頼むこと」がその本意(植えられた際の目的)に見合う、と言っている。　問七　現代語訳は、「栽え置いた主人なき後の柳原は、なおもその陰を人が頼りにするだろう」である。

【三】問一　4　問二　3　問三　5　問四　1　問五　2　問六　3　問七　4

〈解説〉問一「調し」(調す)は、ここでは集める、調達するといった意味で、「調丁壮」で「働き盛りの男性を動員して」となる。　問二「自」は前置詞か副詞として使われる語で、前置詞の場合は時間的あるいは空間的な始まりを表し、「…より」と読む。一方、副詞の場合は「おのずから」または「みずから」と読む。傍線部(b)「自」は前置詞である。　問三「豈不大利邪」のポイントは、反語を表す「豈不…邪」(あに…ずや)である。「利」は利益のことで、主語は文脈から自国のことであると判断できる。訓点は「豈不二大利一邪」と付ける。　問四　ここでのポイントは、部分否定(二度と…ない)を表す「不復」(復た…ず)である。これを訳文に合うように訓点をつけることを考える。　問五　ここでは反語(誰が…するだろうか、いや誰もすることはない)を表す「孰…耶」(たれか…んや)がポイント。訓点は「孰不二欣躍而来一耶」とつける。　問六　傍線部(f)は「臣怪之」で考える。「臣」が「怪し」んだ内容が「之」であり、その指示内容は前文の艾子による発言「今旦大雪、臣趨朝、見路側有民裸露僵踣、望天而歌」にある。「道端で民が裸で倒れこみ、天を仰いで歌っている」のを今朝、大雪の中で艾子は見たと言っているのである。　問七　艾子が斉王に言わんとしたことは、艾子の発言中の「大雪応候」以降から読み取れる。道端で天を仰いで歌っていた裸の民の「大雪は気候が順調であることを表し、人々は来年、麦を食べることができるが、自分は今年凍死する」という発言が、斉王の築城の話に通じる、と述べている。

【四】問一　(一)　5　(二)　3　(三)　2　(四)　1　(五)　5　問二　3　問三　1

〈解説〉問一　(一)　問題は「図る」であり、1は「諮る」、2は「計り」、3は「謀り」、4は「測り」、5は「図る」である。　(二)　問題は「徐」であり、1は「如」、2は「除」、3は「徐」、4は「所」、5は「助」である。(三)　問題は「積」であり、1は「斥」、2は「積」、3は「責」、4は「績」、5は「跡」である。　(四)　問題は「憂」であり、1は「憂」、2は「誘」、3は「遊」、4は「優」、5は「幽」である。　(五)　問題は「粋」であり、1は「衰」、2は「垂」、3は「推」、4は「酔」、5は「粋」である。　問二「気が置けない」は気をつかう必要がないという意味である。　問三　説明は「明鏡止水」であり、「山紫水明」は自然の風景が清らかで美しい様といった意味である。

【五】問一　2　問二　3

〈解説〉問一　中学校・高等学校における情報収集手段について、学習指導要領等では「コンピュータや情報通信ネットワークの活用」は示されているが、生成ＡＩの活用については示されていない。　問二「書き方を工夫して原稿を作成している」が誤り。学習指導要領等では「自分の考えが聞き手に分かりやすく伝わるように工夫するのは「表現」としている。一般的に、プレゼンテーションの原稿は発表するときの台本、つまり他の生徒に示すものではないことを踏まえて考えるとよい。

二〇二三年度　実施問題

【中高共通】

【一】次の文章を読んで、以下の各問いに答えなさい。なお、1～15は、段落の番号を表します。

1　もう四年以上前だが、いまだに忘れられない出来事がある。とある日の朝、私は当時一歳半の娘とバス停のベンチに座っていた。その頃私は、バスで通勤し、勤務先の近くの保育園に娘を預けるのが日課だった。

2　その日、バス停には私たち親子以外に、六〇代ほどの女性の二人組もいた。彼女たちは娘を見(a)つつ、「こんなに小さいのにかわいそうね」、「そうね」と言い合った。

3　私は唖然（あぜん）とし、そしてひどく腹が立った。あなた方は、いま〇歳や一歳で保育園に入る子がどれほどいると思っているのか（ちなみに、五〇万人を優に超えるようだ）。いまの子育て層の多くは出産後も共働きを続ける以外にないということを、あなた方は理解しているのか。よくも当人の目の前で、お前の子はかわいそうだなどと言えたものだ。

4　ただ、他方で、小さな娘を毎日保育園に預けることに関して、幾ばくかの後ろめたさを私が感じていたのも否めない。

5　本来なら幼児は家でずっと親と一緒にいるべきだ、とは全く思わない。思わないが、娘に無理をさせているのではないかという不安も当然あった。特に、保育園を利用し始めた頃は、保育士さんに預ける際に娘はいつも泣いて嫌がっていたし、休みの日に家で過ごせることを心底喜んでいる様子だった。幸い、その保育園は人も環境も素晴らしいところだったが、それでも、娘なりにさまざまな緊張やストレスに曝(さら)されながら保育園で過ごしていることを実感していた。だからこそ私は、他人から向けられた、こちらの事情も心情も考慮しない無神経な言葉に(b)憤ったのだろう。

6 「かわゆい」が変化した語である「かわいい」は、元々は「顔映(は)ゆし」、つまり、顔が赤らむ、見るに忍びない、といった意味の言葉に由来し、中世以前は、小さい者や弱い者を不憫(ふびん)に思う心境を表す言葉として用いられていた。それが中世後半に至ると、同じく小さい者や弱い者に対する情愛の念や愛らしいと思う気持ちを示すようになり、次第にこの種の意味合いが優勢になっていく。（　c　）、近世の後半以降は「不憫」の意味が次第に消失し、専(もっぱ)ら「愛らしい」という類いの意味で用いられるようになった（日本国語大辞典　第二版）。「かわいい」は、いまや世界各国で通用する言葉になったが、そうした国際語としての「カワイイ(kawaii, кавай, etc.)」も、小さなものの愛らしさのみを表す言葉として流通していると言えるだろう。

7 ただ、「かわいい」がいまは表立った仕方では「かわいそう」とか「不憫」といった意味で用いられることはないとしても、やはり、「かわいい」と「かわいそう」は深いところで結びついているように思われる。（　d　）、私たちが子どもを「かわいい」と思うとき、そこには、子どもをたんに愛らしく感じるだけではなく、子どもを憐れみ、胸を痛め、後ろめたく感じる、苦い感覚が入り交じっているのではないだろうか。

8 たとえば、自分の子に限らず、公園などで子どもたちが無邪気に遊んでいたりするのを眺めていると、平和で微笑ましい気持ちになると同時に、いまここに生まれてきたこの子たちを祝福しなければならない、という感情が自分のなかに湧き起こってくる。「君たちはこの世界に生まれてこない方がよかった」などという風に思い捨てるのは、あまりにみっともなく、無責任に思える。彼らは自分で「生んでくれ」と頼んだわけではない。勝手に投げ込まれた各々の場所で必死に生きる彼らのために、少しでもこの世界をましなものにする責任が私たち大人にはある。――この感覚は、たとえば「世代間倫理」という立派な言葉に仕立てて語ることもできるが、私にとってはさしあたり、子どもたちへの愛おしさと(e)後ろめたさが綯(な)い交ぜになった感情と切り離せない。

9 ところで、このように言葉の歴史を辿(たど)り、語源へと遡っていく営みは、哲学の議論のなかでよく行われることだ。たとえば、「幸せとは何か」という問いを扱う際にはしばしば、「しあわせ」という言葉が、「する」と「あわす」が結びついた動詞「しあわす(仕合わす、為合わす)」が名詞化してできたものである点に注目し、問いへの答えやヒントを探るという方法が採られることがある。

10 実際、「しあわせ」は元々、二つの事物がぴったり合った状態を指す言葉だった。そして、その状態は(f)という受けとめ方が、この言葉には込められてきた。それゆえ、かつてこの言葉は「めぐり合わせ」や「運」、「運命」、「なりゆき」、「機会」といったものを主に意味し、しかも、良いめぐり合わせにも悪いめぐり合わせにも用いられてきた。つまり、「幸運」以外にも、「不運」、「不幸」、「人が死ぬこと」、「葬式」といった意味すらもっていたのである(日本国語大辞典　第二版)。

11 とはいえ、「しあわせ」という言葉の意味は本当は「めぐり合わせ」や「運命」といったものだ、というわけではない。時代が下り、現代に至ると、この言葉によって「めぐり合わせ」などを直接指すことはなくなり、不平や不満がなく心が満ち足りている状態としての「幸福」を主に指すものとなった。この変化はそれ自体として重要であり、なぜそのように意味が移り変わっていったのか、大いに検討する価値があるだろう。

12 ただ、同時に、現代のそうした「しあわせ」の用法ないし「しあわせ」観では見えにくくなっているものが、この言葉の歴史を遡ることで見えてくる面があることも確かだ。「めぐり合わせ」の類いから「幸福」へと意味が移ろっていったのは、この二つの事柄に深い関連性があるからだ、というのは自然で見込みの高い推定だろう。そして、この推定から、「しあわせ」についての新しい見方が開かれうる。あるいは、私たちが忘れがちだった見方が息を吹き返しうる。すなわち、「しあわせ」であるというのは、単に「心が満ち足りている状態」にある――幸福感を覚えている――という主観的な心持ちに尽きるわけではなく、誰かや何かとめぐり合い、自分の意志や努力を超えた働きに与る契機と深く結びついている、という見方だ。

13 こうした点で、言葉の歴史を遡ることはまさに、「故きを温ねて新しきを知る」ことの最も身近な実践となりうるものだ。

14 語源のみに事柄の本質を見ようとして、言葉の意味の時間的な変化を無視する姿勢――言うなれば「語源原理主義」――は間違っているが、かといって、いま現在表立っている用法のみに注目することも、一種の視野狭窄に陥っている。言葉の歴史を時間をかけて辿り直すことは、「しあわせ」であれ、あるいは「かわいい」であれ、普段滑らかにテンポよく言葉を使っているときには意識しない、これらの言葉の興味深い奥行きを確かめることになるはずだ。

15 そしてその作業は、いま「しあわせ」とされることとの向き合い方や、「かわいい」とされるものとの向き合い方について、私たちにいま一度考える機会を与え、ときに大きなヒントを与えてくれるだろう。

（古田徹也『いつもの言葉を哲学する』より）

問一　傍線部(a)「つつ」の文法的説明として最も適切なものを、次の1～5のうちから一つ選びなさい。

1　反復　2　相反　3　確定　4　並行　5　例示

問二　傍線部(b)「憤ったのだろう」について、次の(一)、(二)の問いに答えなさい。

(一)「だろ」は断定の助動詞ですが、この活用形として正しいものを、次の1～5のうちから一つ選びなさい。

1　未然形　2　連用形　3　終止形　4　連体形　5　仮定形

(二)この表現から読み取れる「私」の様子として最も適切なものを、次の1～5のうちから一つ選びなさい。

1　娘の面倒を家でずっと見ていたわけではなかったため、二人の女性から掛けられた言葉を他人事に捉えている様子。

2　二人の女性から掛けられた言葉に唖然とし、腹を立てた自分について、自分の考えや思いを振り返り、推察している様子。

3　時間がたつほどに、二人の女性から掛けられた言葉に対する憤りが高まり、自分の中で抑えられずにいる様子。

4　保育園に預けられる子どもの姿に、思わず「かわいそうね」と言わずにいられなかった二人の女性の気持ちにやっと気付いている様子。

5　二人の女性が言うように、一歳半の娘を保育園に預けるという間違った自分の行いに対し、いらだちを隠せないでいる様子。

問三　空欄（　c　）、（　d　）にあてはまる語として最も適切なものを、次の各語群の1～5のうちからそれぞれ一つずつ選びなさい。

（c）1 それでも　2 あるいは　3 なぜなら　4 とはいえ　5 そして
（d）1 しかし　2 または　3 つまり　4 ところで　5 それでも

問四　本文中には次の段落が抜けていますが、この段落は、どこに入りますか。最も適切な箇所を、以下の1～5のうちから一つ選びなさい。

> それから、いま振り返ると、バス停で幼い娘に向けられた「かわいそう」という言葉と、私や連れ合いがいつも娘に向ける「かわいい」という言葉、その両者の近さが興味深くも思えてくる。

1 3と4の間　2 5と6の間　3 7と8の間　4 9と10の間　5 13と14の間

問五　傍線部(e)「後ろめたさ」の説明として最も適切なものを、次の1～5のうちから一つ選びなさい。
1 小さい者や弱い者を憐れんでみせようとするあざとさ。
2 他人から向けられた無神経な言葉を受け入れられない心の狭さ。
3 無邪気に遊ぶ子どもを、平和な気持ちで眺められる気楽さ。
4 子どもに、さまざまな緊張やストレスを与えているのではないかというやましさ。
5 子どもたちのために、少しでもこの世界をよいものにしようという責任の強さ。

問六　空欄（ f ）にあてはまる表現として最も適切なものを、次の1～5のうちから一つ選びなさい。
1 自分の意志や努力だけでは実現せず、それを超えた働きに大きく左右されるものだ
2 自分の意志や努力が大きく影響し、それに見合う結果が伴うものだ
3 自分の意志や努力はもちろん、他人や家族の支えがあって初めて物事はうまくいくものだ
4 物事は人間一人の力だけでは成功せず、人知を超えた力が作用しなければならないものだ

5　自分が「する」ことと、他の人々と力を「合わす」ことで世の中はうまくいっているのだ

問七　本文の内容に合致しないものを、次の1～5のうちから一つ選びなさい。

1　語源に遡ると、これまで見えにくくなっていたその言葉の意味があらわになるので、言葉との向き合い方を見直すことが大切だ。

2　言葉の歴史を辿ることで、新しい見方が開かれたり、忘れがちだった見方を再認識したりすることができる。

3　現在の用法のみに注目することを避け、事柄の本質を見るためには、語源を辿ることが必要不可欠である。

4　言葉の意味の時期的な変化と現在の用法との両方に注目すると、普段使っている言葉の奥深さに気付かされる。

5　哲学的な問いを扱う際には、語源を遡って言葉の持つ意味を再確認し、問いへの答えやヒントを探る方法が採られることがある。

（☆☆☆◎◎◎）

【二】次の文章を読んで、以下の各問いに答えなさい。

中比（なかごろ）、なまめきたる女房ありけり。世の中たえだえしかりけるが見めかたち愛敬づきたりけるむすめをなんもたりける。十七八ばかりなりければ、これをいかにもして(a)めやすきさまならせんと思ひける。かなしさのあまりに、八幡[※注1]へむすめともに泣く泣く参りて、夜もすがら御前にて、「我が身は今は(b)いかにても候ひなん。このむすめを心やすきさまにて見せさせ給へ」と、数珠をすりてうち泣きうち泣き申しけるに、この女、参り

つくより、母のひざを枕にして起きもあがらず寝たりければ、暁がたになりて母申すやう、「いかばかり思ひたちて、かなはぬ心にかちより参りつるに、かやうに、よもすがら神もあはれとおぼしめすばかり申し給ふべきに、思ふことなげに寝給へ(c)るうたてさよ」とくどきければ、むすめ(d)おどろきて、「かなはぬ心地に苦しくて」といひて、

A　身のうさをなかなかにと石清水おもふ心はくみてしるらん

とよみたりければ、母も(e)恥づかしくなりて、ものもいはずして下向するほどに、七条朱雀[※注2]の辺にて、世の中にときめき給ふ雲客[※注3]、桂[※注4]より遊びて帰り給ふが、このむすめをとりて車に乗せて、やがて北の方にして始終いみじかりけり。(f)大菩薩[※注5]この歌を納受ありけるにや。

（『古今著聞集』より）

※注1　八幡……石清水八幡宮。現在の京都府八幡市にある神社。貞観二年（八六〇）九州の宇佐八幡を勧請したのに始まる。

※注2　七条朱雀……平安京の七条大路と朱雀大路との交差する地点の近く。

※注3　雲客……殿上人の別称。

※注4　桂……京都市西京区桂の地。貴族の別荘が多く、歌枕ゆえ、花・紅葉の時節には遊覧の地としてにぎわった。

※注5　大菩薩……八幡大菩薩。

問一　傍線部(c)「る」の文法的説明として最も適切なものを、次の1～5のうちから一つ選びなさい。
　1　自発　2　完了　3　受身　4　尊敬　5　存続
問二　傍線部(d)「おどろきて」の解釈として最も適切なものを、次の1～5のうちから一つ選びなさい。
　1　驚きあきれて　2　目を覚まして　3　反論して　4　不安になって　5　反省して
問三　傍線部(a)「めやすきさまならせん」の説明として最も適切なものを、次の1～5のうちから一つ選びなさい。
　1　身分が高く裕福な男のところに嫁がせて、不自由なく幸せに暮らせる状態にしたいということ。
　2　実直な男のところに嫁がせて、たとえ貧しくとも十分に愛される状態にしたいということ。
　3　見目麗しい男のところに嫁がせて、世間から羨ましがられる状態にしたいということ。
　4　信仰心のあつい男のところに嫁がせて、一生涯仏の加護を受けられる状態にしたいということ。
　5　商いを営む男のところに嫁がせて、娘の利発さを生かせる状態にしたいということ。
問四　傍線部(b)「いかにても候ひなん」の解釈として最も適切なものを、次の1～5のうちから一つ選びなさい。
　1　どうしようもございません
　2　どうなさってもかまいません
　3　どうにかしてくださいますか
　4　どうなってもかまいません
　5　どうなさるおつもりですか
問五　Aの和歌の中で使われている掛詞の意味の組合せとして最も適切なものを、次の1～5のうちから一つ選びなさい。

1　身と実　2　中々と仲　3　石清水と言はじ　4　汲みと組み　5　知ると治る

問六　傍線部(e)「恥づかしくなりて」の理由の説明として最も適切なものを、次の1～5のうちから一つ選びなさい。

1　石清水の神に夜通し祈っていた母は、自分の膝を枕にして寝たふりをしていた娘の不誠実さを嘆いたが、娘の和歌を聞いて実は歩き疲れていたことを知り、申し訳なく思ったから。

2　石清水の神に一晩中祈っていた母は、自分の膝を枕にして寝ていた娘の不熱心さを叱ったが、娘の和歌を聞いて心の内に強い思いを抱いていたことを知り、きまりが悪くなったから。

3　石清水の神に夜通し祈っていた母は、自分の膝を枕にして寝ていた娘の不誠実さを注意したが、娘の和歌を聞いて神の意向を汲んで寝ていたと知り、神に対し畏れ多く感じたから。

4　石清水の神に一晩中祈っていた母は、自分の膝を枕にして寝ていた娘の不熱心さを疑っていたところ、娘の和歌を聞いて無言でも恩恵が受けられると考えていたことを知り、あきれてしまったから。

5　石清水の神に夜通し祈っていた母は、自分の膝を枕にして寝たふりをしていた娘の不誠実さを責めたところ、娘の和歌を聞いて悟りの境地にいたことを知り、気がひけてしまったから。

問七　傍線部(f)「大菩薩この歌を納受ありけるにや」と作者が述べた理由の説明として最も適切なものを、次の1～5のうちから一つ選びなさい。

1　娘が殿上人の正室となり、母親とともに終生想像できないくらいの贅沢を味わえたから。

2　娘が殿上人の側室となり、他の側室に対して強い影響力を持って家を取り仕切ったから。

3　娘が殿上人の正室となり、その美貌が続くかぎり人並みはずれた幸せを享受できたから。

4 娘が殿上人の側室となり、不安や不自由さを感じずに母親と生活することができたから。
5 娘が殿上人の正室となり、生涯にわたって並々でない愛情を受けて大切に扱われたから。

（☆☆☆◎◎◎）

【三】次の文章を読んで、以下の各問いに答えなさい。ただし、設問の都合上、訓点を省いたところがあります。

自孔子聖人、其学必始於観書。当是時、
惟周※注1之柱下史聃※注2為多書。韓宣子適魯、然
後見易※注3象与魯※注4春秋、季札※注5聘※注6於上国、然後
得聞詩※注7之風雅頌。而楚独有左史倚相※注8、能
読三墳※注9・五典・八索・九邱。士之生(a)於是時、得
見(b)六経、(c)蓋無幾。(d)其学可謂難矣。而皆習於

礼楽深於道徳、非後世君子所及。
自秦漢以来作者益Ⓔ、紙与字画日趣
於簡便、而書益多、世莫不有。然学者益以
苟[※注10]簡何哉。余猶及見老儒先生。自言其少
時、欲求史記・漢書而不可得。幸而得之、皆
手自書、日夜誦読、(f)惟恐不及。近歳市人転
相摹[※注11]刻諸子百家之書、日伝万紙。学者之
於書、(g)多且易致如此。其文詞学術当倍蓰[※注12]

於昔人一ニ。而ルニ後生ノ科挙之士、皆束レネテ書ヲ不レ観、游二談ス無レ根ヲ一。(h)此レ又何ゾ也。

（蘇軾『李氏山房蔵書記』より……一部旧字体を新字体に改めた。）

※注1　周之柱下史耼……老子のこと。
※注2　韓宣子……晋の政治家、将軍であった韓起のこと。
※注3　易象……易に関する書物。
※注4　魯春秋……魯の歴史書。
※注5　季札……呉の政治家。
※注6　聘於上国……上国（中原にある大国）を訪れて。
※注7　詩之風雅頌……『詩経』に収録されている三つの詩編のこと。
※注8　左史倚相……楚の役人。
※注9　三墳・五典・八索・九邱……いずれも古代の書物。
※注10　苟簡……いいかげんなこと。
※注11　摹刻……復刻する。
※注12　倍蓰……「倍」は二倍、「蓰」は五倍。

問一　傍線部(a)「於」の本文中における役割と波線部が同じ役割をしているものを、次の1～5のうちから一つ選びなさい。

1　斉ノ景公問二フ政ヲ於孔子一ニ。

2　常ニ恐ル三驕奢ノ生ズルヲ二於富貴一ヨリ。

3　氷ハ水為シテレ之ヲ、而寒シ二於水一ヨリモ。

4　声名光輝伝フ二於千世一ニ。

5　労スルレ力ヲ者ハ治メラル二於人一ニ。

問二　傍線部(b)「六経」が指す書物の組合せとして正しいものを、次の1～5のうちから一つ選びなさい。

1　『詩経』　『論語』　『中庸』　『礼記』　『春秋』　『楽経』

2　『詩経』　『書経』　『中庸』　『礼記』　『春秋』　『楽経』

3　『詩経』　『書経』　『易経』　『礼記』　『春秋』　『楽経』

4　『詩経』　『論語』　『易経』　『礼記』　『大学』　『楽経』

5　『詩経』　『論語』　『中庸』　『礼記』　『大学』　『楽経』

問三　傍線部(c)「蓋」の本文中における意味として最も適切なものを、次の1～5のうちから一つ選びなさい。

1　やはり　　2　なお　　3　まして　　4　どうして　　5　思うに

問四　傍線部(d)「其学可謂難矣」とありますが、その理由の説明として最も適切なものを、次の1～5のうちから一つ選びなさい。

1　学問において孔子を超えることは不可能だったから。

2　学問において優れた師に就くことが困難だったから。

3　学問に必要な書物を読むことができなかったから。

4　学問を探究する姿勢が十分ではなかったから。

5　学問への関心が特定の分野に偏っていたから。

問五　空欄[E]にあてはまる漢字として最も適切なものを、次の1～5のうちから一つ選びなさい。

1 易　2 若　3 寡　4 難　5 衆

問六　傍線部(f)「惟恐不及」とありますが、その解釈として最も適切なものを、次の1～5のうちから一つ選びなさい。

1 自ら書写した書物に、分からない部分があることを心配したということ。
2 自ら書写した書物に、誤った部分があることを心配したということ。
3 自ら書写した書物が、だれかに盗まれることを心配したということ。
4 自ら書写した書物が、弟子に読まれないことを心配したということ。
5 自ら書写した書物が、高値では売れないことを心配したということ。

問七　傍線部(g)「多且易致如此」とありますが、返り点の付け方と書き下し文の組み合わせとして最も適切なものを、次の1～5のうちから一つ選びなさい。

1 多且易レ致如レ此。　多く且つ致し易きこと此くのごとし。
2 多且易致レ如レ此。　多く且つ易しく此くのごとく致す。
3 多且二易致一如レ此。　多く且に易く致さんとすること此くのごとし。
4 多且二易致如一レ此。　多く且に易く致し此くのごとくならんとす。
5 多且二易致一レ如レ此。　多く且に易しく此くのごとく致さんとす。

問八　傍線部(h)「此又何也」とありますが、作者の主張として最も適切なものを、次の1～5のうちから一つ選びなさい。

1 今の世の学問的な深まりは昔とは比べものにならないのに、その要求に応える書物がなかなか世に出ないということ。

2　今の世の学ぶ人は書物の暗記に明け暮れており、学問について自由に議論する機会が失われてしまっているということ。

3　今の世は昔に比べて読まなければならない書物が多すぎるため、かえって学ぶ人の意欲が削がれてしまっているということ。

4　今の世は昔に比べて書物は手に入りやすくなっているのに、学ぼうとする態度がおろそかになっているということ。

5　今の世は学ぶ人が増えすぎて学問分野が多岐にわたり、それらを総括する思想はもはや成立しなくなっているということ。

（☆☆☆◎◎◎）

【四】漢字・語句について、次の各問いに答えなさい。

問一　次の(一)～(四)の傍線部のカタカナについて、同じ漢字を含むものを、それぞれ次の1～5のうちから一つずつ選びなさい。

(一)　彼らが立てた登山計画は、ムボウなものだった。

1　この音楽を聴くことにボウガイの喜びを感じる。

2　災害から町を守るためのボウヘキを築く。

3　文章の中で注意すべき箇所にボウテンを打つ。

4　あの映画のワンシーンは市内ボウショで撮影された。

5　彼らはキョウボウして犯行に及んだようだ。

(二) 無病ソクサイのご利益があるという神社へ出かけた。
1 市長選挙はソクジツ開票される予定だ。
2 この野菜はソクセイ栽培されている。
3 ごシソクの就職内定、心よりお慶び申し上げます。
4 児童生徒の体力ソクテイを実施する。
5 円滑な社会生活を営むためにキソクを守る。

(三) 商品の特長をタイヒして購入を決める。
1 生徒は真剣な表情で学習成果をヒロウした。
2 彼女はその提案に対してヒテイ的な態度をとった。
3 大国にヒケンする経済力を誇っている。
4 他人の行動をヒハンするより自らを反省しよう。
5 ヒウンの最期を遂げた人物の物語を読む。

(四) 友達の作品がカサクを受賞した。
1 彼はカリュウの薬を飲むのが苦手だ。
2 講演者の話がカキョウに入ったところだ。
3 丘の上から町全体をガンカに見下ろす。
4 竜はカクウの動物だといわれている。
5 名簿に三名の名前をツイカする。

問二　次の二つの言葉の関係と同じ関係にある語句の組合せを、以下の1～5のうちから一つ選びなさい。

名詞―品詞
1　野党―与党
2　弊社―御社
3　販売―店員
4　地震―天災
5　酸化―還元

問三　対義語の組合せとして適切でないものを、次の1～5のうちから一つ選びなさい。
1　検討　と　精査
2　卑下　と　自慢
3　妥結　と　決裂
4　希薄　と　濃厚
5　詳述　と　略述

問四　四字熟語として正しいものを、次の1～5のうちから一つ選びなさい。
1　八免玲瓏
2　軽去妄動
3　理蕗整然
4　前途洋々
5　時期尚走

（☆☆☆◎◎◎）

【五】「書くこと」の領域を指導するため、次のような学習指導案を作成しました。以下の問一、問二に答えなさい。

国語科学習指導案(抜粋)

1　単元名　情報を整理して書こう～わかりやすく説明する～(中学校第1学年)

2　単元の目標

・比較や分類，関係付けなどの情報の整理の仕方について理解を深め，それらを使うことができる。

〔知識及び技能〕情報(2)イ

・目的や意図に応じて，日常生活の中から題材を決め，集めた材料を整理し，伝えたいことを明確にすることができる。

〔思考力，判断力，表現力等〕B(1)ア

・読み手の立場に立って，叙述の仕方を確かめて文章を整えることができる。

〔思考力，判断力，表現力等〕B(1)エ

・言葉がもつ価値に気付くとともに，進んで読書をし，我が国の言語文化を大切にして，思いや考えを伝え合おうとする。

「学びに向かう力，人間性等」

3　本単元における言語活動

校外学習で訪問した場所の中から「おすすめの場所」を選び，説明する文章を書く。

4　単元の評価規準(省略)

5　単元の流れ(4時間扱い)

時	学習活動	評価規準・評価方法等
1	○学習の目標を知り，学習の見通しをもつ。 ○校外学習で集めた情報をワークシートに整理する。 ○目的や読み手を明確にして，説明する場所を決める。	(a)［知識・技能］　ワークシート ・おすすめしたい場所について集めた情報を，比較したり，分類したりして整理していることを確認する。
2	○さまざまな説明の仕方があることを理解し，構成メモを作る。 ○考えた構成を基に，説明の仕方について，グループで助言し合う。	
3	○前時の助言を生かし，「おすすめの場所」を説明する400字程度の文章を書く。 ○読み手の立場に立って下書きを読み，叙述の仕方を工夫して文章を整える。	(b)［主体的に学習に取り組む態度］　下書き ・集めた情報を粘り強く整理し，読み手の立場に立ち，叙述の仕方を工夫して，おすすめの場所を説明する文章を書こうとしている。
4	○書いた文章を読み合い，わかりやすく説明する観点に沿って気付いた点を伝え合う。 ○伝え合ったことを生かして段落構成や語順などが適切であるかを確認して，文章を整え直す。 ○単元を振り返る。	［思考・判断・表現］ ・目的や意図に応じて，伝えたいことを明確にすることができたか確認する。 ・読み手の立場に立ち，叙述の仕方を工夫した文章に整えているか確認する。

問一　下線部(a)［知識・技能］の指導に対する考え方として適切でないものを、次の1～5のうちから一つ選びなさい。

1　比較とは複数の情報を比べることであり、他教科や日常生活でも多く用いられる思考方法の一つであることも指導する。
2　分類とは複数の情報を共通点や類似点に基づいて類別することである。ベン図を用いる方法も関連して指導することも考えられる。
3　関係付けとは、比較や分類以外の情報の整理の仕方を指し、例えば一定のきまりを基に順序立てて系統化することが考えられる。
4　小学校第五学年及び第六学年の「情報と情報との関係付けの仕方」の理解とは別に、情報の整理の仕方について理解を深め、使うことを指導するものである。
5　指導に当たっては、例えば〔思考力、判断力、表現力等〕の「C読むこと」の指導事項である(1)「ア文章の中心的な部分と付加的な部分、事実と意見との関係などについて叙述を基に捉え、要旨を把握すること」との関連を図ることも考えられる。

問二　下線部(b)[主体的に学習に取り組む態度]の評価として適切でないものを、次の1～5のうちから一つ選びなさい。
1　読み手の共感を得られる表現や具体例を考えながら説明する文章を書こうとしていることから、「おおむね満足できる状況(B)」と判断した。
2　自分が日常使う話し言葉を用いて、調べた情報を活用しないまま文章を書こうとしていることから、「努力を要する状況(C)」と判断した。
3　読み手に一つでも多くの情報を伝えるため、集めた情報を調べた順番に全て盛り込み、読み手が自由に情報を取捨選択できるように文章を書こうとしていることから、「満足できる状況(A)」と判断した。

4　多様な読み手に分かりやすく伝わるように、盛り込む情報を何度も比較して検討したり、段落構成を工夫したりしながら説明する文章を書こうとしていることから、「満足できる状況(A)」と判断した。
5　グループ内での助言を基に、他者の納得を得られる文章になるよう、書き始めや結びの一文等を修正しようとしていることから、「おおむね満足できる状況(B)」と判断した。

(☆☆☆◎◎◎)

解答・解説

【中高共通】

【一】問一　4　問二　(一)　1　(二)　2　問三　c　5　d　3　問四　2　問五　4
問六　1　問七　3

〈解説〉問一　(a)の「つつ」は、二つの動作が同時に並行して行われる意の接続助詞。　問二　(一)　(b)の「だろ」には、推量の意を表わす助動詞「う」が接続している。「う」は、活用語の未然形に付く。(二)　(b)は、二人の女性が、自分の娘のことについて話していたことに、唖然とするとともに、心の中では、保育園に入る子どもたちと家庭の事情など理解していない無神経さに立腹した自分を振り返っている様子である。　問三　空欄補充は、その前後の文や語句との整合が求められる。空欄cの前の文は、「かわいい」の意味の変化による小さい者や弱い者への情愛の念や愛らしいという気持の優勢、後の文は、「かわいい」が、「愛らしい」という類の意味で用いられるようになったことが述べられていいので。順接の語が入る。空欄dの前は、「かわいい」と「かわいそう」の結びつき、後は、この両者の感覚的入り交じりが述べられているので、結論へ導く語が入る。問四　欠段落の内容は、「かわいそう」と「かわいい」の言葉の近さに対する興味である。「かわいい」の語源について説明する段落の前に入るのが適切。問五　(e)の「後ろめたさ」は、「後ろ暗い」こと。「自分の行動を反省して恥じる」感情である。傍線部(e)の前で「勝手に投げ込まれた各々の場所で必死に生きる彼ら(子どもたち)のために、少しでもこの世界をましなものにする責任が大人たちにはある」と筆者は述べている。問六「しあわせ」は、「する」「あわす」の二つの物事が一体化した名詞であることを踏まえ、その状態を考える。この状態から生まれた言葉に「運」「運命」「なりゆき」「機会」が示されている。人間の意志や努力だけでなく、それを超えた神秘的力に左右される表現を選ぶ。問七　3「語源を辿ることが不可欠である」は、本文の内容ではない。

【二】問一　5　問二　2　問三　1　問四　4　問五　3　問六　2　問七　5

〈解説〉問一　(c)「る」は、存続の助動詞「り」の連体形。問二　(d)「おどろきて」の「おどろき」は、「おどろく」(カ行四段活用)の連用形で、「目をさまし(て)」の意。問三　(a)「めやすきさまならせん」の「めやすき」は、「目やすし」(形容詞・ク活用)の連体形で、「見苦しくない」の意。「ならせん」の「なら」は補助動詞「なる」の未然形、「せむ」は、使役の助動詞「す」の未然形＋意志の助動詞「む」で、高貴な身分の男に嫁がせて「見苦しくない幸せな生活を送るようにしたい」の意。文中の女房は、「世の中たえだえしかりける」とあるように、世に落ちぶれて貧しく暮らしていたのである。問四　(b)「いかにても候ひなん(む)」の「いかにても」の「いかに」は「いかなり」(形容動詞)の連用形＋「ても」(接続助詞)で、「たとえどうなろうと」の意。「候ひなん」は、「候ひ」(「あり」の丁寧語)＋「なん(む)」(完了の助動詞「ぬ」の未然形＋推量の助動詞)で、「かまいません」の意。　問五「掛詞」は、同音異義語で、歌中「石清水」(いわしみず)に「言はじ」を掛けた修辞法である。　問六　文中の「かなしさのあまりに～夜もすがら御前にて～この女参りつくより～暁がたになりて母申すやう『いかばかり思ひたちて～思ふことなげに寝給へるうたてさよ』とくどきければ」までの解釈とむすめの詠んだ歌の歌意を踏まえ適切な説明を選ぶ。歌意は、「私の身のつらさは、まったく何と言ったらよいのでしょうか。石清水様は、私のこのせつない気持をきっと汲みとってくださるでしょう。」問七　(f)「大菩薩この歌を納受ありけるにや」とは、「大菩薩は、このむすめの歌を聞き届けてくださったのであろうか」の意である。文中の「世の中にときめき給ふ雲客～このむすめをとりて～やがて北の方(貴人の正室)～始終いみじかりけり(生涯にわたり並々ならぬ愛情を受けて大切に扱われた)」を踏まえ、適切な説明を選ぶ。

【三】問一　4　問二　3　問三　5　問四　3　問五　5　問六　2　問七　1　問八　4

〈解説〉問一「於」は、文中にあって、その上下の語句の関係を示す置き字。(a)は、時間(時代)を表す。1は対象、2は起点、3は比較、4は時間、5は受身。　問二　(b)「六経」(りくけい)は、儒学の基本となる六種の本。「易経・詩経・書経・春秋・礼記・楽経」をいう。　問三　(c)「蓋」は、「けだし」と読む。「思うに」の意で、推量を表す。　問四　(d)「其の学難しと謂ふべし」とは、「其の学問を究めることがきわめて困難であったこと」をいう。その前の文に「得見六経蓋無幾」とあり、「六経」を手にして見る者が何人もいなかったことがのべてある。　問五　空欄Eに当てはまる適切な語は、以下の文「紙与字画日趨於簡便、而書益多、世莫不有」(秦漢以来印刷技術の発達で、書籍が多く印刷されたこと)を踏まえて選ぶ。　問六　(f)「惟恐不及」の「不及」は、「史記・漢書」を手書きで筆写し日夜誦読しているが、落ち(脱落や手抜き)がないかを心配しているということ。　問七　(g)「多且易致如此」は、その前の文「近歳市人転相摹刻、諸子百家之書、日伝万紙」(最近、書籍業者が諸子百家の書を大量に復刻したこと)を踏まえ、「多くの書物が簡単に手に入れられる」という意の書き下し文を選ぶ。返り点については、返読文字「易」、再読文字「且」に注意すること。1のみ「易」に返り点がついている。　問八　(h)「此又何也」(此れ又何ぞや)は、「これは一体どうしたことか」の疑問文である。「後生科挙之士、皆束書不観、游談無根」を踏まえての筆者の慨嘆である。科挙(官史の採用試験)の受験生たちが諸子百家(多くの学派)の書の山に目もくれず、「無根」(よりどころのない)議論にふけっていることを批判している。

【四】問一　(一)　5　(二)　3　(三)　3　(四)　2　問二　4　問三　1　問四　4

〈解説〉問一　(一)　例文は「無謀」。1　望外、2　防壁、3　傍点、4　某所、5　共謀。(二)　例文は「息災」。1　即日、2　速成、3　子息、4　測定、5　規則。(三)　例文は「対比」。1　披露、2　否定、3　比肩、4　批判、5　悲運。(四)　例文は、「佳作」。1　顆粒、2　佳境、3　眼下、4　架空、5　追加。問二　類義語は「地震―天災」、1、2、5は対義語。　問三　対義語でないのは「検討と精査」。問四　1「はちめんれいろい」の「めん」は「面」。2「けいきょもうどう」の「きょ」は「挙」。3「りろせいぜん」の「ろ」は「路」。5「じきしょうそう」の「そう」は「早」。

【五】問一　4　問二　3

〈解説〉「中学校学習指導要領」(平成29年告示　文部科学省)では、国語科の教科目標を、理解と表現の資質育成のために、「知能及び技能」「思考力、判断力、表現力等」「学びに向かう力、人間性等」の三つの柱で整理し、学年の目標もこれを受けて、さらに従前、「A　話すこと・聞くこと」「B　書くこと」「C　読むこと」の三領域及び〔伝統的な言語文化と国語の特質に関する事項〕で構成していた内容を、「知識及び技能」「思考力、判断力、表現力等」に構成し直した。設問の「B　書くこと」は、「A　話すこと・読むこと」「C　読むこと」とともに「思考力、判断力、表現力等」の内容となり、「単元名」の「情報の整理」は、「知識及び技能」の内容である。　問一　「知識及び技能」の「情報の整理」のイは、小学校第五学年及び第六学年の「情報と情報との関係付けの仕方」を理解し使うことを受けて、情報の整理の仕方について理解を深め、これを使うことを示している。4は、誤り。　問二　(b)文章を書く学習では、「B　書くこと」の(1)アにより、材料を集めて観点に沿って比較、分類、関係づけなどすることが必要である。3は、不適切。

二〇二二年度　実施問題

【中高共通】

【一】次の文章を読んで、以下の各問いに答えなさい。

思いもよらない発明、発見のことをセレンディピティという。わが国で少し知られるようになったのはノーベル賞を受けた人が使ったからである。科学の世界のこととして聞き流す人が多かった。実際、セレンディピティによる発明などが起こるのは、これまではほとんど科学技術の世界に限られていた。

アメリカ人は、このセレンディピティという言葉が好きらしく、日常で使うこともあり、喫茶店でこの名をつけているところもあるという。はっきりしたことはわからないが、地名にもセレンディピティというのがあちこちあるらしい。アメリカの社会が知的活力をよろこぶことと無関係[a]ではないかもしれない。新しいものを創り出すのを尊重する風潮の現れと見ることもできるだろう。

創造とか発明、発見を大切にしないで、なにかというと知識、技術を模倣してものをこしらえるのに[b]汲々としてきたこれまでの日本で、セレンディピティが注目されなかったのは偶然ではない。現在でも、知識人でこの言葉をはっきり知らない人は、文科系中心にかなり多いように思われる。アメリカ人から日本人をコピー・キャット(ものまね上手)だと揶揄(やゆ)されてもしかたがないか。これまで[c]日本人によるセレンディピティの[d]業績は乏しいが、それを指摘されることもない。

セレンディピティ(serendipity)は造語である。イギリス、十八世紀の文人ホレス・ウォルポールが一七五四年一月二十八日に友人にあてた手紙の中で、「おとぎ噺『セレンディップの三人の王子』を借りてセレンディピティということばを創った」と書いた。この三人の王子がさがしていないものを偶然に見つける名人であったのに因み、偶然の好運による発見をセレンディピティと呼ぶことにしたというのである。セレンディップはセイロンのこと、いまのスリランカの古名である。この噺は当時、イギリスで広く知られていたのである。

これで見ても、これが、科学技術の分野に限られるものでないことはわかるが、その後、文学関係などではほとんど使われることもなくて、いつしか、科学上の発明・発見を指すようになった。

ある目的に向かって、研究・実験などで今行われているとき、なかなか成果が上がらないことが多い。(e)その途中でまったく思いもかけなかった新しい知見がとび出してくる。それがセレンディピティである。

第二次世界大戦後、アメリカの海軍が、敵潜水艦の接近を探知するために高性能の音波探査機の開発に没頭していた。あるとき正体不明の音の波のようなものをキャッチして研究陣は（　f　）。しかし、いくら調べても音源がわからない。あれこれ探索して、とうとう音波を突きとめた。なんとイルカの発信しているものだった。これがイルカも〝言語〟をもっているらしいという発見につながった。本命の敵潜水艦の機関音をとらえる目的の研究とはまったく別の棚ボタ式の新しい発見である。

(g)文科系の仕事では、こういうセレンディピティは起こり得ないように考えられ、実際にも、そういう例はなかったと言ってよい。人文系の学者でセレンディピティを信じる人はないとしてもよいだろう。人文の分野において発見、発明が起こらないのはそのためであるかもしれない。

言葉を扱う文化、学問において、なぜセレンディピティが起こりにくいのか。そんなことを考えるヒマ人はいないから、問題にもならないのである。

セレンディピティは耳で考える人たちの成果である。文字を読み、文章を綴るのを業とする人たちは目で考えることにはなれているが、耳はおろそかにされる。耳で聞き知ったことを耳学問などと言って、昔からバカにしてきた。前にも引き合いに出したが、「日本人は目で考える」（ブルーノ・タウト）と言われるほどで、日本人は耳で考えることが少ない、下手でもある。耳の活動から生まれるセレンディピティと縁遠いのはむしろ当然である。本の知識から新しい発見の生まれることは少ない。創造は多く生活の中にある。

ひとつには日本人が漢字を用いていることと関係があるかもしれない。漢字は目で考えるのには便利だが、耳で考えるにはたいへん不都合である。漢字文化の国々が科学的進歩で遅れがちであるのは故なしとしない、ように思われる。

教育は小学校から大学まで、一貫して、目の勉強を強制する。知識は増えるけれども、自ら考える力は少しも伸びない。それどころか、知識の記憶にすぐれたものほど、とかく（　h　）力が弱いということが多くなる。知識と（　h　）は仲が悪い。年とともに知識は増えるが、それと引きかえに、（　h　）力はむしろ衰弱して、知識偏重の人間になってしまう。

セレンディピティを起こすには、耳で考える力が必要であるが、いまのところ、それを伸ばすところがない。めいめいの工夫に俟（ま）つほかないが、知識の記憶に忙しい間は、そんなことを考えるゆとりもない。少し落ち着いたところで、そろそろ知力の枯渇を意識するようになったところで、あわてて耳で考える修業に入る。晩学は成り難し、と昔の人も言った。考えるのはものを知り、学ぶよりはるかに厄介である。

耳で考えるには、まず、口で話さなくてはならない。ゴシップやニュースをばらまくのでは話にならない。自分で考えることを話す。うまく答えの見つからないようなことを話すのがよろしい。

話すには、相手がいる。身近の人たちはこういうときの話し相手としてはおもしろくない。家族など最低、勤め先で机を並べている同僚などもおもしろくない、あまり親しすぎない人と、ときたま会ってしゃべるというのが望ましい。

間違っても同業者同士で集まったりしないこと。よく同じ専門の研究者たちが読書会をするが、新しい知識は得られても、多くは知的に不毛である。おのおの違ったことをしているものが集まると、談論風発するのである。二人ではまずい、三人でも足りない、五、六人が最適である。

互いにしていることが違うから、ほかの人の話は新鮮に思われる。自分の言うことも、ほかの人はみなシロウトであると思えば気が楽である。調子に乗って、しゃべっていると、これまで考えたこともないようなことが飛び出して、自分でも驚く、というようであれば、それが小さいながら、セレンディピティになるのである。

そういう雑談会で話し手にまわらず、聞くのが主というメンバーもできるが、そういう人にもセレンディピティの可能性のないことはない。かねてから、いくつもの疑問をもっていて、その解決が得られないでいるとき、雑談会であまり関係のなさそうな話を聞いていて、うまくいけばその話の切れ端が、自分の頭の中で眠っている未解決の考えと〝化合〟して新しいアイディアが生まれる。インスピレイションと呼ばれることもあるが、(i)りっぱなセレンディピティである。

文科系の人間でも、こうして、セレンディピティの実を挙げることはできる。

（外山滋比古　『考える力　新しい自分を創る』より）

問一　傍線部(a)「で」については同じ用法のものを、傍線部(e)「その」については同じ品詞のものを、次の各群の1～5のうちから一つずつ選びなさい。

(a)

1　肝心なところでミスを犯した。
2　罪を憎んで、人を憎まず。
3　いい加減な気持ちで取り組むのはよそう。
4　あなたの行為はあまりに無慈悲である。
5　彼女の笑顔は可憐な花のようで優しい。

(e)

1　どの写真も美しいですね。
2　ここには忘れられない思い出があります。
3　あれが有名なウユニ塩湖ですか。
4　そこの湖面は鏡のように空を映します。
5　あちらに知り合いがいるのですか。

問二　傍線部(b)「汲々と」の意味として最も適切なものを、次の1～5のうちから一つ選びなさい。

1　一つのことを頑なに継承し、他の事象に目を向けないさま。
2　一つのことに集中して、目標を達成しようとするさま。
3　一つのことに心を囚われ、他を顧みる余裕がないさま。
4　一つのことに心をひかれ、過去を省みず追求するさま。
5　一つのことに心を奪われ、目的を見失っているさま。

問三　文中の空欄（　f　）に当てはまる表現として最も適切なものを、次の1～5のうちから一つ選びなさい。

1　苛立ちを覚えた　2　憂いに沈んだ　3　気色ばんだ　4　色めき立った　5　思い煩った

問四　傍線部(c)「日本人によるセレンディピティの業績は乏しい」とありますが、その理由の説明として最も適切なものを、次の1～5のうちから一つ選びなさい。

1　日常生活から新しいものを創り出すことに価値を見出す素地がなく、知識や技術の習得にばかり力を注いできたから。

2　知識や技術の習得と、日常の中にある知的活力をうまくつなげようとしたが、新しい発明や発見に至らなかったから。

3　セレンディピティは科学技術の世界と深く関連付けられているため、技術の遅れが業績の乏しさとつながっているから。

4　知識人でもはっきり知らないほど、我が国ではセレンディピティという言葉になじみがなく、聞き流されてきたから。

5　発明や発見の価値を知りつつもそれを行わず、コピー・キャットと揶揄されても科学技術の模倣に専念し続けたから。

問五　次の会話文は、傍線部(d)「セレンディピティ」の意味について二人の生徒が話している場面です。会話文中の空欄（　j　）にあてはまる最も適切なものを、以下の1～5のうちから一つ選びなさい。

Aさん　「『セレンディピティ』の語源になった『セレンディップの三人の王子』を読んでみたけど、話の中に一つも発明品が出てこなかったな。」
Bさん　「確かに『セレンディピティ』は、『発明、発見する』という意味だよね。でもこの評論の中では『発明、発見する』成果の意味ではなくて、『困難の解決に向かって試行錯誤してなかなか結果が出ないときに、（　j　）』という意味で使っているね。」
Aさん　「そうか。作品の中で三人の王子が、そうやって困難を乗り越えて好運をつかむという様子が、この言葉の由来になっているんだね。」

1　思いがけない出来事と遭遇することで、自分の中で忘れていたことにはっと気付く力
2　一旦違う視点に立ってその困難を見つめ直すことで、求めていた解決策を生み出す力
3　一旦その困難を頭から排除して思考を整理することで、焦点化されたものを考え出す力
4　解決につながりそうな知識を集め、それを取捨選択して新しい解決策を生み出す力
5　自分の中にある潜在的な疑問と反応して、思いもよらない新しいものを見付け出す力

問六　傍線部(g)「文科系の仕事では、こういうセレンディピティは起こり得ないように考えられ、実際にも、そういう例はなかったと言ってよい」とありますが、その理由の説明として最も適切なものを、次の1～5のうちから一つ選びなさい。

1　文科系の仕事では、そんなことを考えるヒマがないほど知識の記憶に忙しく、日常生活を楽しみながら新しいものを創り出す時間がないから。
2　文科系の仕事では、文字を読み、綴られた文章を正しく解釈し正しく伝えることが主な役割であり、

棚ボタ式の新しい発見をバカにしてきたから。

3　文科系の仕事では、読むことや書くことを中心とした「目で考える」ことで得られる成果がすべてであり、耳で考える成果は信じなかったから。

4　文科系の仕事では、文字や文章を目で見て考えることになれており、日常生活の中にある耳で聞き知る活動を十分に行ってこなかったから。

5　文科系の仕事では、耳で聞き知ったことを耳学問と言ってバカにする風潮が根付いており、セレンディピティそのものを軽んじていたから。

問七　文章中にある三箇所の空欄（　h　）には、漢字二字の同じ言葉が入ります。最も適切なものを、次の1～5のうちから一つ選びなさい。

1　理解　　2　技術　　3　思考　　4　観察　　5　決断

問八　傍線部(i)「りっぱなセレンディピティである」とありますが、この「セレンディピティ」の具体例として最も適切なものを、次の1～5のうちから一つ選びなさい。

1　医療分野の講演会を聞き、医者として学んできたことの正しさを再確認したこと。

2　ラジオから流れる昔の歌謡曲を聞いていたら、偶然クラスの行事企画を思いついたこと。

3　テレビのニュースで大雨特別警報が出たので、急いで家族に声を掛けて避難したこと。

4　自分が持つ釣りの技能と釣り雑誌の知識とが融合して、思わぬ釣果をあげたこと。

5　電車に乗っていたとき、ふと後ろから「仙台」と聞こえ、到着間近を知ったこと。

（☆☆☆◎◎◎）

【二】次の文章を読んで、以下の各問いに答えなさい。

筑紫[※注1]にありける檜垣(ひがき)[※注2]の御(ご)といひけるは、いとらうあり[※注3]、をかしくて世を経たる者になむありける。年月かくてありわたりけるを、純友[※注4]がさわぎにあひて、家も焼けほろび、物の具もみなとられはてて、(a)いみじうなりにけり。かかりとも知らで、野大弐(やだいに)[※注5]、討手(うて)の使に下りたまひて、それが家のありしわたりをたづねて、「檜垣の御といひけむ人に、(b)いかであはむ。いづくにかすむらむ」とのたまへば、「このわたりになむすみ(c)はべりし」など、ともなる人もいひけり。「あはれ、かかるさわぎに、(d)いかになりにけむ。たづねてしかな」とのたまひけるほどに、かしら白きおうなの、水くめるなむ、前よりあやしきやうなる家に入りける。ある人ありて、「これなむ檜垣の御」といひけり。いみじうあはれがりたまひて、よばすれど、(e)恥ぢて来で、かくなむいへりける。

A　むばたまのわが黒髪は白川[※注6]のみづはくむまでなりにけるかな

とよみたりければ、あはれがりて、着たりける(f)衵(あこめ)[※注7]ひとかさねぬぎてなむやりける。

（『大和物語』より）

※注１　筑紫……ここでは、九州の総称の意。
※注２　檜垣の御……承平・天慶の頃の名の知れた女性。
※注３　らうあり……世慣れて情趣をよく解すること。

※注4　純友がさわぎ……藤原純友の乱。
※注5　野大弐……小野好古のこと。
※注6　白川……熊本県中北部を流れ、有明海に注ぐ川。
※注7　衵……単と下襲の間に着るもの。

問一　傍線部(c)「はべり」について、敬語の種類や敬意の方向について説明したものとして正しいものを、次の1～5のうちから一つ選びなさい。

1　謙譲語で、作者から「野大弐」に対して敬意を払う。
2　謙譲語で、作者から「檜垣の御」に対して敬意を払う。
3　丁寧語で、作者から「野大弐」に対して敬意を払う。
4　丁寧語で、「ともなる人」から「檜垣の御」に対して敬意を払う。
5　丁寧語で、「ともなる人」から「野大弐」に対して敬意を払う。

問二　傍線部(d)「あやしき」の解釈として最も適切なものを、次の1～5のうちから一つ選びなさい。

1　心ひかれる　2　何かが起こりそうな　3　みすぼらしい　4　不思議な　5　不快な

問三　傍線部(a)「いみじうなりにけり」の説明として最も適切なものを、次の1～5のうちから一つ選びなさい。

1　檜垣の御はたいそうみじめな様子になってしまったということ。
2　檜垣の御はたいそう気だかい存在になってしまったということ。
3　檜垣の御はいまや世捨て人のようになってしまったということ。

4　檜垣の御は既に魂の抜け殻のようになってしまったということ。
5　檜垣の御はまったくの行方知れずになってしまったということ。

問四　傍線部(b)「いかであはむ」の解釈として最も適切なものを、次の1～5のうちから一つ選びなさい。
1　どうしても会えない　2　どうしたら会えたのか　3　どこかでは会えるはずだ
4　どうにかして会いたい　5　どこで会えるのか

問五　傍線部(e)「恥ぢて来で」の理由の説明として最も適切なものを、次の1～5のうちから一つ選びなさい。
1　自らの犯した罪深い行為を後悔していたから。
2　詠み出す和歌に自信がなく不安を感じたから。
3　初恋相手の討手の使に合わせる顔がないから。
4　お尋ね者となったことに負い目を感じたから。
5　自分の見た目の変化を意識し気後れしたから。

問六　Aの和歌について、「むばたまの」は枕詞ですが、「むばたまの」はどの語を修飾していますか。正しいものを、次の1～5のうちから一つ選びなさい。
1　わが　2　黒髪　3　白川　4　みづ　5　くむ

問七　傍線部(f)「衵ひとかさねぬぎてなむやりける」とありますが、次の会話文は、この時の「野大弐」の心情をどのように解釈するかというテーマで、授業中、グループごとに話し合ったときのものです。会話文中の空欄（　g　）にあてはまるものとして最も適切なものを、以下の1～5のうちから一つ選びなさい。

Aさん　「『袒ひとかさねぬぎてなむやりける』という行動は、檜垣の御の歌を聞いたことがきっかけになっていますね。」

Bさん　「私がこの歌について調べたところ、『みづはくむ』のところは『水は汲む』と『瑞歯ぐむ』の意味が掛けられているそうです。『瑞歯ぐむ』は『老人の歯が抜け落ちてから再び生えてくること』で、『ひどく年老いたこと』を意味しているそうです。」

Cさん　「掛詞による、ずいぶん大げさな表現と言えますね。それに加え『なりにけるかな』と続くので、『不本意にもなり果ててしまった』というニュアンスが強調されていますね。」

Aさん　「地の文に『あはれがりて』とあるので、野大弐が檜垣の御を『気の毒に思った』という解釈ができると思います。」

Bさん　「そうですね。和歌全体を丁寧に見ていくと、野大弐は（　g　）には気付いたでしょうから、そんな檜垣の御の今の様子をより一層気の毒に感じたのではないでしょうか。」

Cさん　「確かにそうですね。以上を踏まえて私たちのグループの発表原稿を作りましょう。」

先　生　「よく調べてよく議論し、よい解釈に至りましたね。わかりやすい説明になるよう説明の仕方を工夫したうえで、発表してみてください。」

1　老いぼれたことを逆手にとって、相手の笑いを引き出したこと
2　巧みな技法を用いながら、自らの落ちぶれた姿を表現したこと
3　優雅さに欠けた言葉から、以前の豪奢な詠みぶりではないこと
4　色の対照性を用いることで、往年の美貌を自慢したかったこと

5　老婆になり果ててしまったのに、求愛の情を示そうとしたこと

（☆☆☆◎◎◎）

【三】次の文章を読んで、以下の各問いに答えなさい。ただし、設問の都合上、訓点を省いたところがあります。

謝万北征、常以嘯詠自高、未嘗撫慰衆士。謝公甚器愛万、而審其必敗、乃倶行。従容謂万曰、「汝為元帥、宜数喚諸将宴会、以悦衆心。」万従之、因召集諸将、都無所説、直以如意指四坐云、「諸君皆是勁卒。」諸将甚忿恨之。謝公欲深箸恩信、自隊主将帥以下、無不身造、厚相遜謝。及万事敗、軍中因

欲レスルニ除レカントヲ之、復タ云フ、「当レニ為ニスル隠士ノ。」故ニ幸ニシテ而得レタリ免ルルヲ。

（『世説新語』より……一部旧字体を新字体に改めた。）

※注1　謝万……晋の人。
※注2　北征……東晋升平三年、謝万は詔をうけ北方に軍を進めた。
※注3　嘯詠……口笛を吹くように口をすぼめて音を出すこと。
※注4　謝公……謝万の兄、謝安のこと。
※注5　器愛……才能を認めて愛すること。
※注6　従容……ゆったりと落ち着いたさま。
※注7　如意……如意棒。仏具の一つで説教の時などに持つ。
※注8　四坐……その場。
※注9　勁卒……勇敢な兵卒。
※注10　箸恩信……恩愛と信義をあらわす。
※注11　隠士……謝公のことを指す。

問一　傍線部(a)「而」の本文中における役割と波線部が同じ役割をしているものを、次の1～5のうちから一つ選びなさい。

1　齎もたらスニ戦国策ヲ而已。

2　吾愛（をしンデ）ニ三城ヲ一而不レ講ゼ。

3　而シテ浮生ハ如シレ夢ノ、為スコトレ歓ヲ幾何ゾ。

4　戦ヒ勝テドモ而不レ予（あたへ）ニ人ニ功ヲ一。

5　無カレレ重スルコトニ而ノ罪ヲ一。

問二　二重傍線部(d)「直」、(f)「自」の本文中における読みと同じ読み方をする漢字を、次の1～8のうちから一つずつ選びなさい。

1　之　2　従　3　偶　4　唯　5　卒　6　已　7　猶　8　若

問三　傍線部(b)「乃倶行」とありますが、そのような行動をとった理由の説明として最も適切なものを、次の1～5のうちから一つ選びなさい。

1　謝万の態度が傲慢で将軍たちをねぎらわないので、皆の心が離れてしまい戦いに負けてしまうのではないかと心配したから。

2　謝万の態度が邪険で将軍たちを冷遇しているので、謀反を起こされて戦いに負けてしまうのではないかと不安だったから。

3　謝万の態度が軽薄で将軍たちから見下されているので、皆を統率できず戦いに負けてしまうのではないかと心配したから。

4　謝万の態度が素直で将軍たちに頼り切っているので、的確な判断を下せず戦いに負けてしまうのではないかと不安だったから。

5　謝万の態度が弱気で将軍たちから不満が出ているので、皆の士気が上がらず戦いに負けてしまうのではないかと心配したから。

問四　傍線部(c)「宜数喚諸将宴会、以悦衆心」について、次の各問いに答えなさい。

(一)　訓点の付け方と書き下し文の組合せとして最も適切なものを、次の1～5のうちから一つ選びなさい。

1　宜シク下数しばしば喚ビテ二諸将ヲ宴会ニ一、以テ悦バセント中衆心ヲ上。
　宜しく数諸将を宴会に喚びて、以て衆心を悦ばせんとす。

2　宜シク下数しばしば喚ビテ二諸将ト一宴会シ、以テ悦ビテ衆心ヲセント上。
　宜しく数諸将と喚びて宴会し、以て悦びて衆心をせんとす。

3　宜シクシ下数しばしば喚ビテ二諸将ト宴会ヲ一、以テ悦ビテ衆心ヲス上。
　宜しく数諸将と宴会を喚びて、以て悦びて衆心をすべし。

4　宜シクシ下数しばしば喚ビテ二諸将ヲ一宴会シ、以テ悦バス中衆心ヲ上。
　宜しく数諸将を喚びて宴会し、以て衆心を悦ばすべし。

5　宜シク数しばしば喚ビレ諸ヲ将ニ三宴会シ、以テ悦バセント二衆心ヲ一。
　宜しく数諸を喚び将に宴会し、以て衆心を悦ばせんとす。

(二)
解釈として最も適切なものを、次の1～5のうちから一つ選びなさい。

1　軍内の士気を高めるためにも、たびたび将軍たちを呼び寄せて宴会をさせ、彼らが心から喜ぶ姿を見た方がいい。

2　軍内の士気を高めるためにも、何回かは将軍たちの宴会に顔を出すようにして、彼らと心を一つにした方がいい。

3　軍内の士気を高めるためにも、たびたび将軍たちを宴会に呼び寄せて、彼らが本心で語り合えるようにした方がいい。

4　軍内の士気を高めるためにも、何回かは将軍たちの宴会で談笑している姿を示して、兵卒たちの心を安心させた方がいい。

5　軍内の士気を高めるためにも、たびたび将軍たちを呼び寄せて宴会をし、彼らの心を楽しませてわだかまりを解いた方がいい。

問五　傍線部(e)「諸将甚忿恨之」とありますが、「諸将」が「忿恨」した理由の説明として最も適切なものを、次の1～5のうちから一つ選びなさい。

1　謝万が何の説明もせず、将軍である自分たちを如意棒で指して「諸君は勇敢な兵卒だ」と無責任なことを言い放ったから。

2　謝万が何のあいさつもせず、将軍である自分たちを如意棒で指して「諸君は勇敢な兵卒だ」と失礼なことを言い放ったから。

3　謝万がすべてを明らかにせず、将軍である自分たちを如意棒で指して「諸君は勇敢な兵卒だ」とその場しのぎの嘘をついたから。

4　謝万が将軍たちに何の説明もなく、その場の兵卒たちを如意棒で指して「諸君は勇敢な兵卒だ」と尊大な物言いをしたから。
5　謝万が何の前触れもなく、その場の兵卒たちを如意棒で指して「諸君は勇敢な兵卒だ」と謝公を差し置いて礼を言ったから。

問六　傍線部(g)「得免」の説明として最も適切なものを、次の1～5のうちから一つ選びなさい。
1　自ら諸将とのわだかまりを解くことで、謝万は敗戦の責任を取ることから免れたということ。
2　謝公の取りなしで、謝万は責任を追及する諸将たちに殺されることから免れたということ。
3　謝万を軍から追い出すことで、謝公は諸将たちに殺されることから免れたということ。
4　軍中の将軍たちの取りなしにより、謝公は敗戦の責任を取ることから免れたということ。
5　敗戦の責任を追及する軍中の将軍たちの取りなしで、謝公は国外追放から免れたということ。

(☆☆☆◎◎◎)

【四】漢字・語句について、次の各問いに答えなさい。

問一　次の(一)～(四)の傍線部のカタカナについて、同じ漢字を含むものを、1～5のうちから一つずつ選びなさい。
(一)　長く海外で生活すると、ドウホウと会って日本語で話すことに喜びを感じる。
1　ホウガクの演奏は、琴や三味線、和太鼓などの和楽器を用いる。
2　植物を含むあらゆる生物はサイボウによって構成されている。
3　木材は様々な用途に使えるので、いざというときチョウホウする。

4　彼は自転車をロボウに置いたまま、どこかに立ち去った。
5　ホウロウ生活をもとに描いた長編小説を読み、人生観が変わった。

(二)　農耕民族である日本人にとって、二十四セッキは非常に重要であった。
1　トウキはスキーやスケートが盛んであり、水泳はあまり好まれない。
2　キカン限定で発売された商品には、付加価値があることが多い。
3　穏やかなキシツの彼女は、冷静に物事を判断して行動できる。
4　キホン的な練習を重ねたことで、技術は着実に向上した。
5　手先のキヨウさを生かして、精密な時計を組み立てた。

(三)　この店の料理は工夫をコらして作られており、最上の味わいだ。
1　その陶芸家の技術は、まさにエンジュクの域に達していた。
2　小説の面白さがギョウシュクされたような展開に息をのんだ。
3　子どもが見るアニメや物語は、勧善チョウアクの内容が多い。
4　昆虫が葉にギタイしていて、どこにいるか分からない。
5　改善案をネンシュツして、今日の会議に臨んだ。

(四)　時間がないので連絡事項はカツアイし、速やかに会議を終了する。
1　今日の理科の授業では、カッシャを使った実験を行った。
2　今は細かな問題には目を向けず、ホウカツ的に議論したい。
3　今、最もカツボウしているのは、町の発展に資する人材だ。
4　たとえ国境があっても、自然環境まではブンカツできない。

5　少年はカットウを繰り返して少しずつ大人へと近づく。

問二　対義語の組合せとして適切でないものを、次の1～5のうちから一つ選びなさい。

1　決裂　と　妥当　　2　生産　と　消費　　3　創造　と　模倣　　4　演繹　と　帰納

5　故意　と　過失

問三　四字熟語として正しいものを、次の1～5のうちから一つ選びなさい。

1　泰然自若　　2　華人薄命　　3　厚顔無知　　4　異国情趣　　5　短刀直入

問四　「つまらないものでも、ないよりはましだ」という意味で用いることわざとして最も適切なものを、次の1～5のうちから一つ選びなさい。

1　木で鼻をくくる　　2　名を取るより実を取れ　　3　寄らば大樹の陰　　4　水魚の交わり

5　枯れ木も山の賑わい

（☆☆☆◎◎◎）

【五】「話すこと・聞くこと」の領域を指導するため、次のような学習指導案を作成しました。以下の各問いに答えなさい。

国語科学習指導案(抜粋)

1　単元名　「互いの意見を生かしながら，合意形成に向けて話し合おう」(中学校第3学年)

2　単元の目標

・敬語などの相手や場に応じた言葉遣いを理解し，適切に使うことができる。　〔知識及び技能〕(1)エ

・進行の仕方を工夫したり互いの発言を生かしたりしながら話し合い，合意形成に向けて考えを広げたり深めたりすることができる。〔思考力，判断力，表現力等〕A(1)オ

・言葉が持つ価値を認識するとともに，読書を通して自己を向上させ，我が国の言語文化に関わり思いや考えを伝え合おうとする。「学びに向かう力，人間性等」

3　本単元における言語活動　互いの考えを生かしながら議論する活動
(関連：〔思考力，判断力，表現力等〕A(2)イ)

4　単元の評価規準(省略)

5　単元の流れ(4時間扱い)

時	学習活動	評価規準・評価方法等
1	○学習のねらいや進め方をつかみ，学習の見通しをもつ。 ○「携帯電話安全教室を企画しよう」というテーマについて，根拠を明確にして自分の考えをもつ。	[思考・判断・表現] ①　ノート ここでは，テーマについて，自分の考えをまとめるために，具体的な根拠の内容を検討しようとしているかを確認する。
2	○互いの考えを尊重しながら，テーマについて各自の考えを交流する。	[主体的に学習に取り組む態度] ①　観察 ・設問の都合上，省略。
3	○互いの意見を生かして話し合い，グループとしての結論を出す。話合いの様子をタブレット端末で撮影する。 ○(b)タブレット端末で撮影した動画を見て，進行の仕方や異なる意見の生かし方について助言し合う。	(a) [知識・技能] ①　観察 ・ここでは，相手や場に応じた適切な敬語を使って話すことができているかを確認する。 [思考・判断・表現] ②　発表・観察 ・ここでは，進行の仕方とともに，異なる意見をどのように生かして話し合っているかを確認する。
4	○他グループの話合いの映像を視聴し合う。 ○(c)合意形成までの過程と結論の導き方について振り返りをする。	[主体的に学習に取り組む態度] ②ノート・観察 ・ここでは，他グループの話合いの動画を視聴し，合意形成までの過程と結論の導き方について考えたことを，今後に役立てようとしているかを確認する。

(以下，省略)

問一　下線部(a)「[知識・技能]①」の評価として、最も適切なものを、次の1～5のうちから一つ選びなさい。
1　Aさんは、携帯電話安全教室で講師に講話を依頼するという話合いの際に、「中学生にとってよりよい使い方を教えていただきたいと思います。」と自分の意見を述べていた。謙譲語の適切な用例であるため、「おおむね満足できる」状況(B)と判断した。
2　Bさんは、携帯電話安全教室で講師に講話を依頼するという話合いの際に、「トラブルに巻き込まれたくないから、巻き込まれない方法を教えてほしい。」と自分の意見を述べていた。丁寧語の適切な用例であるため、「おおむね満足できる」状況(B)と判断した。
3　Cさんは、携帯電話安全教室で講師に講話を依頼するという話合いの際に、「スマートフォンの最新の機能をご教示してほしいです。」と自分の意見を述べていた。謙譲語の適切な用例であるため、「おおむね満足できる」状況(B)と判断した。
4　Dさんは、携帯電話安全教室に保護者も参加した方がよいという話合いの際に、「私の父も、ぜひご参加したいと言っています。」と自分の意見を述べていた。尊敬語の適切な用例であるため、「おおむね満足できる」状況(B)と判断した。
5　Eさんは、携帯電話安全教室に保護者も参加した方がよいという話合いの際に、「家族も携帯電話を使う機会が多いので、お母さんと一緒に話を聞きたいです。」と自分の意見を述べていた。謙譲語の適切な用例であるため、「おおむね満足できる」状況(B)と判断した。

問二　下線部(b)「タブレット端末で撮影した動画を見て」とありますが、第3時にタブレット端末を活用する意図として、最も適切なものを、次の1～5のうちから一つ選びなさい。
1　話合いの進め方の検討の際にタブレット端末を活用させることで、話す人に注目して聞いていたかを生徒自身に確認させること。

2　撮影時の設定や編集の仕方を話し合わせ、一人ずつ動画を撮影し再生させることで、生徒のＩＣＴ活用能力を向上させること。

3　撮影した動画を生徒自身が視聴することで、進行の仕方や意見のまとめ方などの、よさや改善点について確かめさせること。

4　第4時に行われる映像視聴に向けて、撮影した動画を指定された時間内で編集させることで、生徒の動画編集技術を高めること。

5　話合いの様子は動画として記録されることを伝えることで、生徒が互いに緊張感をもって話合いを進められるようにすること。

問三　下線部(c)「合意形成までの過程と結論の導き方について振り返りをする」とありますが、Ａさんのグループでの振り返りに対する授業者のコメントとして、最も適切なものを次の1～5のうちから一つ選びなさい。

Ａさん　「Ｂさんの『携帯トラブルに巻き込まれる危険性だけでなく、有効な使い方をアドバイスしてほしい』という建設的な要望が良かったです。」
Ｂさん　「司会のＦさんが、みんなの意見の共通点をまとめ、相違点を調整しながら、結論に向けてスムーズに進行していたので、グループとして合意形成ができたと思います。」
Ｃさん　「生徒だけの参加でよいと思っていたけど、Ｄさんの意見を聞いて、保護者にも参加していただき、家での約束を作ることも大事だと思いました。」

Dさん　「私は、犯罪に巻き込まれないように使いたいと考えていたけど、みんなは『よりよく使う方法を知りたい』と思っていて、それが、私にとって新たな発見でした。」
Eさん　「みんなの意見の共通点と、他の意見のよいところを生かしたら、最初に一人一人が考えた意見よりももっとよくなったと思います。自分の意見にこだわり過ぎないことが大切だと思いました。」
Fさん　「そうですね。私たちの班は『携帯電話安全教室で、携帯トラブルの危険性と有効な使い方を、保護者とともに学べるように企画する』という結論になりました。みんなの意見を基に、合意形成ができてよかったです。」
先生　「□」

1　Aさんのグループの話合いでは、5分以内で、スムーズに結論を出すことができました。短い時間で合意形成をすることは、最も大切なことですね。
2　Aさんのグループでは、「～です。」「～ます。」と丁寧な言葉遣いで話し合いました。合意形成をするためには、敬体の言葉遣いで話すことが大切ですね。
3　Aさんのグループでは、全員が同じ回数発言していました。合意形成をする際には、平等に発言できるように進行が順番に指名することが大切ですね。
4　Aさんのグループでは、相手の意見のよいところや納得できるところがあれば、柔軟に自分の意見を広げていました。合意形成には大切なことですね。
5　Aさんのグループの話合いでは、全員が自分と異なる意見に対し、きっぱりと否定し反論していました。合意形成には強い反論がとても大切ですね。

（☆☆☆◎◎◎）

解答・解説

【中高共通】

【一】問一　(a)　4　(e)　1　問二　3　問三　4　問四　1　問五　5　問六　4　問七　3

問八　2

〈解説〉問一　(a)「無関係で」の「で」は、形容動詞「無関係だ」の連用形の活用語尾。1・3は格助詞。2は接続助詞「て」で、動詞の音便化(「ん」)に付いて濁音化したもの。4は「無慈悲だ」(形容動詞)の連用形の活用語尾。5は比況の助動詞「ようだ」の連用形の活用語尾。(e)「その」は、自立語で非活用の連体詞。1以外は代名詞。問二「汲々と」は、「心にゆとりがなく一つのことにつとめる様子」をいう。問三　空欄補充は、その前後の文や語句との整合性を必要とする。空欄前に、海軍の音波探査機の開発研究の取組みで、思いもよらぬ正体不明の音をキャッチしたとある。ここから、興奮したり緊張したりして活気づく表現を選ぶ。問四　傍線部(c)を含む段落の冒頭に「創造とか発明、発見を大切にしないで、なにかというと知識、技術を模倣してものをこしらえるのに汲々としてきたこれまでの日本」とある。また、アメリカ人に「日本人をコピー・キャットだと揶揄」されたともある。日本人は他国の知識や技能の習得力はあっても、新しいものの創造力は欠如していたのである。　問五　筆者は、造語「セレンディピティ」の語義「思いもよらない発明・発見」について述べ、ある目的(課題)に向かってその解決のために試行錯誤して成果が上がらないとき、思いもよらぬものを偶然見付け出す力だと説明し、以下の文でその例を示している。　問六　文科系(言葉を扱う文化、学問の世界)の仕事でセレンディピティが起こりえず、その例もなかった理由として、セレンディピティは「耳で考える人たちの成果である」とし、文科系の人たちが「目で考える」ために「耳で考える」ことをおろそかにしていると述べている。耳の活動と縁遠い生活(セレンディピティと関係の薄い生活)からは、思いもよらぬ発明や発見は起こり得ないというのである。　問七　一つ目の空欄hの前の文の「知識は増えるけれども、自ら考える力は少しも伸びない。」をヒントに、知識と対比している言葉を選ぶ。　問八　「りっぱなセレンディピティ」の内容は、前の文で述べられている。要約すると、かねてからの疑問があり、未解決の状態のとき、ある雑談会での話の切れ端が偶然、疑問解決の新しいアイデアを生むというものである。2以外の選択肢は、「偶然の、思いもよらない発見」としては不適切である。

【二】問一　5　問二　3　問三　1　問四　4　問五　5　問六　2　問七　2

〈解説〉問一　「はべり」は、丁寧の補助動詞で、「ともなる人」から野大弐への敬意。　問二　「あやしき」は、「あやし」(形容詞・シク活用)の連体形で、「奇し・怪し・異し・賤し」の「賤し」の意にあたる。「みすぼらしい。粗末な。」と解釈する。　問三　「いみじうなりにけり」の「いみじう」は、「いみじ」(形容詞・シク活用)の連用形の「いみじく」のウ音便で、「程度がはなはだしい」が基本的意味。ここはその前の文を踏まえて望ましくない場合に使う「大変みじめな様子」の意となる。　問四　「いかであはむ」の「いかで」は、願望を表す副詞で「どうにかして。なんとかして。」の意。「あはむ」の「む」は、意志の助動詞「む」の連体形。「いかで〜む」は係り結び。　問五　「恥ぢて来で」の「来で」は「来ずて」の転。「出て来ない」の意。「かしら白きおうな」「あやしきやうなる家」等から、檜垣の御のみすぼらしい老いた身を意識しての気恥ずかしさが理由と考える。　問六　枕詞は、一定の語の上にかかって、ある種の情緒的な色彩を添えたり、句調を整えたりする修辞法。「む(ぬ)ばたまの」は、「黒・髪・夜」などの枕詞である。　問七　野大弐が、檜垣の御へ祖ひとかさねを贈ったのは、檜垣の御が自分の「黒髪」が白くなり、歯まで抜け落ちた老いの身を掛詞を用いて巧みに表現した歌に、心打たれたからである。

【三】問一　4　問二　(d)　4　(f)　2　問三　1　問四　(一)　4　(二)　5　問五　2
問六　2

〈解説〉問一　(a)は、置き字で訓読しないが、前の文「謝公甚器愛万」(謝公甚万を器愛すれども)から逆接の意を表している。1は、「而已」は、「のみ」と読み、「已」が本来の意味。「而」で一端中断して、「已」を強めている。2は、「愛」に付けられた「をしンデ」から順接の意。3は、「而」(しかうシテ)と読み、順接の接続詞。4は「勝テドモ」から逆接の意。5の「而」は、「汝」と同じ二人称代名詞。　問二　(d)の「直」は「ただ」と読む。「唯」と同義。(f)の「自」は「より」と読む。「従」と同義。　問三　「乃倶行」(そこで行動を共にした)とは、謝万が北征するにあたり、「常以嘯詠自高」(尊大な態度)で、「未嘗撫慰衆士」(将軍たちをいたわり慰めない)ため、謝万の兄の謝公が、このままだと必ず軍が敗北することを謝万に詳しく説明した上での、謝公の弟思いの行動である。　問四　(一)　再読文字「宜」(よろシク～ベシ)に着目する。「喚」(述語)・「諸将」(目的語)を挟んで、「宜～悦(述語)・衆心(目的語)」という文の構造を考え、一・二点と上・中・下点を付け、送りがなを入れて書き下し文とする。　(二)「数」(しばしば)は「頻繁に」の意。「宜」は「～するのがよい」と訳し、「悦衆心」は「衆心を悦ばす」の意であるので、「心を楽しませ諸将の不平や不満をなくした方がよい」となる。　問五　「諸将甚忿恨之」の「忿」は「怒」と同義。謝万が諸将の怒りや恨みを買ったのは、諸将を宴会に招いて慰労し満足させようとしたのだが、「都無所説」(招待にあたってのあいさつもなく)、如意棒でその場にいる諸将を指して「諸君皆是勁卒」(諸君は勇敢な兵卒だ)と言った礼儀をわきまえない謝万の傲慢な言動に対してである。　問六　(g)「得免」を含む文の冒頭に「及万事敗」(謝万が敗北するに及び)とあり、次に「軍中因欲除之」とある。「除之」は、「諸将が謝万の敗北の責任を問い、謝万を死刑にする」という意味である。しかし謝万が、この死罪から免れた理由として「当為隠士」とある。「隠士」(謝公)が弟の謝万の失礼な言動を諸将に遜謝し、恩愛と信義をあらわし、信頼関係を深めたため、謝万は諸将たちの求めた死罪から免れたのである。

【四】問一　(一)2　(二)3　(三)2　(四)4　問二　1　問三　1　問四　5

〈解説〉問一　(一)は「同胞」で、1「邦楽」、2「細胞」、3「重宝」、4「路傍」、5「放浪」。(二)は「節気」で、1「冬季」、2「期間」、3「気質」、4「基本」、5「器用」。(三)は「凝」で、1「円熟」、2「凝縮」、3「懲悪」、4「擬態」、5「捻出」。(四)は「割愛」で、1「滑車」、2「包括」、3「渇望」、4「分割」、5「葛藤」。　問二「決裂」の対義語は「妥結」。　問三　2は「佳人薄命」、3は「厚顔無恥」、4は「異国情緒」、5は「単刀直入」が正しい。　問四　1の「木で鼻をくくる」とは、「無愛想に応答すること」のたとえ。2の「名を取るより実を取れ」とは、「表面的な名声や評判を得ることより実質的な利益を得よ」の意。「名を捨てて実を取る」ともいう。3の「寄らば大樹の陰」とは、「庇護を頼むのなら、勢力のある人の方がよい」というたとえ。4の「水魚の交わり」とは、「(水と魚が切り離せないように)離れることのできない非常に親密な間柄」をいう。

【五】問一　1　問二　3　問三　4

〈解説〉従前、「話すこと・聞くこと」、「書くこと」、「読むこと」の三領域及び〔伝統的な言語文化と国語の特質に関する事項〕で構成されていた内容は、教科目標や学年目標と同じく、〔知識及び技能〕及び〔思考力、判断力、表現力等〕に構成し直されたことにより、「話すこと・聞くこと」の領域は、〔思考力、判断力、表現力等〕を構成する内容となった。　問一　「話すこと・聞くこと」の指導では、中学校第三学年の〔知識及び技能〕エに「敬語」についての指導例で、相手や場に応じた言葉遣いの理解と適切な使い方が求められている。尊敬語は、聞き手(相手)の言動やモノ、コト、状態に敬意を表す敬語であり、謙譲語は、話し手(自分)の言動やモノ、コト、状態を低く待遇することによって聞き手(相手)に敬意を表す敬語である。丁寧語は、聞き手(相手)に対して直接敬意を表す敬語である。2は「教えて下さい」、3は「教えていただきたいと思います」、4は「申しています」、5は「母と一緒」が正しい。また、「聞く」の謙譲語には「うかがう」などがある。問二　(b)のタブレット端末の動画撮影の目的は、単元の目標「進行の仕方を工夫したり互いの発言を生かしたりしながら話し合い、合意形成へ向けて考えを広げたり深めたりすることができる」(能力)の育成である。この能力育成の意図に適したものを選ぶ。　問三　中学校第三学年の〔思考力、判断力、表現力等〕の指導事項オは、進行の仕方を工夫して、話し合いを目的に添って円滑に進め、多様な意見を整理して、よりよい合意形成を図る指導である。特に少数意見を尊重し、一致点と相違点を確かめ合うことも話し合いには大切なことである。この視点を踏まえ適切なコメントを選ぶ。

二〇二一年度　実施問題

【中高共通】

【一】次の文章を読んで、あとの各問いに答えなさい。なお、1〜10は、段落の番号を表します。

1 思考も記憶も感情も、言葉という繊維で紡がれ、編まれる。言葉のなかで、人の思いはある象り(かたど)を得る。そのとき言葉はいつも特定の言語としてある。そのことに人は人生のある段階ではじめて気がつく。じぶんがこれまで話してきたのとは違う言語があること(a)に。そしてじぶんが話しているのはその一つ、「母語」と呼ばれる言語であることに。

2 では、「母語」でしか語れない「私たち」は、別の言語をこころの繊維とする人たちとは通じえないのだろうか。わかりあえないのだろうか。日常のちょっとしたふるまいであれば、言葉がなくても通じることは多い。しかし揺れ動くこころのその襞(ひだ)にまで理解の触手を伸ばそうとすれば、翻訳という作業を間にはさまざるをえない。翻訳とは、異なる言語表現をじぶんの理解できる言葉に移し換えることである。

3 物の世界、人が創った制度についてなら、それなりの翻訳は可能だろう。が、人の思いの綾(あや)、あるいは肌理となると、母語ですらうまく摑めないほどに微妙なところがあって、ましてや異語によって表現されたそれらは(b)正確な翻訳が困難だ。

4 そのとき、そもそも何をもって正しく移し換えていると言えるのかの根拠があやしくなる。翻訳の言葉はあくまで「私たち」の言葉だからである。「私たち」のなす翻訳が、ほんとうに他者たちの思いの正確な写しであるのかを判断する術をもっていないからだ。他者の思いの綾や肌理として想定されるものも、結局は「私たち」の言葉で想像可能なそれにすぎない。他なるものを理解するとは、それを「わがものとする」ということ、いってみれば「（　c　）」である。「しる」という語が「知る」であるとともに「領る」でもあるように。この限界を人はついに越えられない。

5 しかし、あらためて考えてみれば、「私たち」の母語ですら、なにか確定したものとは言いがたい。「かなし」という語の意味一つ取っても、歴史のなかで意味をどんどんずらせてきた。そしてこのずれがそれとの関係でずれであるところのものをピュアなかたちで取り出すことはできない。言葉が写しているものごとそのものも言葉で表わすほかないからだ。それもまたずれの生成のなかにある。だから、言語には「本来の意味」などというものはありえないのだろう。詩作や翻訳においてちょっと歪な言葉の使い方をするなかでも、母語という（　d　）は変容してゆく。

6 斉藤道雄さんの『手話を生きる』（みすず書房）を読んだ。斉藤さんは、かつてTVディレクターとして手話の世界を取材するなかで、「ろう文化」の世界が異国にではなく「私たち」のすぐそばにあり、しかもそれが「私たち」にはきわめて見えにくい、ということはきわめて根の深い抑圧の構造[(e)]をともなうものでありつづけてきたことを知った。そしていまは手話によるろう教育の現場を担う立場にいる。

7 「日本手話」はろう者の自然言語であること。（　f　）、聴者がろう者とコミュニケートするための手段として考案された「日本語対応手話」はその本質において日本語であり、「日本手話」という自然言語とは決定的に異なることを、迂闊にもわたしはこれまでよく理解していなかった。そのような迂闊を慮って(おもんぱか)か、斉藤さんはこう書き足してくれている。日本手話を母語とするろう者が日本語対応手話の話者と話すときに、ろう者は、私たち日本語を母語とする者が「日本語が不確かな外国人と会話している」ときとおなじことを感じていると。

8 「ろう文化宣言」(市田泰弘)によれば、「ろう者とは、日本手話という、日本語とは異なる言語を話す、言語的少数者である」。手話は独自の複雑な言語構造をもち、その言語コミュニティは独自の文化をもつ。言語能力は幼児期における教育に決定的な影響を受けるが、そのろう教育が聴者のほうから構築されてきたこと、いわばその〝植民地化〟の歴史を、それによってろう者のコミュニティが分裂させられざるをえなかった理由をも含めて、斉藤さんはこの本で仔細に報告する。それらを、それこそ内臓を抉るような重い論述がつないでゆく。(　g　)「ろう文化」救出のための関係者の長い足どりを考察したうえで、それを一筋の確かな光へとつないでゆく。

9 それは、ろう者と非ろう者とが出会いなおす道であり、それぞれに本質的限界をもった手話と音声語が持続的に接触しあうなかでそれぞれの可能性を更新してゆく道だ。その道を遠望する斉藤さんの眼はしかし、とても慎重である。たとえば、手話が視覚情報で編まれているがゆえに(　h　)のに対し、音声語は単調で抽象的であるがゆえに逆に時空を越えた意味の広がりをもちうる。そのように対比してみると、「映像はイメージを広げるようでいて、逆に私たちの想像力を縛りつけているのかもしれない」というふうに。

10 これは、音声語を母語としそこから別の音声語を外国語として習得するのとはちがって、手話を母語としそこから第二言語を習得するときの「格段の困難」を知る人だからこその言葉であろう。が、この困難な道こそ、私たちが先に述べた、翻訳が母語以上に何ごとかを言い当てる可能性にもつながるものであろう。

(鷲田清一『生きながらえる術』より)

※……設問の都合上、この箇所で一部省略しています。

問一　傍線部(a)「に」の文法的説明として最も適切なものを、次の1～5のうちから一つ選びなさい。

1　形容動詞の活用語尾　　2　接続助詞　　3　格助詞　　4　副助詞　　5　助動詞

問二　傍線部(b)「正確な翻訳が困難だ」とありますが、筆者がこのように考えるのはなぜですか。その理由として最も適切なものを、次の1～5のうちから一つ選びなさい。

1　他者たちの言葉は異語によって象られており、母語で想像するしか方法がないから。
2　他者たちの思いを理解するしか術がなく、その言語表現を身につける必要があるから。
3　母語は常に変容していくので、翻訳できたとしても、常に言葉の意味が変わっていくから。
4　母語で翻訳する限りは、他者たちの思いを正確に写せたかどうかを判断する術がないから。
5　人の心の綾は母語ですら表現することは微妙で、異語で表現することは不可能だから。

問三　空欄（　c　）、（　d　）にあてはまる語として最も適切なものを、次の各語群の1～5のうちからそれぞれ一つずつ選びなさい。

c
1　所領
2　横領
3　受領
4　拝借
5　制圧

d
1　繊維
2　襞
3　綾
4　肌理
5　触手

問四　本文中には次の段落が抜けていますが、この段落は、どこに入りますか。最も適切な箇所を、あとの1～5のうちから一つ選びなさい。

> 母語は親しいものではあるが、母語だから正確であるとは言えない理由がここにある。母語が歪な用法を強いられることで翻訳が母語以上に何ごとかを言い当てる可能性もまた、あくまで翻訳の過程で生まれるのである。

1 [1]と[2]の間　2 [2]と[3]の間　3 [3]と[4]の間　4 [4]と[5]の間
5 [5]と[6]の間

問五　傍線部(e)「抑圧の構造」の説明として最も適切なものを、次の1～5のうちから一つ選びなさい。

1 ろう者が望まなかった日本語対応手話の習得を、日本手話を使わない聴者の立場により強要されたこと。
2 ろう者の教育が日本語対応手話を考案した聴者側により構築され、コミュニティが分裂させられたこと。
3 日本手話の歴史等を無視して日本語対応手話が導入され、ろう者が言語的少数者となってしまったこと。
4 日本手話よりも未熟な言語表現しかできない日本語対応手話が、「ろう文化」を駆逐し続けていること。
5 日本語対応手話が導入されたことによって日本手話にあった独特の語感が失われ、文化が衰退したこと。

問六　空欄（ f ）・（ g ）には同じ語が入ります。最も適切なものを、次の1～5のうちから一つ選びなさい。

1 つまり　2 だから　3 しかし　4 そして　5 たとえば

問七　空欄（ h ）にあてはまる表現として最も適切なものを、次の1～5のうちから一つ選びなさい。

1 音声語よりも豊かな描写力を備えている
2 音声語よりも具体的な事柄を伝えられる
3 音声語よりも高度な想像力を必要とする

4　音声語よりも優れた創造性をもっている

5　音声語よりも習得に時間を必要としない

問八　本文から読み取れる内容として最も適切なものを、次の1～5のうちから一つ選びなさい。

1　正確な翻訳は困難ではあるが、私たちの未来には一筋の確かな道が存在している。母語でしか語れない「私たち」でも、いつか他者たちと翻訳という枠を超えて、理解し合える日が必ず来る。

2　「私たち」の母語ですら正確に使用することは難しい。したがって、他者たちが用いる言語の繊細な心の綾や肌理を言葉で表現することはもちろんのこと、理解し合うことも不可能である。

3　「日本手話」という自然言語を聴者は無自覚に虐げてきた。ろう教育は聴者ではなく、ろう者によって構築されていくべきであり、その道は手話と音声語の持続的な接触によって可能となる。

4　人々の思いは言葉によって形づくられている。ただ、「私たち」が使用する「母語」の言葉も歴史の中で意味をずらせてきたのであり、言語に「本来の意味」を求めることは困難である。

5　「日本語対応手話」は、聴者とコミュニケートするためにろう者が生み出した。しかし自然言語ではなく、本質においては日本語であるため、こころの綾や肌理を翻訳することは大変難しい。

(☆☆☆◎◎◎)

【二】次の文章を読んで、あとの各問いに答えなさい。

二条[※注1]よりは南、京極[※注2]よりは東は、菅三位[※注3]の亭[※注4]なり。三位失せてのち、年ごろ経て、月の明き夜、さるべき人々、旧(ふる)き跡をしのびて、かしこに集まりて、月を見てあそぶことありけり。終りがたに、ある人、

月はのぼる百尺(ひやくせき)の楼

と誦(ず)しけるに、人々、音(こゑ)を加へて、たびたびになるに、あばれたる中門の、かくれなる蓬(よもぎ)の中に、老いたる尼の、よにあやしげなるが、露にそぼちつつ、(a)夜もすがら居りけるが、「今夜の御遊び、いといとめでたくて、涙もとまり侍らぬに、この詩こそ、及ばぬ耳にも僻事(ひがこと)を詠じおはしますかな、と聞き（ b ）」といふ。

人々笑ひて、「興ある尼かな。いづくのわろきぞ」といへば、「さらなり。さぞ(c)おぼすらむ。されど思ひ給ふるは、月は(d)なじかは楼にはのぼるべき。『(e)月にはのぼる』とぞ故三位殿は詠じ給ひ（ f ）。おのれは御物張り[※注5]にて、おのづから承りしなり」といひければ、恥ぢて、みな立ちにけり。

これは、すすみて人を侮(あなづ)るにはあらねども、思はぬほかのことなり。これらまでも心すべきにや。「(g)藪に剛の者」といへる児[※注6]、女子がたとへ、旨をたがへざりけり。

（『十訓抄』より）

※注1　二条……二条大路。
※注2　京極……東京極大路。
※注3　菅三位……菅原文時。（平安中期の漢学者。道真の孫。）
※注4　亭……邸宅。
※注5　物張り……洗い張りや裁縫などの雑用をする使用人。
※注6　児、女子がたとへ……女子供の使うことわざ。

問一　傍線部(a)「夜もすがら」、(c)「おぼすらむ」の解釈として最も適切なものを、次の各群の1～5のうちからそれぞれ一つずつ選びなさい。

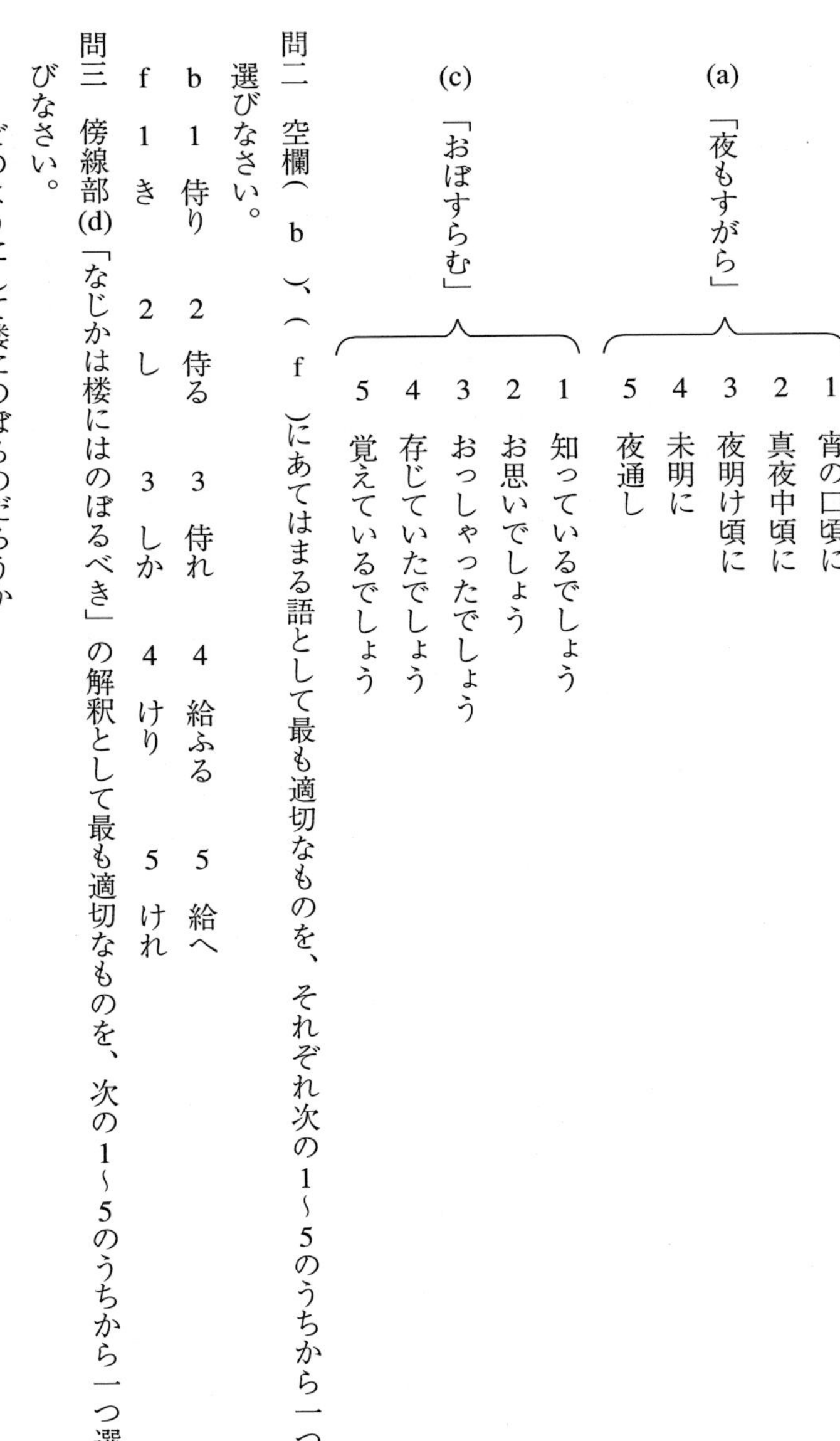

(a)「夜もすがら」
1 宵の口頃に
2 真夜中頃に
3 夜明け頃に
4 未明に
5 夜通し

(c)「おぼすらむ」
1 知っているでしょう
2 お思いでしょう
3 おっしゃったでしょう
4 存じていたでしょう
5 覚えているでしょう

問二　空欄（ b ）、（ f ）にあてはまる語として最も適切なものを、それぞれ次の1～5のうちから一つ選びなさい。

b　1 侍り　2 侍る　3 侍れ　4 給ふる　5 給へ

f　1 き　2 し　3 しか　4 けり　5 けれ

問三　傍線部(d)「なじかは楼にはのぼるべき」の解釈として最も適切なものを、次の1～5のうちから一つ選びなさい。

1 どのようにして楼にのぼるのだろうか
2 どこからでも楼にのぼると言えるのではないか
3 楼にのぼるはずがない

4　これまで楼にのぼれなかったことはない
5　なんとかして楼にのぼることができるはずだ

問四　傍線部(e)「月にはのぼる」の説明として最も適切なものを、次の1～5のうちから一つ選びなさい。
1　人は月の美しさに惹かれ、月にまでのぼるように想像してしまうということ。
2　月が明るく大きく見えるので、故三位を月に見立て思いを寄せるということ。
3　月が明るく美しい夜なので、高楼からは月に手が届きそうであるということ。
4　人は月の美しさに惹かれ、思わず高い楼にのぼって月を観賞するということ。
5　月が美しく見えるので、楼にのぼり観賞したように感じてしまうということ。

問五　傍線部(g)「藪に剛の者」とありますが、次の会話はこの言葉の意味について、授業中、グループ内で話し合ったものです。会話の空欄(　h　)にあてはまるものとして最も適切なものを、あとの1～5のうちから一つ選びなさい。

生徒A　「『藪に剛の者』ということわざはこれまで聞いたことがないね。」
生徒B　「確かに。今ではほとんど使われないことわざなんだろうね。何より、文脈からこのことわざの意味を考える必要があると思います。」
生徒C　「直前のところに『恥ぢて、みな立ちにけり』という部分があるから、ここは、その意味を考える上で鍵になる部分だと思います。」
生徒A　「そうだね。あらすじを踏まえた上で、その部分を根拠にすれば(　h　)という意味になるかな。」
生徒B　「なるほど。とても上手にまとめたね。」

生徒Ｃ「同感です。それでは、今の話し合いをもとに、発表資料を作りましょう。」

1　意外な場所に、奇抜で斬新な発想を持つ人物が隠れている
2　思いがけないところに、優れた才能を持っている者がいる
3　予期せぬ時に、傑出した人物が俗世の人を救うものである
4　怪しげな場所ほど、経験豊富で機知に富む人が潜んでいる
5　予想外の場所では、予想外の人にやり込められる時がある

（☆☆☆◎◎◎）

【三】次の文章を読んで、あとの各問いに答えなさい。ただし、設問の都合上、訓点を省いたところがあります。

六[※注1]年、匈[※注2]奴寇（あだス）上[※注3]郡・雲[※注4]中。詔（みことのりシテ）將軍周[※注5]（しう）亞（あ）夫（ふハ）
屯[※注6]（シ）細[※注7]（さい）柳（りう）、劉[※注8]（りう）禮（れいハ）次[※注9]（シ）霸上、徐[※注10]（じよ）厲（れいハ）次（シ）棘（きよく）門（もん）、以（テ）備（ヘシム）胡[※注11]。
上自（ラ）勞(a)（シ）軍（ヲ）、至（リ）霸上及（ビ）棘門（ノ）軍（ニ）、直(b)（チニ）馳（セテ）入（ル）。大將
以下騎（シテ）送迎（ス）。已（ニシテ）而之(c)細柳（ニ）。不（レ）得（レ）入（ルヲ）。先驅曰（ク）、
「天子且（ニ）至（ラントト）軍門（ニ）。」都尉曰（ク）、「軍中（ニハ）聞（イテ）將軍（ノ）令（ヲ）、不（ト）

聞(カ)二天子(ノ)詔(ヲ)一。」上乃(チ)使(d)下使持節詔將軍亜夫(※注12)上。乃(チ)
傳(ヘテ)レ言(ヲ)開(カシム)レ門(ヲ)。門士請(ウテ)二車騎(ニ)一曰(ク)、「將軍約(ス)、軍中(ハ)不(ト)レ
得(ニ)二驅馳(スルヲ)一。」上乃(チ)按(ジ)レ轡(ヲ)(※注13)、徐行(シテ)至(リ)レ營(ニ)、成(シテ)レ禮(ヲ)而去(ル)。羣(ぐん)(e)
臣(しん)皆驚(ク)。上曰(ク)、(f)「嗟乎、此(レ)眞(ノ)將軍(ナリ)矣。向者(さきノ)霸上・
棘門(ノ)軍(ハ)兒戯(じぎ)耳(ト)(g)。」

（『十八史略』より……一部旧字体を新字体に改めた。）

※注1　六年……文帝の後の六年のこと。前一五八年。文帝は、前漢の五代皇帝劉恒のこと。
※注2　匈奴……蒙古地方にいて中国をおびやかした蛮族の一種。
※注3　上郡……陝西省に属する郡名。
※注4　雲中……山西省に属する郡名。
※注5　周亜夫……太尉周勃の子。
※注6・9　屯・次……留まって守備すること。
※注7　細柳……陝西省の地名。
※注8・10　劉禮・徐厲……ともに人物名。
※注11　胡……北方の異民族。ここでは匈奴を指す。
※注12　節……牛の毛を編んでつるした旗で、天子の使者の印として持つ。
※注13　轡……手綱

問一　二重傍線部(a)「勞」、(b)「直」の本文中における意味として最も適切なものを、次の1～5からそれぞれ一つずつ選びなさい。

(a)「勞」
1　酷使しようとして
2　悩ませようとして
3　ねぎらおうとして
4　煩わせようとして
5　あやつろうとして

(b)「直」
1　改まって
2　そのまま
3　意外にも
4　堂々と
5　さらに

問二　傍線部(c)「之」、(g)「耳」の本文中における読み方と同じ読み方をする漢字を、次の1～8のうちからそれぞれ一つずつ選びなさい。

1　爾　2　若　3　如　4　徒　5　与　6　乎　7　是　8　遂

問三　傍線部(d)「使使持節詔將軍亞夫」について、次の各問いに答えなさい。

(一)　返り点の付け方と書き下し文の組合せとして最も適切なものを、次の1～5のうちから一つ選びなさい。

1　使ム三使(つかひ)ヲシテ持シテレ節ヲ詔シテ、將(ひき)ヰ二軍ヲ亞夫ニ一。　使(つかひ)をして節を持して詔して、軍を亞夫に將(ひき)ゐしむ。
2　使メ二使(つかひ)ヲシテ持シテレ節ヲ詔セ一、將(まさ)ニレ軍セント二亞夫ヲ一。　使(つかひ)をして節を持して詔せしめ、將(まさ)に亞夫を軍せんとす。
3　使メ二使(つかひ)ヲシテ持セレ節ヲ、詔シテ將(まさ)ニレ軍セシメント二亞夫ヲシテ一。　使(つかひ)をして節を持せしめ、詔して將(まさ)に亞夫をして軍せしめんとす。
4　使ム三使(つかひ)ヲシテ持シテレ節ヲ詔セシメ、將(ひき)ヰ二軍亞夫ヲ一。　使(つかひ)をして節を持して詔せしめ、軍亞夫を將(ひき)ゐしむ。
5　使ム三使(つかひ)ヲシテ持シテレ節ヲ、詔セ二將軍亞夫ニ一。　使(つかひ)をして節を持して、將軍亞夫に詔せしむ。

(二)　解釈として最も適切なものを、次の1～5のうちから一つ選びなさい。

1　使者に天子の使者の印である旗を持たせて詔を伝えさせ、将軍の亞夫の位を上げようとした。
2　使者に天子の使者の印である旗を持たせて詔を伝えさせ、将軍の亞夫を連れて来させた。
3　使者に天子の使者の印である旗を持たせて、詔を発して将軍の亞夫に戦闘の準備をさせようとした。
4　使者に天子の使者の印である旗を持たせて、将軍の亞夫に詔を伝えさせた。
5　使者に天子の使者の印である旗を持たせて詔を伝えさせ、将軍の亞夫に新たな軍隊を率いさせた。

問四　傍線部(e)「羣臣皆驚」とありますが、群臣(羣臣)が驚いた理由の説明として最も適切なものを、次の1～5のうちから一つ選びなさい。

1　細柳の軍では、身分にとらわれない勇猛果敢な行動が推奨され、門を守る兵士にも浸透していたから。
2　文帝が、門を守る兵士が言ったことに素直に従って軍中を徐行し、慰問の挨拶をして立ち去ったから。
3　門を守る兵士が、来訪者が文帝と分かった途端に態度を変え、軍中の決まりを守らせようとしたから。
4　絶対的な権力を持つはずの文帝が、門を守る兵士の気迫に圧倒され、簡単に怖気づいてしまったから。
5　文帝が、詔を何度も無視した門を守る兵士に対しても落ち着いた態度で接し、礼を尽くし続けたから。

問五　傍線部(f)「嗟乎、此眞將軍矣」とありますが、この時の文帝の心情の説明として最も適切なものを、次の1～5のうちから一つ選びなさい。

1　いつ誰が侵入してくるかも分からない北方の戦場で、常に用心を怠らずに警備する亞夫軍の兵士の警戒心の高さに驚嘆している。
2　軍を率いる亞夫の命令を忠実に守り、どんな相手にも動じずに対応していた兵士は将来立派な将軍になるだろうと期待している。

3　軍隊としての規律を確立するためには、亞夫のように、たとえ天子の命令であっても固辞する姿勢が必要なのだと納得している。
4　細柳に配置した亞夫軍を憂慮し様子を見に来たが、亞夫の優秀さが確認でき、自分の判断は間違いではなかったと安心している。
5　亞夫の軍隊は天子の詔よりも将軍の命令に従うことが徹底されていることが分かり、将軍としての亞夫の統率力に感心している。

(☆☆☆◎◎◎)

【四】漢字・語句・表現について、あとの各問いに答えなさい。

問一　次の(一)～(四)の傍線部のカタカナについて、同じ漢字を含むものを、あとの1～5のうちからそれぞれ一つずつ選びなさい。
(一)　オントウな解決策に、ひとまず胸をなで下ろした。
1　彼女とオンシン不通になって心配だ。
2　師匠のオンギに報いるよう努力する。
3　オンコウな人柄で人気を集めている。
4　彼らの思想は至極オンケンなものだ。
5　クオンの理想をしっかりと胸に刻む。
(二)　漱石の作品ならタイテイ読んだ。
1　緊張しながらホウテイで証言する。

2　航空機の空気テイコウを研究する。
3　コウテイのあるコースを毎日走る。
4　お昼に人気のテイショクを食べた。
5　講演会で講師に花束をゾウテイする。

(三)　台風による土砂崩れで交通がシャダンされる。
1　異なる情報を提供したことをアヤマる。
2　ナナめ向かいの家がきれいに新築された。
3　山頂から眼下に広がる景色を目にウツす。
4　早朝から濃い霧がかかり視界をサエギる。
5　的をイた鋭い質問にたじたじになる。

(四)　アルバイトをして学費をカセぐ。
1　長時間のカコクな労働に耐える。
2　責任テンカをする発言に憤る。
3　覚悟してカチュウに身を投ず。
4　カクウの動物をカンバスに描く。
5　修理が終わり機械をカドウさせる。

問二　次の語句の対義語を作るときに用いる漢字として最も適切なものを、あとの1～5のうちから一つ選びなさい。

○ 真相 ↔ （　）相

1 皮　2 空　3 偽　4 隔　5 虚

問三　次のことわざの（　）にあてはまる語が同じものを、あとの1～5のうちから一つ選びなさい。

○ 木に縁りて（　）を求む　〔意味〕方法を誤ると目的を達成できない。

1 転ばぬ先の（　）
2 禍福はあざなえる（　）のごとし
3 （　）の耳に念仏
4 （　）心あれば水心
5 渡りに（　）

問四　次の1～5の短歌のうち、「擬人法」が使われているものを一つ選びなさい。

1 列車にて遠くに見ている向日葵は少年のふる帽子のごとし
2 天の川白き真下の山あひに我がふるさとは眠りてありけり
3 ふるさとの訛なつかし
停車場の人ごみの中に
そを聴きにゆく
4 母恋しかかる夕べのふるさとの桜咲くらむ山の姿よ
5 春の鳥な鳴きそ鳴きそあかあかと外の面の草に日の入る夕べ

（☆☆☆◎◎◎）

【五】「書くこと」の領域を指導するため、次のような学習指導案を作成しました。あとの各問いに答えなさい。

国語科学習指導案（抜粋）

1　単元名　「関心のある事柄について，新聞の投書を参考にして批評文を書こう」
（中学校第３学年）

2　単元の目標
・社会生活に関わることについて，論理の展開を工夫して自分の考えを書こうとしている。
【国語に関する関心・意欲・態度】
・資料を適切に(a)引用し，自分の考えが分かりやすく伝わる文章を書くことができる。
【書くこと】
・慣用句や四字熟語などについて理解を深め，文章の中で使うとともに，語彙を豊かにすることができる。
【伝統的な言語文化と国語の特質に関する事項】

3　本単元における言語活動　(b)関心のある事柄について，批評する文章を書く活動

4　単元の指導計画

時	主な学習活動	評価規準と評価方法
1	関心のある事柄を取り上げて，新聞の投書を参考にし，適切な材料を集め，自分が伝えたいことを明確にする。	評価規準：適切な材料を収集し，その客観性や信頼性を確かめ，自分の伝えたいことをまとめようとしている。【関心・意欲・態度】 評価方法：観察　ワークシート
2	読み手を説得できるよう，論理の展開を考え，構成を工夫する。 〈条件〉 ①300字～400字 ②３段落～４段落構成 ③自分の意見と根拠を明確に書く。 ④慣用句または四字熟語を用いる。	評価規準：条件に沿って，根拠を明確にし、異なる立場の読み手からも理解が得られるよう論理の展開を工夫して書いている。【書く能力】 自分の考えを説明するにふさわしい慣用句または四字熟語を用いて，説得力を高めている。 【言語についての知識・理解・技能】 評価方法：観察　ワークシート
3	条件に沿って書いているか，論理の展開を考え，構成を工夫しているかという観点で推敲する。	評価規準：条件に沿って書いているか，論理の展開を考え構成を工夫して文章を整えている。【書く能力】 評価方法：観察　ワークシート
4	(c)読み手からの助言を踏まえ，自分の文章のよさと改善点を確かめる。	評価規準：設問の関係上，省略　【書く能力】 評価方法：観察　ワークシート

（以下，省略）

問一　下線部(a)「引用」とありますが、生徒が資料を引用して文章を書く際の指導として最も適切なものを、次の1～5のうちから一つ選びなさい。

1　自分の考えの根拠としてふさわしいかを検討し、選んだ資料は部分的に選択することなく、原典の本文を全て書き写すよう指導する。

2　自分の考えの根拠としてふさわしいかを検討し、出典を明示して、引用する際はかぎかっこ(「　」)を用いずに書き写すよう指導する。

3　自分の考えの根拠としてふさわしいかを検討し、出典を明示して、引用する際はその部分が分かるようにして書き写すよう指導する。

4　自分の考えと資料が伝えたいこととの関係について補足説明し、自分の考えの中に、引用する文章を入れ込んで書き写すよう指導する。

5　自分の考えと資料が伝えたいこととの関係については一切補足説明せずに、段落を変えて、できるだけ短い字数で書き写すよう指導する。

問二　下線部(b)「関心のある事柄について、批評する文章を書く活動」について、「単元の目標」及び「単元の指導計画」を踏まえ、この言語活動を通して資質・能力を育成する際の指導上の留意点として最も適切なものを、次の1～5のうちから一つ選びなさい。

1　批評する文章の題材を設定させる際には、生徒にとって一番身近な学校生活の中から、書く目的や意図に応じて自分の体験に基づく題材のみを選ぶよう指導することが大切である。

2　批評する文章を書くために情報を収集させる際には、情報の発信元や発信時期、内容の信頼性などを吟味して、取り扱う情報を自分で取捨選択するよう指導することが大切である。

3　批評する文章の構成について考えさせる際には、四段落で、起承転結を意識して文章を組み立て、特に「転」の部分で読み手を驚かせる工夫をするよう指導することが大切である。

4　批評する文章の考えを記述させる際には、文末表現は敬体とし、あまり否定的な表現にせずに、断定的な表現は避けて丁寧な言葉遣いで書くよう指導することが大切である。

5　批評する文章を推敲させる際には、書き手の立場に立って、関心のある事柄について批判したいことが全て明確に述べられているかを確かめるよう指導することが大切である。

問三　下線部(c)「読み手からの助言」とありますが、Aさんのグループではそれぞれが書いた批評文について、六人グループで共有しています。授業者は、本単元の書く条件に沿って助言し合うよう指示をしました。Aさんのグループでは、まず、Aさんの書いた文章について、互いに助言をしています。このグループに対しての授業者のコメントとして最も適切なものを、あとの1～5のうちから一つ選びなさい。

〈Aさん〉「私の書いた批評文について、感じたことを教えてください。」
〈Bさん〉「三段落構成で、まず結論から述べていることで、Aさんの考えが分かりやすかったです。」
〈Cさん〉「文章中の『耳が痛い』という言葉が、『慣用句または四字熟語を用いる』という条件④を満たしていて、Aさんの考えを簡潔に表現していて、とても良かったと思います。」
〈Dさん〉「四百字ぴったりで終わっていたことで、指定された字数を意識してまとめようとしたことが伝わりました。」
〈Eさん〉「私は、意見の根拠として、Aさんの体験などからの具体例があると、もっと説得力が増すと思いました。」
〈Fさん〉「自分とは異なる意見を想定した、『～という考えもあると思いますが』という書き方をして自分の主張を強めると、もっと良くなると思います。」

〈先生〉「［　　　　］」

1　〈Bさん〉の助言はとても良かったですね。批評する文章では一段落目で結論を述べる「頭括型の文章構成」にすることが一番大切でしたね。
2　〈Cさん〉の助言はとても良かったですね。慣用句は中学二年生までは意味の理解、中学三年生では文中で使いこなせることが大切でしたね。
3　〈Dさん〉の助言はとても良かったですね。批評する文章で最も大切なのは指定された字数ちょうどでまとめるように推敲することでしたね。
4　〈Eさん〉の助言はとても良かったですね。意見を支える根拠は、伝聞ではなく、自分の実際の体験談でなければならないと学習しましたね。
5　〈Fさん〉の助言はとても良かったですね。読み手の立場で、異なる意見を想定しながら、自分の文章を組み立てていくことが大切でしたね。

（☆☆☆◎◎◎）

解答・解説

【中高共通】

【一】問一　3　問二　4　問三　c　2　d　1　問四　5　問五　2　問六　4　問七　1
問八　4

〈解説〉問一　連用修飾を示す格助詞「に」。　問二　傍線部bの次の段落で「『私たち』のなす翻訳」は、「他者たちの思いの正確な写しであるのかを判断する術をもっていない」と述べている。異語によって表現された感情の機微は、正確な翻訳が困難なのである。　問三　c　直前の「わがものにする」を言い換えている語を選ぶ。「横領」は他人の物や公共物を不法に自分のものにすることという意味。「領」には、自分のものとして所有し支配するという意味がある。　d　[2]段落冒頭の一文に「別の言語をこころの繊維とする」とある。選択肢2の「襞」は、同じ段落に「揺れ動くこころのその襞」とあるように、心の中の複雑で微妙な部分のことである。　問四　脱文中の「母語」「歪」という語は[5]段落に出てくる。脱落文の「ここにある」が何を指しているかに注意する。　問五　傍線部eの後の[8]段落で、ろう者と聴者の関係について述べている。日本語対応手話は聴者の側から構築されたもので、結果的にろう者にそれを押しつけることになったことを「抑圧」と述べているのである。　問六　文脈から、前の事柄に後の事柄を付け加える、添加の接続詞が入るとわかる。
問七　視覚情報である手話と音声語の違いを整理する。　問八　「言語」「母語」その「本来の意味」については、本文の前半で詳しく述べられている。

【二】問一　(a)　5　(c)　2　問二　b　3　f　2　問三　3　問四　4　問五　2

〈解説〉問一　a「夜もすがら」は「終夜」とも書き、一晩中、夜通しという意味。　c「おぼす」は「思ふ」の尊敬語、「らむ」は現在推量の助動詞。　問二　b　主語は話者である尼なので、謙譲語の「侍る」。また直前に「こそ」があり係り結びで、文末は已然形となる。　f　直前に「ぞ」があるので係り結びで、文末は連体形となる。　問三「なじかは」は疑問・反語の副詞。「べし」は当然の助動詞なので「どうして楼にのぼるはずがあるか(いや、のぼるはずがない)」となる。　問四「月が楼にのぼる」のではなく「月に魅せられて楼にのぼる」が正しい、というのである。　問五「藪に剛の者」は、草深い所にも優れた人物がいること。並みいる文人たちが、「かくれなる蓬の中」にいたみすぼらしい尼にやりこめられたのである。

【三】問一　(a)　3　(b)　2　問二　(c)　3　(g)　1　問三　(一)　5　(二)　4　問四　2

問五　5

〈解説〉問一　(a)「労」には、いたわる・ねぎらうという意味がある。　(b)「直チニ」とあるので「直接」「じかに」という意味となる。　問二　(c)「之」「如」には「ゆ(く)」という読みがある。　(g)「耳」「爾」は限定を意味する助字で、「のみ」と読む。　問三　本文中に「将軍」の語がたびたび用いられているように、ここでの「将」は再読文字ではなく「将軍」の一部。「軍中では将軍の命令を聞くが、天子の詔は聞かない」と言われた文帝は、使者に印の旗を持たせて詔を将軍に伝えさせたのである。　問四　傍線部(e)の直前の「門士請車騎曰～徐行至營成禮而去」部分から読み取る。文帝が将軍の指示に従ったので、皆驚いたのである。

問五　軍中では帝より将軍の命令を優先する、という態度が徹底されていることを評価している。

【四】問一 (一) 4 (二) 2 (三) 4 (四) 5 問二 1 問三 4 問四 2

〈解説〉問一 (一)は「穏当」で、1「音信」、2「恩義」、3「温厚」、4「穏健」、5「久遠」。(二)は「大抵」で、「抵」には「こばむ、さからう」、「あたる、ふれる」、「おおよそ」などの意味がある。1「法廷」、2「抵抗」、3「高低」、4「定食」、5「贈呈」。(三)は「遮断」で、1「謝る」、2「斜め」、3「映す」、4「遮る」、5「射た」。(四)は「稼ぐ」で、1「過酷」、2「転嫁」、3「渦中」、4「架空」、5「稼働」。問二「真相」は物事の真実の姿。「皮相」は物事の表面、うわべ。問三「木に縁りて魚を求む」となる。1「転ばぬ先の杖」、2「禍福はあざなえる縄のごとし」、3「馬の耳に念仏」、4「魚心あれば水心」、5「渡りに船」である。問四 本来は人でない「ふるさと」が眠る、という擬人法である。

【五】問一 3 問二 2 問三 5

〈解説〉問一 中学校学習指導要領(平成29年告示)解説 国語編(平成29年7月) 第3章 第1節 第1学年の内容 2 B 書くことに、「引用の際には、引用箇所をかぎ(「 」)でくくること、出典を明示すること、引用部分を適切な量とすることなどについて確認することが必要である」と示されている。 問二 問一と同資料の第3章 第1節 第3学年の内容 1 (2) 情報の扱い方に関する事項に「情報を受信する際にも発信する際にも、その情報の事実関係や裏付ける根拠、一次情報の発信元や発信時期など、情報の信頼性について確かめることが重要である」と示されている。 問三 自分と異なる意見を想定して立論することが重要である。

二〇二〇年度　実施問題

【中高共通】

【一】次の文章を読んで、あとの各問いに答えなさい。

テレビでジャングルポケットという三人組がこんなコントをしていた。ある会社員の男が会議を前に悩んでいる。今日恋人が外国へ旅立とうとしている。彼は空港へ駆けつけて彼女を引き止めたいのだが、勤務時間中だ。ついに彼は(a)意を決して、上司に外出の許可を求める。厳格な上司は、部下が重要な会議を休んで女に会うことを許さない。（　b　）そのあと上司はこう言う。「まだ会議まで時間があるな。風邪気味なので、ちょっと寝ることにする。その間なにがあっても私は気づかないだろう。」すると部下はひどく心配し「すぐ布団を用意します」と布団を取りに行こうとする。上司はあわてて彼を引き止め、改めてこう言う。「腹が減ってきた。私の好きな弁当が空港にあるので、今すぐ空港へ行って買ってきてくれないか。」すると部下は怒り出す。「私が彼女に会いに空港へ行くのはだめなのに、自分の好きな弁当は買いに行かせるんですか！」観客は爆笑した。コントのタイトルは『伝わらない』。上司の真意は、（　c　）にある。ただしそれは言葉の上には表われず、言外の意味として示唆されている。部下は言葉の表面だけを、まさに文字通りに取ってしまう。その結果、部下思いの上司がまるで悪い上司になってしまったことに観客は笑ったのである。

考えてみれば、上司は「勤務時間中ではあるが空港へ行け。おれの責任で許可する」と言ってもよかったはずである。なぜそれを言外の意味という形で伝えようとしたのだろうか。表面上相手が「規則違反をする」形にせず、また明示的に自分が「恩を売る」形にしないためである。（　d　）こういうやり方をふつう「いきな計らい」[(e)]と呼ぶ。

「いきな計らい」の基本的パターンは、義務（ルール）と人情（欲望）とが衝突して悩んでいる者を助けるために、形式上ルールを守りながら、実質的に欲望を達成できるようにしてやることである。一番多いのは、「見て見ぬふり」をすることである。右の上司はまずこれをやろうとした。次によくあるパターンは、なにか別の「正当性」を与えることである。だから上司は二番目の策として、空港へ行くことが「職務違反」ではなく「上司の指示」になる形にしようとしたのである。

また相手を救済することが「恩」にならないように工夫することも多い。相手が望みながらできないことを「偶然」を装って実現させたり、自分の希望であるかのように装ったりする。上司が部下の空港行きを自分の希望としたのもその一例である。「形式上」相手が感謝を表明しないでもよい形にすれば、相手の面子を傷つけないことになる。

大事なのは、この「形式上」とか「表面上」ということである。（　f　）にそれが人を助ける善行であったりしても、表面上はそう見えないことが「いき」の条件なのだ。つまり「いき」な行為には「表」と「裏」という二重構造がある。そしてこの二重構造は美的表現に転用できる。こうしてようやく、「いき」が行為から美意識へと広がることができる。

たとえば、着物の表には安価で地味な生地を用いながら、裏に高価な生地や華やかな模様を用いることが江戸時代に流行った。また男物の着物は地味な色の無地や縞が普通だったが、その下に着る襦袢は派手な図柄のものが少なくなかった。もちろん下着は表からは見えない。だが見えないところに目いっぱい凝るのが「いき」だったのである。

裏に高雅な内容を置き、表に低俗なものを見せるという二重化の操作は、江戸文化のさまざまな方面で行われた。たとえば伊藤若冲に野菜の水墨画がある。中央に大きな大根が横たわり、周囲をさまざまな野菜が取り囲んでいる。彼は元青物商だから、店先の光景でも描いたのかと思う。しかし題名が『果蔬涅槃図』であるのを知ると、意味が一変する。伝統的な「釈迦涅槃図」の構図は、中央に大きな寝釈迦を、周囲に釈迦の死を悲しむ弟子や動物たちを描く。若冲の絵は大根を釈迦に見立てたのだ。表は大根、裏は釈迦という二重構造になっている。こういうものを「見立て絵」という。浮世絵には「見立て絵」が多い。たいがい古典の中の故事や詩句など、文句のない「雅」の題材を当世の「俗」に置き換えたものである。（　g　）能の『菊慈童』や『張良』の一シーンを若衆や美女で置き換え、『見立菊慈童』などの題をつける。つまり表は艶っぽい江戸の風俗なのだが、その裏に古典の雅の世界があることがほのめかされている。当時浮世絵は絵画の中でも庶民向けのものだから「俗」な身分であり、能は武家の式楽として「雅」の身分にあった。見立て絵は表が「俗」で裏が「雅」という二重構造が趣向の眼目となっている。

石川淳はこのような「雅」を「俗」に仕立て、「聖」を「俗」に仕立てる(h)操作を「やつし」と呼んだ。そして文学においては俳諧にその代表を見出し、さらにそれが江戸の市民の文学、つまり「俗」文学一般の方法であるとした。

> このやつしという操作を、文学上なんと呼ぶべきか。これを俳諧化と呼ぶことの不当ならざるべきことを思う。一般に、江戸の市井に継起した文学の方法をつらぬいているものはこの俳諧化という操作である。
>
> 「江戸人の発想法について」（傍点原文）

俳諧については前章[※注1]で述べた。俳諧化は文学の方法だが、「やつし」は広く江戸文化全般にみられる方法であった。「やつし」の語はもともと身分の高い者(若殿様など)が、事情があって身分の低い者を装うものである。歌舞伎ではこれを利用した「見顕し」という劇作法がある。身分は低いが主要な登場人物が幕切れ近くで実は高貴な、あるいは有名な人物であったと明かし、劇的な効果をもたらす手法である。たとえば『義経千本桜』では船宿のおやじが実は平知盛、その娘が実は安徳天皇である。この手法は『助六』でも用いられており、助六が実は曾我五郎である。つまり乱暴者の遊び人は表であり、その裏は親の仇を討とうとする孝行者である。この二重構造で大事なことは、表は当代(江戸時代)を生きる身分の低い町人であるけれども、裏にある本体は古典の世界の著名人であること。つまり仮の姿である「俗」の実体が「雅」だということである。

表の外見は「俗」であるけれども裏の本体は「雅」であるという二重構造を美的現象に適用するとどうなるか。見かけは美麗でないけれども、見えないところが美しいということになる。しかし、そもそも「美」とは見かけの問題だとすれば、そんな二重構造が成り立つのだろうか。それは可能である。見る人が想像力を働かせれば。つまり目に見える表面の裏側にまったく別の姿を想像できるなら、「これはいきだ」という判断が生まれるかもしれない。

(尼ヶ﨑彬『いきと風流』より)

※注1　前章……出典における前の章を指す。

問一　二重傍線部(a)「意を決して」と同義の慣用的表現、(h)「操作」のここでの意味として最も適切なものを、次の各群の1〜5のうちからそれぞれ一つずつ選びなさい。

(a)「意を決して」　1 鼻を鳴らして　2 腹をくくって　3 満を持して　4 機先を制して　5 きびすを返して

(h)「操作」　1 二つの言葉の意味を巧みに操ること　2 昇華させて別の童味を生み出すこと　3 対立する言葉の意味を融合させること　4 思惑通りになるように手を加えること　5 言葉を加工してその価値を下げること

問二　空欄（ b ）、（ d ）、（ g ）にあてはまる語として最も適切なものを、次の1〜6のうちからそれぞれ一つ選びなさい。

1 あるいは　2 しかし　3 たとえば　4 しかも　5 すると　6 そして

問三　空欄（ c ）にあてはまる表現として最も適切なものを、次の1〜5のうちからそれぞれ一つ選びなさい。

1 部下に会議の重要性を伝えること
2 部下に公私の区別をつけさせること
3 部下に恋人のもとへ行かせること
4 部下に人情の機微を知らしめること
5 部下に先に昼食をとらせること

問四　傍線部(e)「いきな計らい」の説明として適切でないものを、次の1〜5のうちから一つ選びなさい。

1 相手の行為は、身勝手な欲求によるものではなく正当な理由に基づいているのだと、本人にも周囲にも認められるような形をとることが多い。
2 相手を助けることがその人の将来にとってためになるかどうかはわからないので、その先の様々な可能性を見通し手を打つ姿勢が大切になってくる。

3　相手の行為を意図的に見逃すという方法を用いながら、その人が望んでいることを実現させるような状況にもっていくことが往々にしてある。

4　相手の願いが叶いさえすればよいわけではなく、その人の体面を守るために、その人が謝意を示す必要のない状態を作り出すことがある。

5　相手がすべきこととしたいことの狭間で苦しむとき、それを助けられる存在が、表向きにはルールを守らせつつ思いを達成させられるように動く。

問五　空欄（ f ）にあてはまる語として最も適切なものを、次の1～5のうちから一つ選びなさい。

1　実質的　2　暗示的　3　形式的　4　明示的　5　示唆的

問六　文章中の「二重構造」について述べたものとして最も適切なものを、次の1～5のうちから一つ選びなさい。

1　古典の世界の「雅」の精神は、当代の「俗」の世界に受け継がれ、ひいては、形而下の美しい現象にも明確に表れている。

2　見かけは「俗」だが、本質は美しい「雅」であるという外見と本体との関連性は、「庶民」と「武家」との関係に合致する。

3　身分制度の中に生きる人々の価値観が、高貴な「雅」の者が身分の低い「俗」の者に身をやつすという逆転の構造を求めた。

4　「俗」としか思われないものの奥に「雅」が隠れているという手法が、劇作や文学などの江戸文化の多くの分野で見てとれる。

5　見えないところにある「俗」の部分が、見える「雅」の部分よりも高貴であるという美意識は、想像力によってもたらされた。

問七　近世文学について述べたものとして最も適切なものを、次の1～5のうちから一つ選びなさい。

1　井原西鶴は浮世草子の作家として活躍し、『好色一代男』、『曾根崎心中』、『世間胸算用』などを著した。
2　上田秋成の読本『南総里見八犬伝』には、儒教、仏教の影響による勧善懲悪、因果応報の思想が見られる。
3　本居宣長は国学の四大人の一人であり、『源氏物語』の本質は「もののあはれ」であると解き明かした。
4　近松門左衛門の戯曲『風姿花伝』には、芸の真実は虚構と現実との間にあるという芸術観が認められる。
5　松尾芭蕉は俳諧の宗匠として『奥の細道』、『おらが春』などを著し、「蕉風」という句風を確立した。

（☆☆☆◎◎◎）

【二】次の文章を読んで、あとの各問いに答えなさい。

東北院[※注1]の菩提講[※注2]始めける聖は、もとはいみじき悪人にて、獄(ひとや)に七度ぞ入りたりける。七度といひけるたび、検非違使[※注3]ども集まりて、「これは、いみじき悪人なり。一二度獄にゐんだに、(a)<u>人としてよかるべきことかは</u>。まして、いくそばくの犯しをして、かく七度までは、あさましくゆゆしきことなり。このたび、これが足斬り(b)てん」と、足斬りに率て行きて、斬らんとするほどに、いみじき相人(そうにん)[※注4]ありけり。

それが、ものへ行きけるが、この足斬らむとする者に寄りて言ふやう、「この人、おのれに許されよ。これは、かならず往生[※注5]すべき相ある人なり」と言ひければ、「よしなきこと言ふ、ものも覚え(c)ぬ相する御房かな」

と言ひて、ただ斬りに斬らんとすれば、その斬らんとする足の上にのぼりて、「この足のかはりに、わが足を斬れ。往生すべき相ある者の足斬らせては、いかでか見んや。おうおう」とをめきければ、斬らんとする者ども、しあつかひて、検非違使に、「かうかうのこと(d)侍り」と言ひければ、やんごとなき相人の言ふことなれば、さすがに用ひずもなくて、別当[※注6]に、「(e)かかることなんある」と(f)申しければ、「さらば、許してよ」とて許されにけり。

そのとき、この盗人、心おこして、法師になりて、いみじき聖になりて、この菩提講は始めたるなり。まことにかなひて、いみじく終[をはり]とりてこそ失せにけれ。

かかれば、高名せ(g)んずる人は、その相ありとも、おぼろけの相人の見ることにてもあらざりけり。始めおきたる講も、今日まで絶えぬは、(h)まことにあはれなることなりかし。

（『宇治拾遺物語』より）

※注1　東北院……法成寺の東北にあった寺。
※注2　菩提講……菩提を願うために、法華経を講ずる法会。
※注3　検非違使……京中の非法の検察、秩序の維持を司った職。
※注4　相人……人相を見る人。
※注5　往生……けがれたこの世を去って、清らかな仏の国に生まれること。
※注6　別当……検非違使庁の長官。

問一　傍線部(a)「人としてよかるべきことかは」、(h)「まことにあはれなることなりかし」の解釈として最も適切なものを、次の各群の1～5のうちからそれぞれ一つずつ選びなさい。

(a)「人としてよかるべきことかは」

1　人としてよい場合もないことはない
2　人としてよくできることではないか
3　人としてよいことであるにちがいない
4　人としてよいはずがあろうか
5　人としてよくあることである

(h)「まことにあはれなることなりかし」

1　本当に残念なことになったよ
2　誠実に心をこめたことだったのか
3　実に感慨の深いことであるよ
4　まったく尊く異質なことであるよ
5　おそらく気の毒なことだったのか

問二　二重傍線部(b)「て」、(c)「ぬ」、(g)「んずる」について、文法的説明の組合せとして最も適切なものを、次の1～6のうちから一つ選びなさい。

1　(b) 確述(強意)の助動詞　(c) 打消の助動詞　(g) 婉曲の助動詞
2　(b) 接続助詞　(c) 完了の助動詞　(g) 意志の助動詞
3　(b) 接続助詞　(c) 完了の助動詞　(g) 動詞の一部
4　(b) 接続助詞　(c) 打消の助動詞　(g) 婉曲の助動詞

5　(b)　確述(強意)の助動詞　(c)　打消の助動詞　(g)　動詞の一部
6　(b)　確述(強意)の助動詞　(c)　完了の助動詞　(g)　意志の助動詞

問三　二重傍線部(d)「侍り」、(f)「申し」について、敬語の種類と敬意の対象(誰に対する敬意か)の組合せとして最も適切なものを、次の1～9のうちからそれぞれ一つずつ選びなさい。

1　【種類】尊敬語　【敬意の対象】検非違使
2　【種類】尊敬語　【敬意の対象】相人
3　【種類】尊敬語　【敬意の対象】別当
4　【種類】謙譲語　【敬意の対象】検非違使
5　【種類】謙譲語　【敬意の対象】相人
6　【種類】謙譲語　【敬意の対象】別当
7　【種類】丁寧語　【敬意の対象】検非違使
8　【種類】丁寧語　【敬意の対象】相人
9　【種類】丁寧語　【敬意の対象】別当

問四　傍線部(e)「かかること」とは、どのようなことを指していますか。その説明として最も適切なものを、次の1～5のうちから一つ選びなさい。

1　検非違使たちが、相人が言うことは無視し、七度も牢屋に入れられるようなひどい悪人の足は一刻も早く斬らなければならないと考えていること。
2　足を斬られそうになっていた悪人が、すぐれた相人に自分は必ず往生する運命にあると言われたので許してほしいと願い出てきたこと。

3　すぐれた相人が、足を斬られそうになっていた悪人には往生するはずの人相があると言って、悪人の足が斬られることを止めようとしていること。

4　悪人の足を斬ろうとしていた者たちが、すぐれた相人のことを、つまらないことを言う、訳のわからない坊主だと決めつけていること。

5　すぐれた相人に言いくるめられた、悪人の足を斬ろうとする者たちが、ひどい悪人の足を斬るように命じた別当の命令に背いていること。

問五　この文章の内容に関する説明として最も適切なものを、次の1〜5のうちから一つ選びなさい。

1　東北院の菩提講を始めた聖は、もともとはひどい悪人であり、その足を斬られそうになったが、足を斬らないでほしいという痛切な願いに同情した、足を斬ろうとした者たちの計らいにより、足を斬られずに済んだ。

2　すぐれた相人に往生の人相があると言われたひどい悪人は、足を斬られそうになるという窮地を逃れることができ、その後すぐれた聖となって菩提講を始め、人相の通り立派に往生を遂げて亡くなった。

3　牢獄に七度も入れられるような悪人を処罰しようとしていた検非違使は、その悪人を救うためなら自分の足が代わりに斬られてもかまわないと言う相人の姿に心打たれ、足を斬ろうとしていた者たちに、その悪人を許すように命じた。

4　幾度もの罪を犯して七度も牢獄に入れられるような悪人に落ちぶれた聖の人相を見て、必ず往生するに違いない人物だと見抜いたすぐれた相人は、足を斬られそうになっていた聖を救うため命がけで抗議をした。

5　別当は、その時点では素性のわからない相人が言うことであっても、後々往生を遂げるような尊い相人が言うことなので受け入れないわけにもいかないと思い、足を斬られそうになっていた悪人を許した。

（☆☆☆◎◎）

【三】次の文章を読んで、あとの各問いに答えなさい。ただし、設問の都合上、訓点を省いたところがあります。

東萊王明児居在江西。死経一年、忽形
見還家。経日命招親好、叙平生。云。「天曹許
以暫帰。」言及将離、語(a)便流涕、問訊郷里、備
有情焉。勅児曰、「吾去人間、便已一周。思観
桑梓。」命児同観郷閭。行経鄧艾廟、令焼之。
児大驚曰、「艾生時為征東将軍。没而有霊、
(b)百姓祠以祈福。奈何焚之。」怒曰、「艾今在尚
方摩鎧。十指垂掘。豈其有神。」因云。「王大将
軍亦作(c)牛、駆馳殆斃。桓温為卒、同在地獄。」

此等並ビニ因リテレ劇※注12ニ理尽ク。(d)安能為人損益。汝欲スレバレ求メント二多福ヲ一者、正ニ(e)当下恭順ニシテ、尽つくシ二忠孝ヲ一、無カル中※注13恚怒スルコト上。便(f)善ノ流ルルコト無カランレ極マリ。」

（『幽明録』より）

※注1　東莱……山東省の地名。
※注2　江西……長江中流域の南岸。
※注3　親好……親しい友人。
※注4　天曹……天界の役所。
※注5　桑梓……故郷。郷里。
※注6　郷閭……注5に同じ。
※注7　鄧艾……三国時代の魏の将軍。
※注8　尚方……天子の御物を収める倉庫。
※注9　掘……屈に同じ。曲がること。
※注10　王大将軍……王敦。五胡十六国時代の将軍。
※注11　桓温……東晋の政治家、将軍。
※注12　劇……激情のこと。
※注13　恚怒……激しく怒ること。

問一　傍線部(a)「便」、(e)「当」の本文中における読み方と同じ読み方をする漢字を、次の1～8のうちからそれぞれ一つずつ選びなさい。

1　猶　2　況　3　直　4　即　5　宜　6　応　7　具　8　尚

問二　二重傍線部(b)「百姓」、(c)「作」の本文中における意味として最も適切なものを、次の各群の1～5のうちからそれぞれ一つずつ選びなさい。

(b)「百姓」　1 下級官吏　2 学問をする者　3 徳のある者　4 庶民　5 幼友達

(c)「作」　1 詐称する　2 耕作する　3 搾取する　4 養育する　5 変化する

問三　傍線部(d)「安能為人損益」について、あとの各問いに答えなさい。

(一)　返り点の付け方と書き下し文の組合せとして最も適切なものを、次の1～5のうちから一つ選びなさい。

1　安クンゾ能ク為タランヤレ人レ損ナフレ益ヲ。　安くんぞ能く益を損なふ人たらんや。

2　安クニカ能ク為をさメテレ人ヲ損ナハンヤレ益ヲ。　安くにか能く人を為めて益を損なはんや。

3　安クンゾ能ク為たメニレ人ノ損ナハンヤレ益ヲ。　安くんぞ能く人の為めに益を損なはんや。

4　安クニカ能ク為レンヤ二人ヲシテ損ナハ一レ益ヲ。　安くにか能く人をして益を損なはれんや。

5　安クンゾ能ク為リレ人ト損ナハンヤレ益ヲ。　安くんぞ能く人と為り益を損なはんや。

(二)　解釈として最も適切なものを、次の1～5のうちから一つ選びなさい。

1　どうして為政者が国益を損なうという事態が生じるのだろう。

2　人民の利益を損なうことなく、国を統治することはできない。

3　他人のために、自分の利益を犠牲にすることはなかった。

4　人民の利益を大切にしない国家など、どこにあるだろうか。

5　有能で人格的にも優れた者が、損益を出すはずがない。

問四　傍線部(f)「善流無極」とあるが、この「善が際限なく流れるだろう」という言葉を通して、王明が息子に伝えようとしていることとは、どのようなことか。その説明として最も適切なものを、次の1～5のうちから一つ選びなさい。

1　激しい怒りにとらわれると、慎み深さと共に、忠義の心や孝行心もまた失われてしまうということ。

2　求めた幸福が得られるとは限らないが、父や主君に良く従い、忠孝を尽くさなければならないということ。

3　怒りの感情を持ち続ける限り、どれほど善行を積んでも、大きな幸せを得ることはできないということ。

4　激高せず、相手を敬う素直な態度で、忠義と孝行に励んだならば、あの世で幸せを得られるということ。

5　この世では幸せになれても、怒りの感情を持ち続ける限り、あの世では幸せになれるとは限らをいこと。

問五　この文章の内容に合致するものを、次の1～5のうちから一つ選びなさい。

1　友人に最後の挨拶を述べるために、王明は、天の役所の許可を得て、死の一年後に帰宅した。

2　間もなくあの世に戻るという話題に及び、王明は、人外の者として一年を過ごした自身の不遇を語った。

3　故郷を見たいという強い思いから、王明は、息子に命令して、一緒に故郷を巡る旅に出発した。

4　天子の倉庫で人々を酷使している鄧艾に対する反発から、王明は、息子に鄧艾廟を焼かせようとした。

5　東晋の政治家で将軍でもあった桓温は、突然、意識を失い、王大将軍と共に地獄で生活している。

(☆☆☆◎◎◎)

【四】漢字・語句・表現に関して、あとの各問いに答えなさい。

問一　次の(一)～(四)の傍線部のカタカナについて、同じ漢字を含むものを次の1～5のうちからそれぞれ一つずつ選びなさい。

(一)　思いの外、簡単にアザムくことができた。

1　ギゼン的な行為に大衆はだまされた。
2　多くのギモンが残り、事件の解決には至らない。
3　これはベンギを図ってもらったことへの見返りだ。
4　昆虫のギタイの不思議さに驚かされる。
5　自分自身のギマンに満ちた人生を改めたいと願う。

(二)　彼の献身的な地域貢献はマイキョにいとまがない。

1　事業で成功し、一代でキョマンの富を築いた。
2　父の転勤でキュウキョ海外への移住を迫られた。
3　人手を集めてイッキョに工事を完成させた。
4　実現が難しいことはクウキョな妄想に過ぎない。
5　スター選手の来期のキョシュウが注目されている。

(三)　歴史の通説を大きくクツガエす遺跡が発見された。

1　都市の幹線道路のカクフク工事が行われた。
2　強風でテンプクした船舶から乗組員を救助する。

3　往路では二位だったが、フクロで逆転優勝した。
4　名簿の氏名がチョウフクしているというミスがあった。
5　飲んでいた薬のフクサヨウで体調が悪くなった。

(四)　新しいリーダーの方針が徐々にシントウしてきた。
1　台風の影響で床下シンスイの被害が広がる。
2　隣国とフカシン条約を結び、軍事衝突を避ける。
3　産業のシンコウによって経済が好転する。
4　販売ソクシンが実を結び、売り上げを伸ばす。
5　シンセイが認められて特許を取得する。

問二　次の四字熟語の（　）にあてはまる漢字の組合せで最も適切なものを、あとの1～5のうちから一つ選びなさい。

○針（　）棒（　）　〔意味〕物事を誇張して言うこと。

1　少・多　2　有・無　3　前・後　4　天・地　5　小・大

問三　次のことわざの（　）にあてはまる語が同じになるものを、あとの1～5のうちから一つ選びなさい。

○　生き（　）の目を抜く　〔意味〕人を出し抜き、抜け目がないこと。

1　（　）を野に放つ
2　蛇ににらまれた（　）
3　（　）の尻笑い
4　狐を（　）に乗せたよう

5　飼い（　　）に手を噛まれる

問四　次の1～5の和歌のうち、「枕詞」が使われているものを一つ選びなさい。

1　みかきもり衛士のたく火の夜は燃え昼は消えつつ物をこそ思へ
2　かくとだにえやはいぶきのさしも草さしも知らじな燃ゆる思ひを
3　わびぬれば今はた同じ難波なるみをつくしても逢はむとぞ思ふ
4　あらざらむこの世のほかの思ひ出にいま一度の逢ふこともがな
5　ひさかたの光のどけき春の日にしづ心なく花の散るらむ

（☆☆☆◎◎◎）

【五】「話すこと・聞くこと」の領域を指導するため、次のような指導案を作成しました。あとの各問いに答えなさい。

国語科学習指導案(抜粋)

1　単元名「説得力のある説明をしよう」(中学校第3学年)

2　単元の目標

・聞き手を説得するために,資料を適切に使いながら説明しようとしている。【関心・意欲・態度】

・聞き手を説得するために、資料を適切に使いながら根拠を明確にして説明をすることができる。【話すこと・聞くこと】①

・発表をとおして、自分のものの見方や考え方を深めることができる。【話すこと・聞くこと】②

・聞き手や場の状況に応じた適切な敬語の使い方について理解することができる。【伝統的な言語文化と国語の特質に関する事項】

3　本単元における言語活動

社会生活に関わる話題について、聞き手を説得するために説明を行う。

4　単元の指導計画

時	主な学習活動	評価規準と評価方法
1・2	具体的なテーマに基づき，資料を整えたり，説明の構成を考えたりする。	評価規準：適切な資料を収集したり，説明の構成を話し合ったりしようとしている。(a)【関心・意欲・態度】 評価方法：観察　ワークシート
3・4	前時までに整えた資料や考えた構成をもとに(b)説明を行う。 想定した設定（聞き手，場所，場面）に応じて，(c)敬語を適切に用いる。	評価規準：資料を適切に用いながら，根拠を明確にして説明をしている。【話す・聞く能力】① 聞き手や場の状況に応じて，敬語を適切に使用して説明している。【言語についての知識・理解・技能】 評価方法：観察　記録
5	学習全体を振り返り，気付いたことやテーマに対する考えの深まりをまとめ，交流する。	評価規準：説明の内容や表現の仕方を評価して，自分のものの見方や考え方を深めている。【話す・聞く能力】② 評価方法：観察　ノート

(以下、省略)

問一　下線部(a)「【関心・意欲・態度】」を評価する際の留意事項として適切でないものを、次の1～5のうちから一つ選びなさい。

1　人数の多い学級では一単位時間の中で全ての生徒の活動を観察することは難しいので、目標に沿った活動が行えていると読み取れるワークシートを「評価規準に達している」と判断するための材料とすることは有効である。

2　挙手・発言の回数や収集した資料の数は、生徒の活動を客観的に評価するための視点となるので、挙手・発言が少なかった生徒や資料をあまり収集できなかった生徒は、その状況だけで「評価規準に達していない」と判断できる。

3　説明の資料を収集するためにコンピュータ室で授業を行う際には、生徒が手際よくインターネット検索をしたり資料をプリントアウトしたりする様子だけで「評価規準に達している」と判断することのないようにする。

4　説明の資料を収集するために学校図書館で授業を行う際には、参考文献を読んで得た情報について話し合ったり複数の資料を組み合わせて編集したりする様子が、「評価規準に達している」と判断するための視点となる。

5　説明の構成を話し合う活動では、最初の段階で構成に関する考えや意見を出せなかった生徒を「評価規準に達していない」と判断するのは早計であり、その後の段階での活動の様子もきちんと観察して評価するようにする。

問二　下線部(b)「説明を行う」とありますが、このときの「教師の指導上の留意点」として最も適切なものを、次の1～5のうちから一つ選びなさい。

1　聞き手の反応を見て、意図が十分に伝わっていないと感じた場合、言い換えたり具体例を挙げたりして理解を促すのはよいが、問いかけや質問は「説得力のある説明を行う」という目的からは外れるので避けるように指導する。

2 プレゼンテーションソフトを使用して説明を行う場合、話し言葉による説明だけでは言い尽くせない事柄もスクリーンに表示できるので、説明の仕方よりも視覚的な効果を引き出す資料づくりを大切にするように指導する。

3 ポスターセッションを行う場合、ポスターの作成を担当した生徒については、ポスターの完成度や見栄えを生徒が相互に評価し合い、それを参考にして「話すこと」の評価を行うようにする。

4 聞き手を説得するためには、意見や考えが確かな根拠に基づいていることが大切なので、その裏付けとなるような資料について、効果的な提示の仕方やタイミングを検討するように指導する。

5 聞き手を説得するためには、表情、身振り、強弱、緩急、声のトーン等、非言語的な要素も大切だが、本単元の目標には掲げていないので、これらの要素において良さや課題が認められても指導は控える。

問三　下線部(c)「敬語を適切に用いる」とありますが、田中さんのグループでは聞き手を「来年度入学してくる小学六年生及びその保護者」と想定して、中学校生活の魅力を理解してもらうための説明を行うことにしました。田中さんは［　］内のように最初のあいさつをしたいと教科担任に相談しています。このとき、田中さんへの助言として適切でないものを、次の1～4のうちから一つ選びなさい。

> 皆さん、こんにちは。宮城中学校三年の田中と言います。よろしくお願いします。これから宮城中学校の魅力について、大きく三つ、学校行事、生徒会活動、部活動について、それぞれの担当がご説明いたします。説明の中で、先日、皆さんに回答していただいた学校生活に対する期待や不安、部活動の入部希望についてのアンケート結果もお伝えします。なお、よく分からなかった点があれば、後から質問を拝聴しますので、メモをとりながら聞いてください。それでは、学校行事の説明をいたします。正面のスクリーンをご覧になられてください。

1　保護者の参加も想定しているので、「言います」のところは失礼のないように「申します」と謙譲表現にしましょう。
2　「拝聴します」は確かに謙譲語ですが、小学生には難しい言葉なので「受け付けます」と平易な表現にしましょう。
3　聞き手に対して敬意を表すため、「聞いてください」は「お聞きしてください」という尊敬表現に改めましょう。
4　「ご覧になられてください」という言い方は過剰な敬語表現なので、「ご覧ください」という尊敬表現を使いましょう。

(☆☆☆◎◎◎)

解答・解説

【中高共通】

【一】問一　(a)　2　(h)　4　問二　(b)　2　(d)　6　(g)　3　問三　3　問四　2　問五　1
問六　4　問七　3

〈解説〉問一　(a)「意を決して」と「腹をくくって」は、覚悟を決める、決心するという意味。(h)「操作」は機械などを動かすこと、都合がいいように手を加えること。　問二　(b)　表向きは外出を許さない上司が、一転して外出を暗に認める発言をしているため逆接。（d）前の事柄をまとめて「いきな計らい」の説明を付け加えているため添加。（g）「雅」を「俗」に置き換えた具体例として浮世絵をあげているため例示。
問三　上司は部下を恋人に会わせてやりたいが、表向きは規則違反をしたり恩を売ったりする形にしたくないため、口実を設けてやっている。　問四　「適切でないもの」を問うていることに注意。「その人の将来にとってためになるか」は本文とは関係ない。　問五　「形式」の対義語は「実質」。　問六　「俗」と「雅」の二重構造について、浮世絵、俳諧、歌舞伎といった江戸文化の例をあげている。　問七　1の『曾根崎心中』は近松門左衛門の作品。2の『南総里見八犬伝』は曲亭馬琴の作品。4の『風姿花伝』は室町時代の世阿弥の作品。5の『おらが春』は小林一茶の作品。

【二】問一　a　4　h　3　問二　1　問三　d　7　f　6　問四　3　問五　2

〈解説〉問一　a　「かは」は反語の係助詞の文末用法で「〜だろうか（いや〜ない）」の意。h　「かし」は強意の終助詞。　問二　bは確述（強意）の助動詞「つ」の未然形。cは打消の助動詞「ず」の連体形。gは推量の助動詞「むず（んず）」の連体形で、婉曲の意味。　問三　dは「斬らんとする者」が検非違使に「これこれのことがございます」と言っているので、検非違使に対する丁寧語。fは検非違使が別当に「申し上げて」いるので、別当に対する謙譲語。　問四　状況を整理して考える。足を斬られそうになっている罪人を見た相人が「必ず往生する人だから助けてやってくれ」と騒いだことを、検非違使が「かかること」として別当に報告している。　問五　足を斬られずにすんだ悪人は発心して聖となり、相人の言うとおり見事な往生を遂げたのである。

【三】問一　a　4　e　6　問二　b　4　c　5　問三　(一)　3　(二)　3　問四　4
問五　3
〈解説〉問一　a　「すなはチ」と読む漢字は「便」「即」のほか「則」「乃」などがある。　e　「当」「応」は「まさ二～(ス)べシ」と読む再読文字。　問二　bの「百姓」は本来、さまざまな姓を持つ者という意味で、庶民を指す。　cの「作」は「王大将軍は牛になり、桓温は獄卒になっている」というところから「牛になった＝変化した」の意味だと分かる。　問三　「安」は「いづクンゾ～ンや」と読んで、反語の意味となる。　(二)　傍線部(d)の前で、王大将軍と桓温について述べており、文脈から、地獄に落ちた彼らにはご利益だのたたりだのという力があるわけがないと言っているのである。　問四　激情に駆られた者は死後地獄に落ちる。多幸を求めるのなら恭順と忠孝を尽くし、怒りに身を任せてはいけない、と王明は説いている。
問五　1　「最後の挨拶を述べるため」が誤り。　2　「自身の不遇を語った」が誤り。　4　「人々を酷使している」が誤り。　5　「突然、意識を失い」が誤り。

【四】問一　(一)　5　(二)　3　(三)　2　(四)　1　問二　5　問三　4　問四　5
〈解説〉問一　(一)は「欺く」で、1「偽善」、2「疑問」、3「便宜」、4「擬態」、5「欺瞞」。(二)は「枚挙」で、1「巨万」、2「急遽」、3「一挙」、4「空虚」、5「去就」。(三)は「覆す」で、1「拡幅」、2「転覆」、3「復路」、4「重複」、5「副作用」。(四)は「浸透」で、1「浸水」、2「不可侵」、3「振興」、4「促進」、5「申請」。　問二　「針小棒大」の類語は「大言壮語」。ただし、「大言壮語」は「自分の実力」に関する場面で使う。　問三　「生き馬の目を抜く」である。1の「虎を野に放つ」は、危険なものを野放しにすること。2の「蛇ににらまれた蛙」は、恐ろしくて身がすくんでしまうこと。3の「猿の尻笑い」は、自分の欠点に気づかず他人の欠点をあざ笑うこと。4の「狐を馬に乗せたよう」は落ち着きがないこと、いいかげんなこと。5の「飼い犬に手を嚙まれる」は、かわいがっている相手に裏切られること。　問四　「ひさかたの」は「光」「空」などにかかる枕詞。

【五】問一　2　問二　4　問三　3

〈解説〉問一　挙手や発言が少ないからといって、評価基準に達していないと判断するのは不適切。問二　1　問いかけや質問を禁じるのは不適切。　2　説明の仕方の指導を軽視するのは不適切。　3　ポスターの完成度についての話し合いと「話すこと」の評価は無関係。　5　非言語的要素の指導を避けるのは不適切。　問三　「お聞きください」などが適切。

二〇一九年度 実施問題

【中高共通】

【一】次の文章を読んで、あとの各問いに答えなさい。

これまでの「競争」の本質は、限られた個数しかパイがなくて、それをパイよりも多い人数で奪いに行かないといけなかったから、何らかの決着をつける必要があり、競争していたわけだ。

しかし、社会構造が多様化してきて、私たちはそれぞれ違う方向に淡々とやることが重要になってきた。つまり、全員が全員、違う方向に向いていっても生産性を保つことができ、社会が成立するということだ。これは、誰かが追い抜いていくことを羨(うらや)ましく思ったり、「あいつがあれをやってしまったから、俺はもうダメだ」と、(a)隣の芝を青く見ない[※注1]マインドセットを手に入れ、ロジックで補強することにより、淡々と生産していくことができるほうが問題になる。

ロジカルに言えば、競争のいいところは、選ぶ側からしたら選択コストが低く、選ばれる側からしたらモチベーションが生まれることだ。しかし、競争心を持つことのデメリットは、それをすることによって、思考的多様性が少なくなるということ、競争に敗れることでやる気が少なくなってしまう人がいること。つまり、気を抜いてしまう人が現れるわけだ。この考え方を廃していく必要がある。

今、私たちは、多様化した社会に向かって、違う方向に生存戦略を進めている。

（ b ）、研究でもそうだが、全員が全員、違う方向に向かってやっていることに広い視点で意味がある。

音楽業界でも、ミュージシャンそれぞれが何かで1位を取っていれば、全員が違う方向を向いて全体の多様性が(c)担保されていくわけだ。

それらは、特定の一個のパイを奪い合うのではなく、パイをどうやって広げようか、という超ＡＩ時代の人間全体の生存戦略だ。

コモディティ※注2化と向き合い、人類の価値を拡張していく。そうした中では、先ほども述べた「(d)淡々とやること」というのが、すごく重要になる。つまり、相対的な順位争いではなく絶対的な価値。わかりやすく言うと、「自分は自分の道を信じてやらないといけないし、他人は関係ない」ということだ。それは一見すると、当たり前のことのように聞こえるかもしれない。

今まで言われてきた、「自分は自分の道を行く」というのは、競争の上でどういうキャラクターを付けていくかという話だった。

しかし今、その意味ではまったくなく、これからやらないといけないことは、全員が全員、違う方向に向かってやっていくことを当たり前に思うということだ。つまり、誰も他人の道について気にかけてない、そして自分も気にしていないというマインドセットだ。

今、この世界で他人と違うのは当たり前で、他人と違うことをしているから価値がある。もし、他人と競争をしているならば、それはレッドオーシャン(競争の激しい市場)にいるということだ。つまり、競争心を持つというのは、レッドオーシャンの考え方で、そうではなくて一人一人がブルーオーシャン(未開拓な市場)な考え方をしなくてはいけない。

ブルーオーシャンな考え方というのは、他人と違うことをやっていくということを基本にすることだ。また、自分しかそれをやっていないけれど、それが正しいと信じることだ。つまり、ブルーオーシャン的な思考をするのは、競争心とは真逆の考え方である。

競争心を持ち、勝つことを繰り返すのがレッドオーシャンだったら、ブルーオーシャンは黙々と、淡々とやることだ。

ここで重要なのは、「競争をする」というゲームが決まると、データさえあれば機械のほうが強くなるということだ。競争をするということは同じ土俵にいる、つまり勝負するための要素が決まるから、要素が決まると機械はデータから計算可能なので機械のほうが強くなる。それはチェスや将棋の例を見ると明らかだ。

（　ｅ　）、ブルーオーシャンの考え方で、何をやるかが決まっていない状況では人間は機械に十分に勝てるということだ。この戦い方を身につけるためには、(f)競争心は非常に邪魔になってくる。

だから、これまで言われている競争心、つまりレッドオーシャンな考え方は捨てて、自分で信じた道を淡々とやっていって、その中で自己実現もしくはストレスフリーな環境をいかに実現していくかということが重要になってくる。

なので、サーベイ(調査や測量)は、これから先、ビジョンと同様に大事だ。たとえば「今、誰が何をやっているか」ということをインターネットで調べれば、だいたいすぐにわかる。今、この世界で誰が何をやっているのかを調べ続けるという作業が、絶対に必要だ。自分がやっていることに近しい分野のことは、よく知っておかなくてはいけない。

だから、(g)「先を越されたから」とか、「先を越されそうだ」ということを考えるクセは根本からなくしていこう。サーベイをして同様の事例があれば、そこから先に自分がどういう価値を足せるのかを考えるというマインドセットでいけばいいいだけだ。

（落合陽一『超ＡＩ時代の生存戦略』より）

※注1　マインドセット……ものの見方。物事を判断したり行動したりする際に基準とする考え方。
※注2　コモディティ化……高付加価値を持っていた商品の価値が低下し、一般的な商品になること。どの会社の商品を買っても同じ状態になること。

問一　二重傍線部(a)「隣の芝を青く見ない」、(c)「担保」の意味として最も適切なものを、次の各群の1〜5のうちからそれぞれ一つずつ選びなさい。

(a)「隣の芝を青く見ない」
1　他人の領域にむやみに干渉する
2　隣人の困難な状況に力を貸す
3　他人の努力に対して白眼視しない
4　自分にないものをいたずらに求めない
5　自分の能力の高さに優越感を持つ

(c)「担保」
1　確実に成長していくようにすること
2　不利益が生じないよう保証すること
3　現状よりも発展・拡大していくこと
4　負担が増えないよう保っていくこと
5　事業が成功することを約束すること

問二　この文章には接続詞「つまり」が多用されています。このことについて、次の各問いに答えなさい。

(一)「つまり」の意味・用法の説明として最も適切なものを、次の1～5のうちから一つ選びなさい。

1 「なぜなら」と同じように「説明・補足」の働きをする。
2 「あるいは」と同じように「対比・選択」の働きをする。
3 「だから」と同じように「順接」の働きをする。
4 「そして」と同じように「累加」の働きをする。
5 「しかるに」と同じように「逆接」の働きをする。

(二)「つまり」を多用したことに、筆者のどのような意図が読み取れますか。その説明として最も適切なものを、次の1～5のうちから一つ選びなさい。

1 「つまり」の後に重要な事柄を述べているので、そこだけに注目してほしいということを示している。
2 「つまり」の前と後とで対比的な内容を述べているので、内容をよく吟味してほしいと考えている。
3 「つまり」を使うことによって、前の内容を焦点化し、読み手に、より分かりやすく伝えようとしている。
4 「つまり」を使うことによって、文章の展開が変わったことを示し、読み手の読み誤りをなくそうとしている。
5 「つまり」を多用することによって、文章のリズムを整え、要点をつかみやすくしようとしている。

問三 空欄(b)・(e)にあてはまる語として最も適切なものを、次の1～5のうちからそれぞれ一つ選びなさい。

1 なぜなら　2 けれど　3 もちろん　4 もし　5 たとえば

問四 傍線部(d)「淡々とやること」の説明として、最も適切なものを、次の1～5のうちから一つ選びなさい。

1　超ＡＩ時代の機械に負けないために、感情を交えずに、正しい方向を見据えてやるべきことをこなすこと。
2　他人の道について気にかけず、自分の道を信じて、全員が全員、それぞれ違う方向に向かってやっていくこと。
3　超ＡＩ時代にあっても、競争に勝つための戦略をそれぞれが違う方向で考えて、思考的多様性を失わないこと。
4　インターネット上にあふれる情報をサーベイして、互いに自分がやっていることを知られないようにすること。
5　ブルーオーシャンな考え方に基づいて自分の道を信じてやっていくが、内に秘めた競争心は決して失わないこと。

問五　傍線部(f)「競争心は非常に邪魔になってくる」とありますが、筆者がこのように考えるのはなぜですか。その理由として最も適切なものを、次の1～5のうちから一つ選びなさい。
1　これからの超ＡＩ時代においては、ブルーオーシャンな考え方をしていると、人間は、機械との競争に勝つことができないから。
2　これからの超ＡＩ時代においては、ブルーオーシャンな考え方をしていては、コモディティ化に向き合い人間の価値を高められないから。
3　これからの超ＡＩ時代においては、レッドオーシャンな考え方をしていると、競争の上で自分がどういうキャラクターか気付けないから。
4　これからの超ＡＩ時代においては、レッドオーシャンな考え方をしていては、自分の道を信じて他人と違うことをしていけないから。

5　これからの超ＡＩ時代においては、レッドオーシャンな考え方をしていかないと、競争に敗れてやる気をなくしてしまう人が現れるから。

問六　傍線部(g)「『先を越されたから』とか、『先を越されそうだ』ということを考えるクセは根本からなくしていこう」とありますが、筆者がこのように考えるのはなぜですか。その理由として最も適切なものを、次の1〜5のうちから一つ選びなさい。

1　ビジョンを持ってサーベイをしていく目的は、既存のものに自分がどういう価値を足せるのかを考えることにあるから。

2　ビジョンを持ってサーベイをしていく目的は、自分のことを最優先するのではなく、よりグローバルな考え方をすることにあるから。

3　ビジョンを持ってサーベイをしていく目的は、合理的に誰かが作り出したものや利益を共有することにあるから。

4　ビジョンを持ってサーベイをしていく目的は、それぞれの専門的な組織と権威のどちらが先であるかを見極めることにあるから。

5　ビジョンを持ってサーベイをしていく目的は、コピーや模倣でさえも利益を侵害しなければ認めてよいと考えることにあるから。

問七　この文章の内容について述べたものとして適切でないものを、次の1〜5のうちから一つ選びなさい。

1　超ＡＩ時代では、パイを奪い合って競争するのではなく、パイを広げるようにそれぞれが違う方向に向かってやっていることが重要である。

2　競争することは勝負する要素が決まることなので、データさえあれば機械のほうが強くなり、人間は不利になる。
3　レッドオーシャンな考え方にブルーオーシャンな考え方を加えていくことで、人間は十分に機械に勝つことができる。
4　競争することのメリットは、選ぶ側の選択コストを下げ、選ばれる側のモチベーションを上げることである。
5　超ＡＩ時代では、今、この世界で誰が何をやっているのかを調べ続けるという作業が非常に重要である。

問八　この文章を教材として用いた、次のような学習指導案を作成しました。あとの各問いに答えなさい。

国語科学習指導案（抜粋）

1　単元名
「超ＡＩ時代の生存戦略を考えよう」（中学校第３学年）

2　単元の目標
・社会生活の中の事柄やその背景に関心をもち，客観的に分析して自分の考えを深めようとする。【関心・意欲・態度】
・論理の展開を工夫し，資料を適切に引用するなどして，説得力のある文章を書くことができる。【書くこと】
・語句と語句との微妙な意味の違いをつかむなどして語感を磨き，語彙を豊かにする。【伝統的な言語文化と国語の特質に関する事項】

3　取り上げる言語活動と教材
言語活動：ＡＩと人間の関係について批評文を書く。
教　　材：落合陽一『超ＡＩ時代の生存戦略』（以下，Ａ）
　　　　　書くための参考となる文章（以下，Ｂ）

4　単元の指導計画

時	主な学習活動	評価規準と評価方法
1	・Ｂを，学校図書館で収集する。 ・Ａ，Ｂを参考にして，構成メモ（以下，Ｃ）及び批評文の下書き（以下，Ｄ）を作成する。	評価規準：読み手に自分の考えが伝わるように，適切な語句の選択をしている。【言語についての知識・理解・技能】 評価方法：観察，Ｃ，Ｄ
2	・Ｃ，Ｄを材料にして，自己評価用紙（以下，Ｅ）に自己評価を記入する。 ・グループ内で互いにＤを読み合い，他者評価用紙（以下，Ｆ）で相互評価をする。	評価規準：ＡＩと人間の関係について，自分の立場や意見を明確にして批評文を書こうとしている。【関心・意欲・態度】 評価方法：観察，Ｅ，Ｆ
3	・Ｅ，Ｆを参考にして，批評文（以下，Ｇ）を完成させる。	評価規準：論理の展開が明確な批評文となるように，判断や評価の理由や資料の引用が適切かどうかを考えて，文章全体を整えている。【書く能力】 評価方法：観察，Ｃ，Ｄ，Ｅ，Ｆ，Ｇ

(一)　「単元の目標」の設定及び「主な学習活動」の計画をする際の教師の配慮事項として適切でないものを、次の1～5のうちから一つ選びなさい。

1　国語の指導は、同じ指導事項を繰り返して指導していくことと、既習事項を言語活動として使いながら指導していくことに特色があるため、年間を見通して、単元の指導目標を設定するよう心掛ける。

2　国語の指導は、教材の指導という側面を持つため、まず、授業者の裁量で旬の話題を含んだ教材を選定してから、その後、その教材を理解する上で適切な言語活動や単元の目標を設定することが望ましい。

3　第一時の情報を収集する活動を充実させるために、司書教諭と連携して、関係する図書資料を整理して、生徒がすぐ調べられるように、学校図書館に特集コーナーを設けるなどしておく。

4　第一時の「批評文の下書き」を書くことに苦労している生徒への手立てとして、『超ＡＩ時代の生存戦略』のほかにも、教師は、参考になる適切な文章を数多く示せるように準備しておく。

5　『超ＡＩ時代の生存戦略』では「書くこと」を単元の目標とするため、第二時に活用する「自己評価用紙」や「他者評価用紙」では、教材の理解の評価項目よりも、表現の仕方の評価項目を充実させる。

(二)　「評価方法」について、適切でないものを、次の1～5のうちから一つ選びなさい。

1　単元の観点別評価の結果を、表計算ソフトなどで蓄積することによって、指導事項ごとの評価の変化を確認したり、評価を次の単元の指導の改善に生かしたりすることができる。

2　単元ごとの観点別評価は、当該単元の授業中の行動やその過程での記述の観察や分析などによって行うものであり、単なる提出物の有無や、異なる指導事項の提出物の累積を総括的な評価に用いることは望ましくない。

3　この単元における「言語についての知識・理解・技能」の評価は、指導の時期と評価の時期が著しく離れてしまう定期考査などのペーパーテストで行うことは適切ではない。
4　この単元における「自己評価」や「相互評価」は、教師が行う評価活動ではなく生徒の学習活動であるが、「自己評価」や「相互評価」に係る生徒の記述は、教師が評価規準に基づいて評価する際の材料の一つとすることができる。
5　単元を通して身に付いた「書く能力」の高まりを評価するために、「批評文」の完成稿だけではなく、単元全体を通しての観察やこれまでに提出された構成メモ・下書き・評価用紙などについても評価する。

（☆☆◎◎◎）

【二】次の文章は、室町時代の御伽草子である『文正草子』の一節です。塩焼きで成功し長者となった文正には年頃の美しい二人の娘がいました。以下の文章はそれに続くものです。これを読んで、あとの各問いに答えなさい。

されば、八か国の大名、これを伝へ聞きて、われもわれもと花、紅葉、玉章などを遣すこと限りなし。されども、明暮の歎きには、かかる東の奥に生れけんことの悲しさよ、人とならば、都に跡をとどめて、しかるべきことを見聞きたら(a)ば、世にあるかひもあらめ、ただ女御、后の位を望み給ふ。ただ世の常の心をば持ち給はず、(b)これをば父母知らず、大名、高家の仰せ蒙(かうぶ)れば、面目と思ひて、姫御前[※注1]たちに、このよしを申し候へば、靡(なび)くことなし。とかく返事さへせず、郎等ども集めて、厳しく番をさすれば、心に人々思はるることもかなはず。さる程に、西の方に御堂を造り、弥陀の三尊を据ゑ奉り、ほかへ参ることなければ、力及ばず、恋の煙に(c)あこがれけり。

大宮司殿[※注2]聞き給ひて、文正を召し、「まことや、おのれは、光るほどの姫を持ちたるが、大名、高家の、雨のあしたより繁く、文を通はすよし聞き候ふ。それをほかへ出すべからず、さだみつが子どもの中にて、いづれにてもこに[※注3]すべき」とのたまひければ、文正、あらめでたや、まことに女子は持つべきものなり、いかにけたかしと思ふとも、男子ならば、あがるとも、恪勤(かくご)[※注4]などにこそならめ、大宮司殿のかたやけ[※注5]に言は(d)れんずることの嬉しさよと思ひて、「かしこまつて承りぬ。さりながら、子どもに申して、御返事申しあぐべき」とて帰り(e)ぬ。宿へ行きて、門より言ひけるは、「あなめでたや、大宮司殿の公達を聟(むこ)に取り参らすべきなり。われをわれと思はん者は、みなみな御供せよ」と申しけり。

姫の方へ参りて、「めでたきことこそ候へ。大宮司殿の嫁御前に取り参らせて、据ゑ奉らんとの仰せを蒙りて候ふ」とて、よに(f)心よげにうち笑みて申しければ、姫御前たち、(g)聞きもあへず、さめざめと泣き給ふ。

（『文正草子』より）

※注1　姫御前たち……文正の娘たち。

※注2　大宮司殿……文正が以前仕えていた主人。

※注3　こ……聟(むこ)(婿)。

※注4　恪勤……下級の武士。

※注5　かたやけ……嫁婿の双方の親同士が互いに相手を呼ぶ言葉。

問一　二重傍線部(c)「あこがれけり」、(g)「聞きもあへず」の解釈として最も適切なものを、次の各群の1～5のうちからそれぞれ一つずつ選びなさい。

(c)「あこがれけり」

1　落ち着かず思い焦がれていた
2　浮かれてさまよっていた
3　離れてしまっていた
4　夢を見ていたようだった
5　飽きてしまっていた

(g)「聞きもあへず」
1　話を最後まで聞き遂げられず
2　話を聞き合うことができず
3　話を互いに聞き合って
4　話を誰にも聞かせないで
5　最後まで話し合って

問二　傍線部(a)、(d)、(e)について、文法的説明の組合せとして最も適切なものを、次の1～5のうちから一つ選びなさい。

1　(a)　確定条件の接続助詞　(d)　受身の助動詞　(e)　完了の助動詞
2　(a)　仮定条件の接続助詞　(d)　尊敬の助動詞　(e)　断定の助動詞
3　(a)　仮定条件の接続助詞　(d)　尊敬の助動詞　(e)　希望の助動詞
4　(a)　確定条件の接続助詞　(d)　可能の助動詞　(e)　断定の助動詞
5　(a)　仮定条件の接続助詞　(d)　受身の助動詞　(e)　完了の助動詞

問三　傍線部(b)「これをば父母知らず」について、「これ」の指示内容として最も適切なものを、次の1～5

のうちから一つ選びなさい。

1　大名たちが、姫君たちに盛んに求婚してきていること。
2　姫君たちが、ひたすら女御や后の位を望んでいること。
3　姫君たちが、世の常である普通の結婚を望んでいること。
4　姫君たちが、花や紅葉が届くのを毎日待っていること。
5　大名たちが、毎日花や紅葉を届けるのが大変であること。

問四　傍線部(f)「心よげにうち笑みて」とは、どのような思いを表したものですか。その説明として最も適切なものを、次の1～5のうちから一つ選びなさい。

1　自分の子供がもし男だったら、出世して大宮司殿にお仕えできたかもしれないのにというやりきれなさ。
2　姫君たちが女御や后になれば、自分もいずれきっと出世できるであろうという大きな野望。
3　姫君たちが大宮司殿の息子と結婚すれば、大宮司殿と親戚関係になることができるという期待。
4　たくさんの大名の中から、一番ふさわしい人物を姫君たちの聟(婿)にしようというもくろみ。
5　都に出て、女御や后を目指すことを許すことで姫君たちとの関係の修復を図れるはずという安堵。

問五　この文章の内容に関する説明として最も適切なものを、次の1～5のうちから一つ選びなさい。

1　娘を持ったことで思いもかけない幸運をつかみかけ喜んでいる文正と、華やかな都での毎日を夢見て、人々からの求婚に目もくれない姫君たちの様子が描かれている。
2　賢い息子がいたら恪勤ぐらいになれるはずと、娘しかいないことを悲しむ文正と、たくさんの人々に求婚され涙を流し喜んでいる姫君たちの様子が描かれている。

3 美しい姫君たちをなんとか女御や后にしたいと願い策を練る文正の親心と、普通の結婚をしたいと願い弥陀の三尊を据え置いて祈りを捧げる姫君たちの様子が描かれている。

4 大名たちのたくさんの求婚に戸惑いつつ、それが娘の幸せと信じ話を進めようとする文正と、結婚の話がどんどん進んでいくことに不安を覚え、泣き暮らしている姫君たちの様子が描かれている。

5 以前主人であった大宮司殿の言葉をうれしく思う一方、自分の出世のために姫君たちにはなんとか入内してほしいという思いもあり、葛藤する文正の様子が描かれている。

問六 鎌倉・室町時代に成立した作品について、適切でないものを、次の1～5のうちから一つ選びなさい。

1 『風姿花伝』 2 『宇治拾遺物語』 3 『徒然草』 4 『十六夜日記』 5 『曽根崎心中』

(☆☆◎◎◎)

【三】 次の文章は、北宋の文人である欧陽脩が、五代最後の王朝である後周の第二代皇帝の柴栄(世宗)を批評したものです。これを読んで、あとの各問いに答えなさい。ただし、設問の都合上、訓点を省いたところがあります。

(a)嗚呼、作レル器ヲ者、無二クシテ良材一而有二リ良匠一、治レムル國ヲ者、無二クシテ能臣一而有二リ能君一。蓋シ(b)材ハ待レチテ匠ヲ而成リ、臣ハ待レチテ君ヲ而用ヒラル。

故曰、治國、譬之於奕[※注1]。(c)知其用、而置得其處者勝、不知其用、而置非其處者敗。敗者臨棊[※注2]、終日注目而勞心。使善奕者視焉、爲之易置其處、則勝矣。(d)勝者所用敗者之棊也。興國所用亡國之臣也。

[※注3]王朴之材、(e)誠可謂能矣。不遇[※注4]世宗、何所施哉。世宗之時、外事(f)征伐、攻取戰勝、內修制度、議刑法、[※注5]定律歷、[※注6]講求禮樂之遺文。所用者、五代之士也。豈皆愚怯於[※注7]晉・漢、而材智於周哉。惟知所用爾(g)。

（欧陽脩「周臣列傳贊」より）

※注1　奕……囲碁。

※注2　棊……碁盤。
※注3　王朴……後周の政治家。
※注4　世宗……後周の第二代皇帝。
※注5　定律歴……暦を制定する。
※注6　講求……調べ究める。
※注7　晉・漢……後周に先立つ五代の王朝。後晋と後漢。

問一　傍線部(a)「嗚呼」、(g)「爾」と同じ読み方をするものを、次の1～8のうちからそれぞれ一つずつ選びなさい。

1 若　2 嗟　3 抑　4 矣　5 苟　6 如　7 耳　8 冀

問二　二重傍線部(e)「材」、(f)「事」の本文中における意味として最も適切なものを、次の各群の1～5のうちからそれぞれ一つずつ選びなさい。

(e)「材」
1 臣下
2 材料
3 技術
4 才能
5 博識

(f)「事」

1　使役する
2　専念する
3　修業する
4　師事する
5　滞在する

問三　傍線部(b)「材待匠而成、臣待君而用」とはどういうことですか。その説明として最も適切なものを、次の1～5のうちから一つ選びなさい。

1　材料の良し悪しは職人の技術に左右されるように、臣下が活躍するか否かもまた、君主の手腕次第であるということ。
2　良い材料は腕の良い職人の下に集まるように、優れた臣下もまた優れた君主の下に自然と集まるということ。
3　腕の良い職人が良い材料を選別して使うように、優れた君主もまた他国で活躍している臣下を選別して登用するということ。
4　材料の良し悪しは職人にしか分からないように、自らの能力の良し悪しを臣下は判断できないということ。
5　材料の評価は、職人の創作の成果から事後的に下されるように、臣下の評価もまた後世の人々が下すということ。

問四　傍線部(c)「知其用、而置得其處者勝、不知其用、而置非其處者敗。」について、ここで筆者が主張していることを要約した四字熟語として、最も適切なものを、次の1～5のうちから一つ選びなさい。

1　適材適所　2　用意周到　3　立身出世　4　優勝劣敗　5　知行合一

問五　傍線部(d)「勝者所用敗者之棋也」の返り点の付け方と書き下し文の組合せとして最も適切なものを、次の1～5のうちから一つ選びなさい。

5　勝者ハ所㆑ルル用㆓ヒ敗者之棋㆒ニ也。　勝者は敗者の棋に用ひらるるなり。
4　勝者ニ所㆑ルルハ用ヒ敗者之棋也。　勝者に用ひらるるは敗者の棋なり。
3　勝者ノ所㆑ハ用フル敗者之棋也。　勝者の用ふる所は敗者の棋なり。
2　勝者ヲシテ所㆑トナル用㆓フル敗者㆒ノ之㆑棋也。　勝者をして敗者の用ふる所となる之れ棋なり。
1　勝者ヲシテ所㆑ルル用㆓ヒ敗者之棋㆒ニ也。　勝者をして敗者の棋に用ひらるるなり。

問六　この文章の内容に合致するものを、次の1～5のうちから一つ選びなさい。

1　世宗に引き立てられた五代の士は皆、若き日々を過ごした晋・漢の時代は愚かで臆病であったが、月日が流れて周の時代に入り、才能と知恵を備えた人物へと成長した。
2　世宗が登用した五代の士の中で、晋・漢の時代に愚かで臆病であると評された者たちは、周の時代に成果を上げても、才能と知恵を備えた人物とは言われなかった。
3　晋・漢といった動乱の時代には愚かで臆病であった五代の士も、世宗の治政では本来の力を発揮し、才能と知恵を備えた人物として周の民衆に称えられた。
4　世宗に引き立てられ、周の時代に才能と知恵を備えていると評される五代の士が、晋・漢の時代においては愚かで臆病だったというのは当時の人々の事実誤認である。

5　世宗に登用された五代の士は、周の時代には才能と知恵を備え、晋・漢の時代には愚かで臆病であったということはなく、活躍させる術を世宗が知っていただけの話である。

(☆☆☆◎◎◎)

【四】漢字・語句について、あとの各問いに答えなさい。

問一　次の(一)～(四)の傍線部のカタカナについて、同じ漢字を含むものを、次の1～5のうちからそれぞれ一つずつ選びなさい。

(一)　彼の驚きようは、ジョウキを逸していた。

1　指導者としてのキリョウがある。
2　キセイの概念を破るような小説だ。
3　世界の平和をキネンする。
4　人工衛星のキドウを修正する。
5　キバツな色使いが人目を引く。

(二)　文明の恩恵をキョウジュする。

1　キョウミ深い話に耳を傾ける。
2　彼の考え方にキョウメイする。
3　キョウラク的な生き方を貫く。
4　恐ろしさのあまりゼッキョウした。
5　両親にキンキョウを知らせる。

(三) 対戦相手をアナドり油断した。

1 働いた報酬はブアイ制だ。

2 世界をブタイに活躍する。

3 ブサホウな態度は許しがたい。

4 節くれだったブコツな手を眺めた。

5 ひどいブジョクを受けて傷ついた。

(四) 心の中にヒソむ熱い思いを語る。

1 センザイする能力を引き出す。

2 センショクした布で作品を作る。

3 センメイに脳裏に焼き付いている。

4 部屋を一人でセンリョウする。

5 会社とセンゾク契約を結ぶ。

問二 次の四字熟語の（　）にあてはまる最も適切な漢字を、あとの1～5のうちから一つ選びなさい。

○（　）専心　〔意味〕 一つのことに集中すること。

1 一挙　2 一日　3 一意　4 一望　5 一目

問三 次のことわざの（　）と同じ語があてはまるものを、あとの1～5のうちから一つ選びなさい。

○（　）を巻く　〔意味〕 非常に驚いたり感心したりすること。

1（　）も積もれば山となる

2（　）の根の乾かぬうちに

3　立て板に(　)
4　(　)に火を灯す
5　(　)は災いのもと

問四　次の傍線部と同じ意味・用法のものを、あとの1～5のうちから一つ選びなさい。
○　今日から待ちに待った夏休みだ。
1　昨日は、図書室でじっくりと本を読んだ。
2　夕方から雨が激しく降りそうだ。
3　彼女の笑顔はへまるで太陽のようだ。
4　月明かりの美しい夜だった。
5　彼女は、毎日ランニングをするそうだ。

(☆☆◎◎◎)

【五】国語の教科指導について、あとの各問いに答えなさい。

問一　「文章の構成や展開を確かめ、内容や表現の仕方について評価したり、書き手の意図をとらえたりすること」を目的として授業を行います。「様々な文章を読み比べ、内容や表現の仕方について、批評する文章を書く言語活動」を通してその授業を行う際のポイントとして適切でないものを、次の1～5のうちから一つ選びなさい。
1　どちらの文章の内容が良いかを自らの経験だけを基に判断しながら読み比べる。

2　文章の内容だけでなく、表現の仕方にも着目しながら読み比べる。
3　学校図書館を利用して、同じ作者や同じテーマの文章を読み比べる。
4　基準や根拠を明確にするなど、内容や表現の仕方について客観的に述べる批評文を書く。
5　内容や表現の仕方について、その特色や価値を論じる批評文を書く。

問二　「話すこと・聞くこと」領域で「スピーチ」の授業を行います。その授業構想として適切でないものを、次の1～5のうちから一つ選びなさい。
1　話し手に対して、社会生活の中から、状況に応じた話題を選ぶよう指導する。
2　話し手に対して、スピーチ原稿を推敲することに重点を置いて指導する。
3　話し手に対して、資料や機器なども用いながら、意見や考えを分かりやすく表現するよう指導する。
4　聞き手に対して、必要に応じて話し手に質問し、足りない情報を聞き出すように指導する。
5　聞き手に対して、メモを取ったり、自分の考えと比べたりしながら、積極的な態度で聞くよう指導する。

(☆☆◎◎◎)

解答・解説

【中高共通】

【二】問一 (a) 4 (c) 2 問二 (一) 1 (二) 3 問三 b 5 e 2 問四 2
問五 4 問六 1 問七 3 問八 (一) 2 (二) 3

〈解説〉問一 (a) それぞれ違う方向に淡々とやることが重要な「社会構造が多様化」した時代のマインドセットを指す。他人への羨望や働きかけのない状況を指す選択肢を選ぶ。(c) 全員が違う方向を向いていってもそれぞれが生産性を保つことができ、社会が成立することから、進む方向によって差(不利益)が生じないと解釈できる。本文中の例でいえば、ミュージシャンそれぞれが何かで1位を取れるということ。問二 (一) ここでは、さらなる説明、言い換えという「説明・補足」の目的で使われている。(二) 「つまり」は前の内容を言い換え、補足説明する役割を持つので、前の内容を焦点化しているといえる。問三 b 空欄以降で「違う方向」への生存戦略について例示している。具体的な事例を示す際に用いる「たとえば」が入る。e 「ブルーオーシャン」を「レッドオーシャン」に対置させている。前に述べた事柄と相反する内容を導く「けれど」が入る。問四 傍線部は、直後で「相対的な順位争いではなく、絶対的な価値」と言い換えられており、第二段落でも「それぞれ違う方向に淡々とやることが重要」と述べられている。要するに、他人と比較することなく、「自分の道を信じて」、自分のなすべきことを「淡々と」行うということを表す。1、4は全体が不適。3は「競争に勝つための」、5は「内に秘めた競争心は決して失わない」がそれぞれ不適。問五 傍線部直前の「この戦い方」とは「ブルーオーシャン」のことで、レッドオーシャン的な競争を避けて、他人と違うことをやっていくことである。よって、ブルーオーシャンには競争は不要ということになる。1、

2はブルーオーシャンを否定している点で不適。3、5は「競争」について述べている点で不適である。
問六　傍線部直後に「そこから先に自分がどういう価値を足せるのかを考える」とあることが根拠。
問七　本文では、レッドオーシャン的な激しい競争を否定している。3はレッドオーシャンな考え方を残しているため不適。　問八　(一)　2は優先順位が逆。指導事項の目標があった上で、適切な教材が選定されるべきである。　(二)　語句の意味や用法などをペーパーテストで確認することは可能である。

【二】問一　(c)　1　(g)　1　問二　5　問三　2　問四　3　問五　1　問六　5

〈解説〉問一　(c)「あこがる」は「あくがる」ともいい、うわの空になること。ここでは、あてにならない恋に心を奪われること。(g)「あ(敢)えず」は「〜も」を伴って、「最後まで〜できない」の意。ここでは、話を最後まで聞き遂げられない、となる。　問二　意味はそれぞれ、(a)「見聞きしたならば」(仮定条件)、(d)「親同士と言われる」(受身)、(e)「帰った」(完了)。　問三　傍線の直前部に「ひたすら女御や后の位を望んでおられる。まったく世間並みに結婚する気持ちは持っておられない」とあるのが根拠。　問四　文正の思いや言葉の中に、「大宮司殿と、親同士(かたやけ)と言われるのは嬉しいことだ」、「めでたいことだ。大宮司殿の嫁君にお迎えして、お住まわせしようというお言葉を頂いてきた」とあることに着目する。　問五　文正の思いは問四で確認した通り。姫君たちは「東国に生まれたのが悲しく、人と生まれたならば都に足跡を残したい。」「高位を望んでおり、世間並みに結婚する気はない」などと考えている。2は「娘しかいないことを悲しむ文正」と「人々に求婚され〜喜んでいる姫君たち」が不適。3は「なんとか女御や后にしたい〜文正」と「普通の結婚をしたい〜姫君たち」が不適。4は「大名たちのたくさんの求婚に戸惑いつつ〜文正」と「不安を覚え、泣き暮らしている姫君たち」、5は「葛藤する文正」がそれぞれ不適。　問六　『曽根崎心中』は江戸時代に近松門左衛門が著した浄瑠璃の脚本。それ以外はすべて中世の文学である。『風姿花伝』は世阿弥がまとめた能楽論で室町時代の作。『宇治拾遺物語』は鎌倉時代に成立した説話集。『徒然草』は吉田兼好作の随筆、『十六夜日記』は藤原為家の側室・阿仏尼作の紀行文日記で、ともに鎌倉時代。

【三】問一 (a) 2 (g) 7 問二 (e) 4 (f) 2 問三 1 問四 1 問五 3
問六 5

〈解説〉問一 (a) 「嗚呼」は「ああ」と読む。(g) 「爾」は「のみ」と読む。問二 (e) この用法に「人材」、「逸材」などがある。(f) 「事とす」で「それを仕事とする」「専念する」の意。問三 「材は匠を待ちて成り、臣は君を待ちて用いらる」と読む。「材料は職人によって有用な器具となり、臣下は君主に任用されて活躍するものである」の意。問四 人材の登用を囲碁に喩えた部分。「碁石の働きを知って、それを置く位置が適切である者は勝つが、碁石の働きを知らずに、それを置く位置が適切でないものは負ける」。つまり適材適所ということ。問五 「勝者の用ふる所は、敗者の棋なり。」と読み、「勝った者が使用した碁石は、負けそうになっていた者が使っていた碁石なのである」の意。問六 掲載文の末尾に「どうして皆が後晋や後漢の時には愚鈍臆病であり、後周の時になって才智を備えた人物になることがあろうか。結局は、ただ世宗が人物の任用方法を知っていただけのことである」とある。後周の時代に五代の士が活躍したことについて、適材適所と、それを見抜く目の大切さを述べている。1は「月日が流れて〜才能と知恵を備えた人物へと成長した」が不適。2は「周の時代に〜才能と知恵を備えた人物とは言われなかった」が不適。3は「動乱の時代には愚かで臆病であった五代の士」、「周の民衆に称えられた」が、4は「当時の人々の事実誤認」がそれぞれ不適。

【四】問一(一) 4　(二) 3　(三) 5　(四) 1　問二 3　問三 2　問四 4

〈解説〉問一(一)「常軌」で、1「器量」、2「既成」、3「祈念」、4「軌道」、5「奇抜」　(二)「享受」で、1「興味」、2「共鳴」、3「享楽」、4「絶叫」、5「近況」　(三)「侮」で、1「歩合」、2「舞台」、3「不作法」、4「無骨」、5「侮辱」　(四)「潜」で、1「潜在」、2「染色」、3「鮮明」、4「占領」、5「専属」　問二「一つのことに集中する」の意なので「一意」。「一意」には、「一つの考え」、「考えが同じであること」という意味のほか、「一つのことに心を集中すること」の意味がある。　問三　ことわざは「舌を巻く」で、各問には、1「塵」、2「舌」、3「水」、4「爪」、5「口」、が入る。　問四　助動詞の問題。設問の傍線部は「断定」の意味。√は完了「た」、2は様態「そうだ」の一部、3は例示「ようだ」の一部、5は伝聞「そうだ」の一部。

【五】問一　1　問二　2

〈解説〉問一　1の「自らの経験だけを基に判断しながら」が誤り。　問二「推敲」は最終段階での手直しというべきもので、それに「重点を置いて指導する」とした2は不適。

二〇一八年度　実施問題

【中高共通】

【一】次の文章を読んで、あとの問いに答えなさい。

古代ギリシャに誕生した哲学は、もともと、よりよい人間の生き方やよい行為、すなわち「善」を探究する知的営為でした。それゆえ、「善」を実現できる社会とは何か。よき国家とは何か。そういう実践的な課題と深く関わってきたわけです。一方、科学(自然学)は、人間の力を超えたところにあって、宇宙や自然、人間や社会を突き動かす基本的な原理、つまり「真」を解明する知的営為として誕生します。

古代ギリシャにあっては、(a)この二つは密接不可分、一体のものでした。プラトンの「イデア」がまさにそうで、プラトンはそれを「真」「善」「美」一体のものとして追究した。「イデア」論というのは、人間の経験や力を超えたところに、宇宙や自然、人間や社会のいわば「原型」とでもいうべき抽象的で普遍的な理念があるはずだ、とする考え方ですね。この、人間の経験のような事実存在を超えたところにこそ最高の価値がある、そして、それは直接経験することはできないけれど、何らかの形で窺(うかが)い知ることができる、とする考え方は、その後、西洋思想の核をなしていくわけですが、それはさておき、だから、その「イデア」という非常に高い価値を探究していくことは、人間にとって一番重要な仕事であり、必ずや人間によりよき生をもたらす、と考えたわけです。つまり、「真」を追究することは「善」を追究することと一体のものとしてあった。

プラトンの弟子で、古来プラトンと対比されることも多かったアリストテレスなども、人間にとって最高の

「善」なる生活は、物事を観照[※注1]して「真」なるものを知る「観照的生活」にあるとしています。つまり、「善」と「真」は一体のものであり、「善」と乖離(かいり)した「真」などはありえなかったのです。

（　A　）、近代になって、その「善」と「真」が分裂してしまった、とシュトラウス[※注2]は語る。(b)科学が哲学から分離したばかりか、時代が下るにしたがって、どんどん哲学の地位を低め科学の地位を高めるようになってしまい、いまでは科学は哲学から分離して自立してしまった、と。どうしてそうなったかといえば、二十世紀の科学は、自然科学のみならず社会科学においても実証主義を(一)旨として発展してきたわけですが、その実証主義が対象への価値判断を禁忌したからです。そのため、価値と事実認識、すなわち「善」と「真」が引き裂かれてしまった。真理の探究が、人間のよりよき生とどう関わっていくのか、そこを探究する回路が断たれてしまったのですね。人間を導くような価値の探究は(二)蚊帳の外に置かれてしまった。

科学ばかりではない。近代では、同じようなことが、政治思想でも起きます。古代ギリシャにあっては、政治思想においても、根幹にすえられていたのは、よき国家の実現、「善」なるものの追究でした。ただし、「善」なるものは、われわれ人間の日常的な生活や感覚を超えたところにある。それを理解できるのは哲学者だけである。プラトンの考えがそうですね。それゆえ、プラトンは民主主義を批判したわけです。民主主義というのは、すべて、われわれの日常の利害関係から出発している。ところが、人間の利害関係は人それぞれで異なる。そういうバラバラな利益やら関心を糾合して、持久力のある、長期的に残っていくような優れた国家をつくることなどできない。これが、プラトンによる民主主義批判の一番の基本です。プラトンが目指した国家、政治とは、そのポリス[※注3]にいることによって、市民が人間として成長し、より高度な文化や社会を創造してゆくものだった。だからこそ、(c)民主国家ではよき政治は不可能だ、と考えたのです。

ところが、近代の政治思想にいたると、ホッブズあたりが嚆矢（こうし）といえるのでしょうが、「善」の追究などは完全に放棄される。国家契約説、すなわち、人間は生まれながらにして自由平等であり、その対等な個人相互の契約によって国家は成り立っている、とする説に依拠して政治思想が展開されるようになるのですから、当然です。つまり、「イデア」あるいは「善」に代わって、万人の有した権利である「生存」と「自由平等」こそが近代を貫く政治理念となる。その国家が「善」であるかどうかは問わない。ただただ人々の「生命」と「自由平等」を保障することが近代国家の役割とされるようになるのです。

哲学と科学の分裂、あるいは哲学から科学への移行という先ほどの話にそっくりだと思いませんか。政治も、もう「善」や価値にはかかわらない。ひとつの共同体、ひとつの国家が特定の価値や理想を追究するという議論はもうしない、ということです。（　B　）、万人は自由で平等だから追究すべき価値も人それぞれ。そこに政治はタッチしない、というわけです。これは、(d)価値の相対主義ですね。自由平等という政治思想は価値の相対主義を前提としている。価値は相対的であって、すべての人が共通して「これはよい」と思えるような絶対的な価値など存在しない。すなわち、超越的な「善」など存在しない。われわれの生きている現代は、完全に、こういった価値相対主義に覆われていますね。こう考えるのが当然だと思っている。

（佐伯啓思『20世紀とは何だったのか　西洋の没落とグローバリズム』による）

※注1　観照……対象の本質を客観的に冷静にみつめること。
※注2　シュトラウス……アメリカの政治哲学者（一八八九～一九七三）。

※注3　ポリス……古代ギリシャにおける都市国家。

問一　二重傍線部(一)「旨として」・(二)「蚊帳の外に置かれてしまった」の意味として最も適切なものを、次の各群の1〜5のうちからそれぞれ一つずつ選びなさい。

(一)「旨として」
1　批判して　2　重んじて　3　理解して　4　受け入れて　5　拒絶して

(二)「蚊帳の外に置かれてしまった」
1　最初から存在しなかった　2　他を拒絶する孤高の存在になった
3　表面的なものになった　4　価値あるものにまつりあげられた
5　顧みられなくなった

問二　空欄(　A　)・(　B　)にあてはまる語として最も適切なものを、次の1〜6からそれぞれ一つずつ選びなさい。

1　もし　2　なぜなら　3　ところが　4　もちろん　5　ただ　6　たとえば

問三　傍線部(a)「この二つは密接不可分、一体のものでした」とありますが、それはなぜですか。その理由として最も適切なものを、次の1〜5から一つ選びなさい。

1　哲学と科学はいずれも抽象的で普遍的な理念を追究するものだから。
2　人間の力を超えた科学を制御するものとして哲学が存在しているから。
3　哲学と科学は究極的な「美」への到達を目指すものであるから。
4　物事を観照することによって科学は哲学へと昇華できるから。
5　人間が直接経験できない哲学を具現化したものが科学であるから。

問四　傍線部(b)「科学が哲学から分離した」とありますが、筆者はこのようになった理由をどのように考えていますか。最も適切なものを、次の1～5から一つ選びなさい。

1　プラトンの考え方に従えば、「善」を追究しさえすればおのずと「真」にたどり着くはずであるから。
2　哲学と科学とが結びつくはずもなく、真理に対する価値判断は、科学の進歩を阻害してしまうから。
3　アリストテレスは科学を重んじる姿勢を鮮明にし、多くの為政者たちがそれを是としたから。
4　市民革命によって、古代ギリシャの考え方は否定され、哲学よりも科学が重んじられるようになったから。
5　経験的事実に基づいて物事を検証する姿勢が尊ばれ、対象への価値判断を避けるようになったから。

問五　傍線部(c)「民主国家ではよき政治は不可能だ、と考えた」とありますが、プラトンがそのように考えたのはなぜですか。その理由として最も適切なものを、次の1～5から一つ選びなさい。

1　人間の日常的な生活や感覚を超えたところにある「善」なるものを理解した上で、市民を教化することは誰にもできないから。
2　利害関係によって市民たちの価値観が異なるため、それらをまとめるためには、自由平等を理念にするしかないから。
3　それぞれの利害関係に心を奪われている一般の市民は、抽象的で普遍的な理念である「イデア」を忘れてしまっているから。
4　個々人の利害や関心を糾合するような体制では、市民が成長して高度な文化や社会を創造してゆくことをなしえないから。
5　持久力のある優れた国家をつくるためには、「善」なるものを追究する強いリーダー性を持った為政者が必要になるから。

問六　傍線部(d)「価値の相対主義」とありますが、これはどういうことですか。これを具体的に表したものとして適切でないものを、次の1～5から一つ選びなさい。

1　今はもう動かないようなブリキのおもちゃに大金を出して買う人がいるということに驚きを隠せない。
2　スポーツにおいては誰もが優勝を目指して努力を続けるからこそ、人間の成長や人生のドラマがある。
3　産業振興のためにリゾート施設を誘致しようとする地域に、環境保全を訴える立て看板が設置された。
4　裁判員たちは事件を審理した後、その信条に基づいて判断し、最終的に僅差で被告人の無罪を評決した。
5　双子の兄弟が同じ高校で学んでいるが、それぞれの進路希望に合わせ文系・理系に分かれてしまった。

問七　本文の内容について述べたものとして最も適切なものを、次の1～5から一つ選びなさい。

1　古代ギリシャにおいて密接不可分であった「真」「善」「美」を表したものが、プラトンの言う「イデア」であり、これは現代に至っても西洋思想の根幹をなす概念として、人々の理想とされている。
2　近代における哲学と科学の分離によって、実証主義に基づく科学偏重の時代が到来した結果、人々は精神的な支えを失って不安定な日々を送るようになっているので、哲学を再評価すべきである。
3　科学と哲学の関係と同じく、古代ギリシャの政治思想においても、よき国家の実現すなわち「善」なるものの追究と民主主義とが、密接不可分なものとして存在していた。
4　「善」を追究することに代わって、「生命」と「自由平等」を守ることが国家の役割であるという政治思想が形成されるのは、ホッブズが国家契約説を唱えたところから始まった。
5　自由平等という政治思想のもとで、個人の利益や権利を追究する風潮がますます強まるにつれ、それに反発するように、絶対的な価値や超越的な「善」を確立しようとする動きが急速に広がりを見せた。

問八　この文章を用いて授業をするため、青葉先生は次のような学習指導案を作成しました。あとの問いに答えなさい。

国語科学習指導案(細案)
指導日時：平成29年7月○○日△校時
指導学級：2年○組
指導者：青葉　一郎

1　題材名
「20世紀とは何だったのか　西洋の没落とグローバリズム』(佐伯啓思)

2　目標
・論理的文章の構成や展開について考え，理解を深めようとしている。【関心・意欲・態度】
・論理的文章の構成や展開を確かめ，筆者の意図を理解する。【[　C　]】
・文中の語彙や概念について理解する。【知識・理解】

3　指導にあたって
筆者の佐伯啓思は社会経済学や社会思想史を専門にしており，本文は筆者が京都大学教授として，学部生に行った最後の講義を文章化したものの一部である。この文章では，西洋思想の歴史的経緯に触れながら，「近代」について解き明かそうとしている。
この単元では，この文章を基にして論理的文章における「構成」や「展開」について生徒の理解を深めさせたい。とりわけ，(e)本文中におけるそれぞれの段落がどのような働きをしているかを考えさせたい。(以下略)

(一) 学習指導案中の空欄【 C 】にあてはまるものとして最も適切なものを、次の1～4から一つ選びなさい。

1 話す能力・聞く能力
2 書く能力
3 読む能力
4 伝統的な言語文化と国語の特質に関する事項

(二) 学習指導案中の下線部(e)「本文中におけるそれぞれの段落がどのような働きをしているかを考えさせたい」とありますが、本文中の□で囲まれた段落はどのような働きをしていますか。最も適切なものを、次の1～5から一つ選びなさい。

1 筆者の主張を端的に表しており、以下の段落でその主張の根拠が述べられている。
2 新しい話題を提示し、これまでの具体例をもとに抽象的な内容へと発展させている。
3 前の段落で述べられた内容と相反する内容を述べることで、さまざまな立場があることを表している。
4 新しい話題に転換されているが、これまでの筆者の主張を異なる側面から述べている。
5 前の段落の内容を繰り返し述べることで補強し、筆者の主張をより強めている。

(☆☆◎◎◎)

【二】 次の文章は、一条天皇と中宮彰子の間に誕生した男皇子の御五十日(おんいか)の祝いが終わり、男皇子の外祖父である藤原道長が酔っているところに紫式部が居合わせた場面です。これを読んで、あとの問いに答えなさい。

おそろしかるべき夜の御酔ひなめりと見て、ことはつるままに、宰相の君[※注1]にいひあはせて、隠れな(a)むとするに、東面に、殿[※注2]の君達、宰相の中将など入りて、さわがしければ、二人御帳のうしろに居かくれたるを、とりはらはせたまひて、二人ながらとらへ据ゑさせたまへり。「和歌ひとつづつ仕うまつれ。さらば許さむ」とのたまはす。いとはしくおそろしければ(b)聞こゆ。

A　いかにいかがかぞへやるべき八千歳のあまり久しき君が御代をば

「あはれ、仕うまつれるかな」と、ふたたびばかり誦せさせたまひて、いと疾うのたまはせ(c)たる、

B　あしたづ[※注3]のよはひしあらば君が代の千歳の数もかぞへとりてむ

さばかり酔ひたまへる御心地にも、(d)おぼしけることのさまなれば、いとあはれ(e)に、ことわりなり。げにかくもてはやしきこえたまふにこそは、よろづのかざりもまさらせたまふめれ。千代も(f)あくまじき御行末の、数ならぬ心地にだに、思ひつづけ(g)らる。

（『紫式部日記』より）

※注1　宰相の君……紫式部の同僚の女房
※注2　殿……藤原道長
※注3　あしたづ……葦の生えた水辺の鶴

問一　二重傍線部(b)「聞こゆ」・(f)「あくまじき」の解釈として最も適切なものを、次の各群の1～5のうちからそれぞれ一つずつ選びなさい。

(b)「聞こゆ」

1　申し上げる　2　聞いてみる　3　評判になる　4　聞こえてくる　5　うわさになる

(f)「あくまじき」

1　十分満足できるくらいの　2　飽きてしまうほどの　3　満足できないほどの

4　思い焦がれるべき　5　うんざりしてしまうほど

問二　傍線部(a)、(c)、(e)、(g)について、文法的説明の組合せとして最も適切なものを、次の1～5のうちから一つ選びなさい。

1　(a)　係助詞の一部　(c)　形容動詞の活用語尾　(e)　接続助詞　(g)　自発の助動詞

2　(a)　意志の助動詞　(c)　完了の助動詞　(e)　形容動詞の活用語尾　(g)　自発の助動詞

3　(a)　終助詞の一部　(c)　断定の助動詞　(e)　断定の助動詞　(g)　尊敬の助動詞

4　(a)　係助詞の一部　(c)　断定の助動詞　(e)　形容動詞の活用語尾　(g)　尊敬の助動詞

5　(a)　意志の助動詞　(c)　完了の助動詞　(e)　接続助詞　(g)　受身の助動詞

問三　Bの和歌は、殿がAの和歌を受けて「自分自身も『あしたづ』のように長生きし、若宮の将来を見届けたいものだ」と詠んだ歌です。Aの和歌の表現と内容に関する説明として最も適切なものを、次の1～5のうちから一つ選びなさい。

1　作者が、「八千歳」という枕詞を用いて、自分が長生きすることを願った歌である。

2　作者が、「いかが」という反語表現を用いて、殿がこの先も元気に長生きすることを願った歌である。

3　作者が、「いかに」という掛詞を用いて、今回の若宮の誕生を祝った歌である。
4　殿が、「かぞへやるべき君が御代をば」と倒置法を用いて、若宮の年齢をいつまでも数えたいと詠んだ歌である。
5　殿が、「八千歳のあまり」と「あまり久しき」を重ねることで、老いへの不安を詠んだ歌である。

問四　傍線部(d)「おぼしけること」の解釈として最も適切なものを、次の1～5のうちから一つ選びなさい。
1　いつもお心にかけている若宮のこと。
2　いつもお心にかけている作者との和歌のやりとりのこと。
3　いつもお心にかけている長兄の今後のこと。
4　いつもお心にかけている自分の長寿のこと。
5　いつもお心にかけている自身の権力のこと。

問五　この文章の内容に関する説明として最も適切なものを、次の1～5のうちから一つ選びなさい。
1　予期せぬときに殿に和歌を詠まされてしまい、恥ずかしさのあまり一刻も早く立ち去りたいと一心に願っている。
2　宰相の君と相談しつつも酔いすぎてさわがしくしていたために、殿に見つかってしまったことを反省している。
3　宰相の君とともに和歌を詠まされ、自分だけが殿に褒められたことをうれしく思い記録に残そうと思っている。
4　装飾品のすばらしさを日記に書き留めることで、宴を心待ちにしていた殿のすばらしさを後世に伝えようと決心している。

5 たいそう酔った殿の様子に困惑しつつも、今日この日が来るのを待ちこがれていた殿の思いに理解を示している。

問六 平安期に成立した作品についての説明のうち、適切でないものを次の1～5のうちから一つ選びなさい。

1 『古今和歌集』は仮名序が付された我が国最初の勅撰和歌集である。

2 『伊勢物語』は「男」の初冠から辞世の歌までを中心に描いた歌物語である。

3 『今昔物語集』は仏教説話や世俗説話などを収録した説話集である。

4 『大鏡』は保元の乱の経緯を描いた編年体の歴史物語である。

5 『土佐日記』は女性の筆に仮託し書かれた旅日記である。

（☆☆◎◎◎）

【三】 次の文章は、秦・楚の両大国が互いに周を服属させようと企てている頃に、秦の樗里疾（ちょりしつ）が来訪したことで窮地に陥った周を、游騰（ゆうとう）という人物が救おうとする場面です。これを読んで、あとの問いに答えなさい。ただし、設問の都合上、訓点を省いたところがあります。

(a)秦令樗里疾※注1以車百乗入周。周君迎之。
以(b)卒、甚敬。楚王怒、譲周以其重秦客。游騰※注2
謂楚王曰、「昔智伯※注3欲伐厹由※注4、遺之大鐘、載
以廣※注5車、因随入以兵。(c)厹由卒亡。無備故也。

桓公※注6伐蔡※注7也、號言伐楚、其實襲蔡。今秦虎狼之國也。兼有呑周之意。使樗里疾以車百乘入周。(d)周君懼焉、以蔡厹由戒之。故使長兵※注8在前、強弩※注9在後、名曰(e)衞疾、而實囚之也。(f)周君豈能無愛國哉。恐一日之亡國而憂大王。楚王乃悅。

（『戦国策』より）

※注1　樗里疾……秦の昭王の弟。
※注2　游騰……周君の臣。
※注3　智伯……晋の六卿の一人。
※注4　厹由……北狄の国名。
※注5　廣車……大車。
※注6　桓公……斉の君。
※注7　蔡……国名。
※注8　長兵……長柄の武器。
※注9　强弩……強くて大きい弓。弩は大弓。

問一　二重傍線部(b)「卒」・(e)「衞」の意味として最も適切なものを、次の各群の1～5のうちからそれぞれ一つずつ選びなさい。

(b)「卒」

1 浅慮　2 突然　3 軍隊　4 率先　5 式典

(e)「衛」

1 警護する　2 協力する　3 包囲する　4 歓迎する　5 挑発する

問二　傍線部(a)「秦令樗里疾以車百乗入周」について、返り点の付け方として最も適切なものを、次の1～5のうちから一つ選びなさい。

1 秦令二樗里疾一以レ車二百乗入レ周

2 秦令下樗里疾以二車百乗一入上レ周

3 秦令三樗里疾以二車百乗入一レ周

4 秦令下樗里疾以中車二百乗一入上レ周

5 秦令三樗里疾以レ車二百乗一レ入レ周

問三　傍線部(c)「厹由卒亡」とあるが、このようになった理由の説明として最も適切なものを、次の1～5のうちから一つ選びなさい。

1 贈られた大きな鐘を守るために、幅の広い車に軍兵を乗せて移動していたところ、裏切りにあって敵に鐘を奪われてしまったから。

2 贈られた大きな鐘の中に軍兵が潜んでおり、幅の広い車に載せて移動させようとしたが、結局その作戦が見破られてしまったから。

3 贈られた大きな鐘を載せるために、頑丈で幅の広い車が必要であったが、結局そのようなものを調達することができなかったから。

4　贈られた大きな鐘が幅の広い車に載せられていたため、それを運ぶために道を広げたところ、背後から軍兵が攻め込んできたから。

5　贈られた大きな鐘を運ぶために幅の広い車に載せたところ、鐘の重さが予想を超えていたため、あえなく車は壊れてしまったから。

問四　傍線部(d)「周君懼焉」とあるが、これはどのようなことを心配しているのか。その説明として最も適切なものを、次の1～5のうちから一つ選びなさい。

1　こちらの計略が相手に知られているのではないかということ。

2　歓待しないと樗里疾が機嫌を損ねるのではないかということ。

3　蔡や𠆢由と同じように油断が生じるのではないかということ。

4　秦への外交姿勢が楚王に誤解されるのではないかということ。

5　こちらの不意をついて攻め込まれるのではないかということ。

問五　傍線部(f)「豈能無愛國哉」の解釈として最も適切なものを、次の1～5のうちから一つ選びなさい。

1　当然のことながら自分の国を愛しているのです。

2　自分の国を愛しているだけでは足りないのです。

3　自分の国を愛せない時はどうしたらよいですか。

4　どうしたら自分の国を愛することができますか。

5　どうして自分の愛する国がなくなるでしょうか。

問六　この文章の内容に合致しないものを、次の1～5のうちから一つ選びなさい。

1　秦の使者を周君が客人として丁重にもてなしたということを知って、怒りを覚えた楚王が詰問してきた。
2　游騰が語ったところによると、周は長柄の武器や強くて大きい弓の部隊を配置して秦の使者を出迎えた。
3　周が秦の使者を受け入れたのは、実は楚王の誤解を解くのが目的であったということが明らかにされた。
4　蔡や厹由といった国は周囲に対する警戒を怠っていたために、予期せぬ災難に見舞われることになった。
5　秦の使者に対する周の態度に不満を募らせた楚王であったが、游騰の巧みな弁舌によって機嫌が直った。

(☆☆◎◎◎)

【四】漢字・語句について、次の問いに答えなさい。
問一　次の(一)～(四)の傍線部のカタカナについて、同じ漢字を含むものを、それぞれあとの1～5のうちから一つずつ選びなさい。
(一)　自然の偉大さをオソれる。
1　大観衆を前にイシュクする。
2　イショクジュウも思うにまかせない。
3　長老にイフの念を抱く。

4　委員長のイショクを行う。
5　イタケダカに命令する。

(二)　借金をショウキャクする。
1　どんな修理でもウケタマワる。
2　罪のツグナいは一生続く。
3　すっかり秋のヨソオいになる。
4　若草山の山ヤきを見物する。
5　新たな構想をトナえる。

(三)　聞き手の注意をカンキする。
1　動作がカンマンになる。
2　道路がカンボツする。
3　裁判所のショウカンに応じる。
4　新しい基板にコウカンする。
5　セールスのカンユウを断る。

(四)　ジゼン事業に力を尽くす。
1　干天のジウによって飢饉（ききん）を免れる。
2　この植物にはジヨウ強壮の効能がある。
3　車体をジシャクの作用で動かす。
4　ギジ的な体験では十分とは言えない。

5 教師としてのキョウジを大切にする。

問二 次の四字熟語の（　）にあてはまる最も適切な漢字を、あとの1～5のうちから一つ選びなさい。

○（　）無人　〔意味〕まわりの迷惑を考えずに勝手な振る舞いをすること。

1 傍弱　2 某弱　3 暴若　4 棒尺　5 傍若

問三 次の故事成語の（ a ）と同じ語があてはまるものを、あとの1～5のうちから一つ選びなさい。

○ 苛政は（ a ）よりも猛し　〔意味〕どう猛な動物よりも悪政の方が人を苦しめる。

1 （　）口となるも牛後となるなかれ
2 （　）の威を借る狐
3 窮鼠（　）をかむ
4 （　）の甲より年の功
5 中原に（　）を逐う

問四 次の文の傍線部と同じ意味・用法のものを、あとの1～5のうちから一つ選びなさい。

○ 状況を分析するには、正確な情報が必要だ。

1 彼女は、ひとしきり大きな声で笑った。
2 ゴールを目指して、走るのをやめるな。
3 彼女は、泣きそうな顔で話し始めた。
4 今日は、特別な日になりそうだ。
5 梅雨なのに、今年は雨が少ない。

（☆☆◎◎◎）

【五】国語の教科指導に関して、次の問いに答えなさい。

問一　「書くこと」の能力を育成するために、目的や相手に応じて説得力のある文章を書く授業を行います。そのねらいに対して、適切でないものを次の1～5のうちから一つ選びなさい。

1　書く目的や相手に応じて、ふさわしい題材を選択したり、文章の書き方を考えたりするように指導する。

2　根拠を明確にするために、客観性や信頼性の高い資料を適切に引用した文章の書き方について指導する。

3　自分の経験や知識、情報を整理して論理的に文章を書き、自分の考えが読み手に明確に伝わるように指導する。

4　文章を推敲する場合は、誤字や表記の仕方、段落相互の関係などの観点を設けて見直すように指導する。

5　文章をグループで読み合い、相互評価する場合は、話す速さや抑揚など話し方について重点的に指導する。

問二　学校図書館の活用に関して、これからの学校図書館の在り方をふまえ、適切でないものを次の1～5のうちから一つ選びなさい。

1　学校図書館を授業等で活用する際は、学校司書や司書教諭、ボランティアの方と連携することが有効である。

2　話し合い活動を行ったり、デジタル教材を使用したりするときは、学校図書館以外の教室で行うように努める。

3　学校図書館の資料の一部を学級文庫に置くなどして、生徒が気軽に活用できるように配慮する。
4　学校図書館の情報を、ホームページや学校便り等で積極的に学校以外に紹介するように努める。
5　学校図書館に備えてある図書資料のほかに、電子資料や新聞、デジタル教材を活用することが望ましい。

（☆☆◎◎◎）

解答・解説

【中高共通】

【一】問一　(一)　2　(二)　5　問二　A　3　B　2　問三　1　問四　5　問五　4
問六　2　問七　4　問八　(一)　3　(二)　4

〈解説〉問一　(一)「旨」は「主とすること。中心とすること。」などの意。(一)の前後に「実証主義が対象への価値判断を禁忌した」ため、「『善』と『真』が引き裂かれてしまった」とあり、文脈から、「二十世紀の科学は「実証主義」を重んじた、という意味になる。「禁忌」は「忌みはばかって、禁止されている事柄。タブー。」のこと。　(二)「蚊帳の外」は「物事に関与できない位置に置かれること。無視され、不利な扱いを受けること。」などの意味。(二)の前文の「真理の探究が、人間のよりよき生とどう関わっていくのか、そこを探究する回路が断たれてしまった」から推察する。　問二　A　空欄の前の、二つの段落には、「哲学(善)」と「科学

(真)」との関係性は「密接不可分、一体のもの」と述べられている。一方、空欄の後には「『善』と『真』が分裂し」、「科学」が「哲学の地位を低め」、「いまでは科学は哲学から分離して自立してしまった」と述べられている。つまり、空欄の前後の文脈は逆接の関係にある。　B　空欄を含む文の次の文が「～というわけです。」で終止していることに着目する。つまり、この部分は、空欄前の「政治も、～ということです。」の理由を説明しているのである。　問三　「哲学」と「科学」との関係性をとらえる設問。(a)の後で「『イデア』論」は「人間の経験や～抽象的で普遍的な理念があるはずだ、とする考え方」で、「イデア」の探究は「人間にとって一番重要な仕事」で「人間によりよき生をもたらす」と考え、「『真』を追究することは『善』を追究することと一体のもの」なのだと述べている。次の段落のアリストテレスの例話ともあわせ、「哲学」と「科学」とを一体のものとしてとらえている内容の選択肢を吟味する。　問四　(b)を含む文の次の文に「どうしてそうなったかといえば」とある。したがって、それ以降(「二十世紀の科学は、～実証主義が対象への価値判断を禁忌したからです。」)から読み取ればよい。5の「経験的事実に基づいて物事を検証する姿勢が尊ばれ」ることが「実証主義」の意味合いである。(問一　(一)の解説も参照。)　問五　「プラトンが目指した国家、政治とは、～高度な文化や社会を創造してゆくものだった。」という文を受けた、(c)の直前の「だからこそ」に着目する。(c)は「だからこそ」で受けた前文の内容を否定することになる。それはなぜか。「これが、プラトンによる民主主義批判の一番の基本です。」とあるのだから、「これ」の指示内容を読み取れば、その理由は明らかになる。　問六　(d)の直前の「これは」の指示内容は、前の一文にある。また、最後の文に、(d)と同義の「価値相対主義」があり、その直前の「こういった」の指示内容と合わせると、(d)は「万人は自由で平等だから追究すべき価値も人それぞれ」で、「すべての人が共通して『これはよい』と思えるような絶対的な価値など存在しない」という考え方(立場)であるとわかる。2は、「絶対的な価値」を表しているので適切でない。　問七　1は、「イデア」論が現代の人々の理想とはされていないので誤り。2は、本文中では、人々の精神不安と哲学の再評価については述べられていないので誤り。3は、古代ギリシャの政治思想は、民主国家では「よき国家の実現」すなわち「『善』なるものの追究」を不可能だと考えていたので誤り。5は、本文中では「絶対的な価値や超越的な『善』を確立しようとする動き」について述べられていないので誤り。問八 (一) 観点別学習状況の評価の観点は、国語の場合、言語による「思考・判断」と「技能・表現」とは不可分な関係にあり、「話す・聞く能力」「書く能力」「読む能力」とすることで五観点となっている。「評価規準の作成、評価方法の工夫改善のための参考資料(中学校)」(国立教育政策研究所)などで、評価の観点及びその趣旨について確認しておきたい。(二) 1は、「筆者の主張を端的に表して」いるわけではないので誤り。2は、「これまでの具体例をもとに抽象的な内容へと発展させている」が誤り。3は、「前の段落で述べられた内容と相反する内容を述べる」が誤り。5は、「前の段落の内容を繰り返し述べる」が誤り。

【二】問一 (b) 1 (f) 3 問二 2 問三 3 問四 1 問五 5 問六 4

〈解説〉問一 (b)「聞こゆ」はヤ行下二段活用の他動詞で、「言ふ」の謙譲語。道長の酔態ぶりから、何か恐ろしいことになりそうだと予感した紫式部(以下、作者)は、酒宴後、宰相の君と申し合わせて、御帳の後ろに隠れる。しかし、道長に見つかり、歌を詠むように催促される。とても困り、恐ろしくもあった作者は歌を詠むのである。自動詞の「聞こゆ」にある「評判になる。うわさになる。」の意は、古文を読解する上で重要である。(f)「あく」はカ行四段活用の動詞の終止形。現代語の「飽きる」の意味もあるが、古文では「十分に満足する」、「満ち足りる」の意が重要である。「まじき」は打消推量の助動詞「まじ」の連体形。

問二 (a)は完了の助動詞「ぬ」の未然形に接続している。「なむ」の識別は頻出の文法問題である。(c)はサ行下二段動詞「のたまはす」の連用形に接続する付属語である。(e)は形容動詞「あはれなり」(ナリ活用)の連用形活用語尾。「しみじみとした趣がある。美しい。気の毒だ。」など、多岐にわたって大切な意味がある。(g)はカ行下二段動詞「思ひつづく」の未然形に接続している。自然とそのような状態になる意(自発)を表す。問三「どうして、どのようにして数え上げたらよいのでしょうか。幾千年にも余る、あまりにも久しい若宮の御代を。」がAの歌意である。「いかに」は「如何に」と「五十日に」の掛詞。Bの和歌が「殿がAの和歌を受けて」詠んだ歌だから、「殿」を主語としているものは明らかに誤り(問一(b)の解説参照)。また、問題のリード文からも、若宮の「御五十日」を祝った後の場面だとわかる。問四「おぼす」(サ行四段活用)は「お思いになる」の意。直後の「さま」には「趣」の意味があり、Bの和歌は「おぼしけること」の「趣」を表していたのである。したがって、作者には「げにかくもてはやしきこえたまふにこそは、よろづのかざりもまさらせたまふめれ(全くこのように殿が若宮を大切になさるからこそ、全ての儀式の装飾も一層秀でていらっしゃるのだろう)。」と思えたのである。問五　本文に沿って的確に読み取ることが大切である。「おそろしかるべき夜の御酔ひなめり」「いとはしくおそろしければ」と、作者は道長の酔態ぶりに困惑しながらも、歌のやり取りを介して、「おぼしけることのさまなれば、いとあはれに、ことわりなり」と、道長の若宮を思う気持ちに理解を示しているのである。そして、作者自らも「千代もあくまじき御行末の、数ならぬ心地にだに、思ひつづけらる。」と結んでいるのである。問六『大鏡』は藤原道長の栄華を中心に、文徳天皇から後一条天皇までの歴史を紀伝体(列伝体)で記した平安後期の歴史物語で、四鏡の一つである。文学史の知識として、『大鏡』の影響を受けた『今鏡』『水鏡』『増鏡』などいわゆる「鏡物(かがみもの)」を成立順に覚えておくこと。

【三】問一 (b) 3 (e) 1 問二 2 問三 4 問四 5 問五 1 問六 3

〈解説〉問一 (b)「そつ」と読んで、「兵士・百人の軍隊」(名詞)の意となる。「兵卒」という熟語がある。また、「つひニ」と読めば、「ついに・とうとう」(副詞)の意を表す。 (e)「まもル」と読む。周君は秦に対して油断を怠ることなく、「疾」を護衛するという名目で(長柄の武器や強くて大きな弓を持った部隊を配置し)、実は「疾」を捕らえたのである。「名」は「うわべ。外見。」、「實」は「中身。内容。」の意。 問二 (a)は使役形である。「A 令ム三BヲシテC〔セ〕二Dニ(ヲ)一」で、「A BヲシテDヲ(ニ)C〔セ〕しム」と読む。訓読では「BニCセしム」とせず、必ず「BヲシテC〔セ〕しム」と読むことがポイントである。「AはBに(を)Dを(に)Cさせる。」の意である。ここでの書き下し文は「秦樗里疾をして車百乗を以て周に入らしむ。」である。「乘」は兵車を数える言葉。 問三 (c)の前後の一文に注目する。「因(よツテ)」は「そこで。そのために。」の意であるから、「因」より前の部分(特に「遺之大鐘、載以廣車」)に「厹由卒亡」の原因が述べられ、後の部分(「隨入以兵」)に結果が述べられていることになる。「大鐘」を幅広の車に乗せ、それを運び込むために厹由が道を拡張した隙に乗じて晋軍が侵入したのである。厹由の油断であった。 問四 (d)の直後に「以蔡厹由戒之」とあることに留意する。周君は蔡や厹由の故事を教訓として秦の不意打ちを懼れたのである。その教訓は「昔智伯欲伐厹由、～其實襲蔡。」にある。厹由も油断に付け込まれ、滅亡したのである。予てより周を併呑する意志を持っていた「虎狼之國」、秦が「疾」に命じて「車百乗」を率い、入国してきた状況を見た周君は、その教訓を想起したのである。 問一 (e)及び問三の解説も参照のこと。 問五 「豈～哉」は「あニ～〔セ〕ンや」と読んで、「どうして～か、いや～ない。」と反語を表す。また、「能」は「よク」と読んで、「～できる」の意。したがって、逐語的に訳した場合、(f)は「(周君は)どうして自分の国を愛さないということができようか、いや、愛している。」となる。 問六 本文の要旨に関しては、游騰の巧みな弁舌により、侵略の危機に瀕していた周の国難が救われたのであり、楚王はその巧みな弁舌の虜となったのである。周が秦の使者を受け入れたのは、使者を捕らえ、秦の侵略を許さないためであったし、游騰の弁舌は国防のための術であって、5の「楚王の誤解を解くのが目的」ではなかったのである。

【四】問一　(一)　3　(二)　2　(三)　3　(四)　1　問二　5　問三　2　問四　4

〈解説〉問一　(一)「畏」は「かしこい。おそれおおい。」のニュアンスがある。1は「萎縮」、2は「衣食住」、3は「畏怖」、4は「委嘱」、5は「居丈高」。「畏怖」は「大いにおそれること」。「居丈高」は「人を威圧するような態度をとるさま。」を言う。　(二)「償却」とは「借金などを返すこと。」を言う。1は「承(る)」、2は「償(い)」、3は「装(い)」、4は「焼(き)」、5は「唱(える)」。　(三)「喚」には「呼ぶ。大声をあげて騒ぎ立てる。」などの意味、「喚起」は「(注意を)呼び起こすこと。」の意味がある。1は「緩慢」、2は「陥没」、3は「召喚」、4は「交換」、5は「勧誘」。なお、「召喚」は「人を呼び出すこと。特に、裁判所が日時・場所などを指定して被告人や証人などを呼び出すこと。」である。　(四)「慈善」とは「不幸な人をいたわり救済すること」を言う。「慈」は「いつくしむ。かわいがる。」の意味で、「親が子を大事に育てるような深い愛情をもって接する。」というニュアンスがある。1は「慈雨」、2は「滋養」、3は「磁石」、4は「擬似」、5は「矜持(自信と誇り)」。　問二　『史記』の「刺客列伝」が出典である。「傍らに人無きがごとし。」とは、秦の時代、死を覚悟した刺客の荊軻と高漸離達が人目を気にせず酒を酌み交わし、楽器を奏で、仕舞には泣き出すなど、友人たちと最期の時を過ごした様子の描写である。　問三　それぞれの空欄に入る言葉・意味は、次のとおりである。　1　鶏・巨大組織の下にいるよりは小さな組織のトップであるほうがよい。　2　虎・他人の権勢を笠に着て威張る小人のたとえ。　3　猫・追いつめられた鼠が猫に噛み付くように、弱い者も追いつめられると強い者に反撃することがある。　4　亀・年長者の経験は尊ぶべきである。　5　鹿・天下の中央で帝王の位を得ようと争う。　問四　口語文法の「な」の識別問題。「な」には、次のものがある。形容動詞(連体形)の活用語尾…4、助動詞「だ」の連体形(直後に助詞の「の・ので・のに」が続く用法しかない。)…5、助動詞「そうだ」「ようだ」の連体形の一部…3、連体詞の一部…1、終助詞(禁止と感動の意味がある。)…2。

【五】問一　5　問二　2

〈解説〉問一　『中学校学習指導要領解説　国語編』の「第3章　各学年における「B　書くこと」の(1)目標、(2)内容の①」、並びに『高等学校学習指導要領解説　国語編』の「第2章　第1節　3　内容　B　書くこと(1)　指導事項」を、系統的・体系的に捉えながら再度読み直しておくことが必要である。5の「話す速さや抑揚など」は「話すこと・聞くこと」に関わる指導である。　問二　学校図書館を計画的に用いた指導を行うためには、指導と評価の計画の中に明確に位置付ける必要がある。また、図書資料の豊かさを実感させるためには、学校図書館の図書資料を利用するだけではなく、学校図書館でインターネットを利用したり、地域の図書館や司書などと連携したりすることなども必要である。情報発信や問題解決の役割を担った学校の心臓部と言われる学校図書館の活用について、『中学校学習指導要領解説　国語編』の第3章　第2節　第2学年　「C　読むこと」(2)の①のオ、及び、②のウなどを参照しておくこと。

二〇一七年度　実施問題

【中高共通】

【一】　次の文章を読んで、(一)～(八)の問いに答えなさい。

a龍安寺の石庭は、鹿苑寺(ろくおんじ)の庭や慈照寺の庭とはまったく趣きを異にする。池があり、緑の樹々があり、季節の変化がある庭園ではなく、一面に白砂を敷いた縦一〇メートル、横二五メートルの長方形の平面に、大小一五個の石が配されただけの庭だ。水を用いずに山水を表現する「枯山水(かれさんすい)」の造園技法によるが、石のまわりの苔以外には草木のまったくない作庭は、枯山水のなかでも特異なものだ。見られることを意図して作りながら、目のとまるものをこれほど取り去った庭も珍しい。

「枯山水」の語は早くも一一世紀の『作庭記』に、

池もなく遣水(やりみず)もなき所に、石をたつる事あり。これを枯山水となづく。(岩波・日本思想大系『古代中世芸術論』二二六ページ)

という形で登場しているが、龍安寺石庭のように庭の全体がその技法で統一されるような作庭の登場は、一五世紀を俟(ま)たねばならない。禅宗の空や無の理念が主題化され、それが石や砂の形状や配置に結びつかねばならないからだ。自然の美しさを愛(め)で、その美しさを引き立てることによって、自然とともにある喜びに浸ろうとする伝統的な造園法の、その延長線上に枯山水の発想が生まれるはずはなかった。枯山水が生まれるには、ゆたかな自然、目を楽しませ心を楽しませる自然とは別の自然を造形しようとする造形意志が、造園者のうちに芽生えねばならなかった。b造園の伝統のうちに長く受け継がれてきた自然観を否定するような思想原理が、造園者の心をとらえなければならなかった。それは、空や無の観念と自然とを結びつける思想原理といってもいいし、自然の樹木や岩石のうちに、古来の美意識を踏みこえる宗教的な意味を読みとろうとする思想原理といってもよい。それを禅的な思想原理と名づけるとすれば、そういう禅的な思想原理が強く全体に行きわたっているのが龍安寺の石庭なのだ。

鹿苑寺の庭園や慈照寺の庭園には散策用の小径(こみち)がついていて、そこを歩くのが心地よい。まわりの樹々や水や土や空と、自分の気分とが穏やかに共鳴し、世事が遠のいていく。身を置いているのは設(しつら)えられた自然のなかだが、自分が人工的な自然のなかにいるという感覚はない。まわりの風景と心の交流が人為を感じさせないほどに自然なのだ。歩きながら遠く前方を仰ぐもよし、左右にゆっくり目を移すのもいいし、立ちどまって足元の石や苔に目をやるのもいい。そうやって歩いたり止まったりしていると、体が自然に包まれ、自然に動いていると感じられる。そんな自然体の動きのなかで、まわりの自然が美しいものに見える。穏やかな、心安まる美しさだ。

龍安寺の石庭はそういう自然体の動きの埒外(らちがい)にあるもので、穏やかな美しさを求めて造形されたものではない。自然らしさや穏やかさの対極にあるのがこの庭だ。

そもそもゆったりと散歩できる庭ではない。長方形の庭に散歩用の小径はなく、北側の長い縁側からながめるほかはない。仮に庭に足を踏みいれたとしても、どこをどう歩いたものかととまどい、結局は縁側にもどってくることになろう。無理に歩きまわっても、自然体の散歩とはほど遠い。寺伝によると、この庭は「虎(とら)の子渡し」と称されたというが、（　A　）、人間の散策には向かなくても、虎の親子なら渡っていけるかもしれない。自然らしさを逸脱した造形が、突飛な命名と符合するところのあるのは確かだ。

縁側からやや見下ろすように庭をながめわたすと、一面の白砂の上に左手から五個、二個、三個、二個、三個の石が並ぶ。それ以外になにもない。縁側は庭に沿って東西に長く走るから、そこを行ったり来たりはできる。が、歩くにつれて新しい風景が見えてくることはなく、石の見えかたが少しずつ変化していくだけだ。自然の色とりどりのゆたかさやおもしろさはそこにはなく、（　B　）、そういうゆたかさやおもしろさを拒否し排除するようにしてこの庭は作られている。伝統的な庭と趣きを異にする石庭の作り手たちが、にもかかわらず、美しい造形をめざしていたとすれば、その美しさは、自然に寄りそった、自然らしい美しさではなく、自然に背を向けた、いうならば抽象の美だったといわねばならない。［　C　］。

そうした抽象への志向を用意したのが、鎌倉時代から室町時代にかけて人びとのあいだにしだいに広まっていった禅の空（くう）思想だった。精神の集中によって心を清浄にし、形あるもののすべてを排して無為・無我の境地に至ろうとするのが空の思想だ。禅の基本は、端坐して沈思・黙念し、無心の境地に入る坐禅にあるが、いつまでもじっと坐っているだけ、という行法（ぎょうほう）に相呼応するものとして、白砂と石だけの、抽象の極ともいうべき石庭があった。

自然のなかにゆったりと身を置いて——たとえば、庭を散歩しながら——穏やかな心持ちで自分の思いにふけるのは、それはそれで思考の一つの型だといえる。その一方、雑念を排し、自然に背を向けて、自分の過去・現在・未来を問い質（ただ）し、さらには仏の真理を問い求めるというのも、これまた思考の一つの型だ。坐禅が内面へと思索を深めていく精神集中の行法であるとするなら、そこにおいては、目はつむり、耳その他の感官が外へと向かわぬよう自制することが求められよう。外界への関心を断つこと、自然との交流を拒否することが、宗教的に価値ある態度とされ、そういう態度によってこそ無心の境地が切りひらかれると考えられることになろう。

c自然の抽象化は、坐禅にまつわるそのような心のありかたが導き出したものだ。無心の境地にあっては、自然はゆたかなものとしても美しいものとしてもあらわれない。まったくあらわれないということもあろうが、その場合でも自然はあるにはある。あることだけは疑いえない自然のあらわれ、――それが抽象化された自然のすがたというものではなかったか。白砂と石だけの庭は人と自然とのぎりぎりに切りつめられた関係を映し出すものではなかったか。そのとき、庭は限りなく空に近いものだったが、庭と向き合う人もまた限りなく空に近かったはずだ。

しかし、抽象化された自然を庭園として作り出すというのは、なんともd逆説的な造形行為だ。一定の空間内に自然のゆたかさと多彩さ、変化のおもしろさを、見やすく受け容れやすく呈示し、自然とともに生きる喜びを再現し再認識させるのが庭造りの基本だというのに、ここでは、ゆたかで、多彩で、おもしろい自然を押しのけ、おのれの内面に精神を集中する心境にあってなおも感じとれる、極度に切りつめられた自然を呈示しようというのだから。

龍安寺の石庭ほどに抽象化が進むと、それはもう普通の意味で自然の庭、自然を模した庭ではない。「虎の子渡し」という超現実的な名がつけられ寺伝として残されたのも、抽象の極にある庭のつかみがたさを示していよう。自然の抽象化はどこまでも自然の抽象化であり、自然を抽象化することであって、自然とのつながりを断つものではないが、抽象化の徹底が自然を見えなくすることはありうる。龍安寺の石庭は、これが自然なのか、という疑問を誘発せずにはいないのだ。

そこまで抽象化の道を突き進もうとしたとき、庭の作り手たちの支えとなったのは、どんなに自然から遠ざかろうとも、砂と石を使って庭を作るという仕事に携(たずさ)わるかぎり、そこに美しい形を現出できるという技術的な確信だった。平安後期にすでに『作庭記』が編集されるほど高度な技術的・知的水準に達していた日本の造園法は、鎌倉・室町と時代を経るなかで、熟練の度を高め、邸宅や寺院の庭作りにおいて、自然を模しつつ自然以上に自然らしい庭園をそこここに作り出していた。精神の集中をなにより求める禅思想の勢いに乗って、自然の抽象化が極度に進み、自然の再現とは似ても似つかぬ造形が求められたとき、磨き上げられてきた練達の技量は、自然を大きく離れた庭にたいしても、そこに美の形を見つけ出すだけの力を具えていた。禅の思想性は、ここでは、自然のなかへと向かうのではなく、自然と自己との関係を問うべく、おのれへと還っていく働きをなしている。

（長谷川宏『日本精神史』より）

(一)　空欄（　A　）、（　B　）に入る適切な表現を、次のア〜カからそれぞれ一つ選び、記号で答えなさい。

ア　なるほど　　イ　たとえば　　ウ　つまり　　エ　しかし　　オ　なぜなら　　カ　むしろ

(二)　傍線部ａ「龍安寺の石庭」とありますが、その特徴はどのようなものですか。その説明として適切でないものを、次のア〜オから一つ選び、記号で答えなさい。

ア　池や緑の樹々は存在せず、季節の変化を味わうような作りでもない。

イ　枯山水と称する、水を用いずに山水を表現する技法が使われている。

ウ　見られることを意図しているのに、それほど注目されることがない。

エ　一面に白砂が敷いてあり、長方形の平面に大小の石が置かれている。

オ　大小の石が並ぶだけで、そのまわりの苔以外には草木が見られない。

(三)　傍線部ｂ「造園の伝統のうちに長く受け継がれてきた自然観」とありますが、これはどのような考えですか。本文の内容に即して四十字以内で説明しなさい。

(四) 空欄 C に入る表現として最も適切なものを、次のア〜オから一つ選び、記号で答えなさい。

ア 抽象の美は意図的に作られるものではなく、禅的な思想原理と進歩した作庭技術が結びついて偶然に見出されたものだった

イ 自然の美は季節によって味わいが変化してしまうため、より高い次元で美しい造形ができる抽象の美が求められたのだった

ウ 抽象の美は自然の美と無関係というのではなく、自然本来の美しさをひたすら追求することによって生み出されたのだった

エ 抽象の美は自然の美の延長線上にあるものではなく、自然の美をいったんは否定し拒否したあとにあらわれ出るものだった

オ 自然の美はゆたかさやおもしろさの差が生じてしまうため、外的要因による影響を受けにくい抽象の美が好まれたのだった

(五) 傍線部c「自然の抽象化は、坐禅にまつわるそのような心のありかたが導き出したものだ」とありますが、これはどういうことですか。本文の内容に即して八十字以内で説明しなさい。

(六) 傍線部d「逆説的な造形行為」とありますが、ここで「逆説的」というのはなぜですか。その説明として最も適切なものを、次のア〜オから一つ選び、記号で答えなさい。

ア 庭とは本来、自然のゆたかさや変化のおもしろさを分かりやすく示して、自然とともに生きる喜びを味わわせるものであるはずなのに、そのような自然を排除した庭を造ろうとするから。

イ 庭とは本来、自然のゆたかさや変化のおもしろさを具体的に示して、自然とともに生きる喜びを再認

識させるものであるはずなのに、自然らしさを装った抽象的な庭を造ろうとするから。

ウ　庭とは本来、自然のゆたかさや変化のおもしろさを示して、他人の感動を生むものであるはずなのに、自分自身の内面に精神を集中する心境にあっても感じとれる庭を造ろうとするから。

エ　庭とは本来、自然のゆたかさや変化のおもしろさを抽象的に示して、その本質を味わうものであるはずなのに、抽象化を徹底することによって自然が見えなくなる庭を造ろうとするから。

オ　庭とは本来、自然のゆたかさや変化のおもしろさを示して、自然とともに生きる喜びを再認識させるものであるはずなのに、切りつめられた自然を忠実に再現した庭を造ろうとするから。

(七)　本文の内容について述べたものとして最も適切なものを、次のア～オから一つ選び、記号で答えなさい。

ア　庭園において自然を抽象化するために試行錯誤をくり返していた人びとは、鎌倉・室町と時代を経るなかで造園技術を発展させていき、やがて禅の空思想と相まって理想的な庭が完成することになった。

イ　特徴的な龍安寺の石庭は、自然の樹木や岩石などのうちに宗教的な意味を読みとろうとする思想原理に基づいて造られており、それは鎌倉・室町時代から現代に至るまで人びとの行動規範となっている。

ウ　鹿苑寺の庭園や慈照寺の庭園は、そこにある小径を散策している人びとに自然とのつながりを実感させるものであるのに対して、龍安寺の石庭は自然と全く関係がないというところに大きな特徴がある。

エ　枯山水の造園技法が用いられた龍安寺の石庭は、それ以前の庭とは大きく異なる理念に基づいて造られており、それはやがて禅の空思想という形に昇華して人びとのあいだに広まっていくこととなった。

オ　自然以上に自然らしい美しさをそなえた庭を作り出していた人びとは、精神の集中をなにより求める思想の広がりと相まって、それまでとは全く異なる理念に基づく美しさを庭に表現することができた。

(八)　この文章を授業で扱う場合、本文内容のどのようなところに注目し、どのような授業を展開しますか。具体的に答えなさい。

（☆☆☆◎◎◎◎）

【二】次の文章を読んで、（一）～（八）の問いに答えなさい。

この帝[注1]、いまだ位につかせたまはざりける時、十一月二十余日のほどに、賀茂の御社の辺に、鷹つかひ[注2]、遊びありきけるに、賀茂の明神[注3]託宣したまひけるやう、「この辺に侍る翁どもなり。春は祭多く侍り。冬のいみじくつれづれなるに、祭たまはらむ」と申したまへば、その時に賀茂の明神の仰せらるるとおぼえさせたまひて、「おのれは力およびさぶらはず。おほやけに申させたまふべきことにこそさぶらふなれ」と申させたまへば、「力およばせたまひぬべきなればこそ申せ。いたく軽々なるふるまひなせさせたまひそ。さ申すやうあり。近くなりはべり」とて、かい消つやうにうせたまひぬ。

いかなることにかと心得ず思し召すほどに、かく位につかせたまへりければ、臨時の祭せさせたまへるぞかし。賀茂の明神の託宣して、「祭せさせたまへ」と申させたまふ日、酉の日にて侍りければ、やがて霜月のはての酉の日、臨時の祭は侍るぞかし。東遊[注4]の歌は、敏行[注5]の朝臣のよみけるぞかし。

ちはやぶる賀茂の社の姫小松よろづ代経とも色はかはらじ

これは古今に入りて侍り。人皆知らせたまへることなれども、いみじくよみたまへるぬしかな。

（『大鏡』より）

※注1　この帝……宇多天皇のこと。
※注2　鷹つかひ……鷹狩りのこと。

※注3　賀茂の明神……賀茂神社に祭られている神。
※注4　東遊の歌……宮廷舞楽の一つ。もと東国の歌舞。
※注5　敏行の朝臣……藤原敏行。『古今和歌集』の歌人。

(一)　傍線部a「せ」について、文法的意味を、次のア～エから一つ選び、記号で答えなさい。
ア　過去　イ　使役　ウ　尊敬　エ　自発

(二)　傍線部b「つれづれなる」、d「おほやけ」、j「いみじく」について、本文中における意味をそれぞれ答えなさい。

(三)　傍線部c「たまはら」について、敬語の種類と敬意の対象の組み合わせとして適切なものを、次のア～カから一つ選び、記号で答えなさい。
ア「尊敬」―「この帝」　イ「謙譲」―「この帝」　ウ「尊敬」―「賀茂の明神」
エ「謙譲」―「賀茂の明神」　オ「尊敬」―「敏行の朝臣」　カ「謙譲」―「敏行の朝臣」

(四)　傍線部e「力およばせたまひぬべきなればこそ申せ」の解釈として最も適切なものを、次のア～オから一つ選び、記号で答えなさい。
ア　私の力では及び申し上げないからこそ、かように申し上げるのです。
イ　賀茂の明神の力が及びなさるだろうから、かように申し上げなさい。
ウ　今の帝の力ではおできにならないので、かように申し上げるのです。
エ　あなたのお力でおできになるからこそ、かように申し上げるのです。
オ　神に仕える翁の力が及びなさるのならば、かように申し上げなさい。

(五) 傍線部f「いたく軽々なるふるまひなせさせたまひそ」について、現代語に訳しなさい。

(六) 傍線部g「近くなりはべり」とありますが、これはどういうことを意味していますか。二十字以内で説明しなさい。

(七) 傍線部h「ちはやぶる賀茂の社の姫小松よろづ代経とも色はかはらじ」について、次の①、②の問いに答えなさい。

① 「ちはやぶる」について、この部分に使われている修辞法を答えなさい。

② この歌に込められた意図はどのようなものですか。和歌の内容をふまえて、七十字以内で説明しなさい。

(八) 傍線部i「古今」とありますが、「古今和歌集」の歌人ではない人物を、次のア～カから二つ選び、記号で答えなさい。

ア 額田王　イ 紀貫之　ウ 壬生忠岑　エ 僧正遍昭　オ 藤原俊成　カ 紀友則

(☆☆☆◎◎◎)

【三】 次の文章は、王が学ぶことについて孟子が述べたものです。次の文章を読んで、(一)～(八)の問いに答えなさい。ただし、設問の都合上、訓点を省いたところがあります。

孟子曰ク、「無カレ或[注1]ムコト乎王[注2]之不ルヲ智也。雖モ有リト天下易キ生ジ之物也、一日暴[注3]メ之ヲ、十日寒サバ之ヲ、[a]未有能生者也。吾見亦罕矣。吾退而寒之者至矣。
吾如有萌焉何哉。
今夫弈之為数、小数也、不専心致志、則
不得也。弈秋、通国之善弈者也。使弈秋誨
二人弈、其一人専心致志、惟弈秋之為聴。
一人雖聴之、一心以為『有鴻鵠将至』、思援
弓繳而射之、雖与之倶学、不若之矣。為是
其智不若与。曰、非然也。」

（孟子「告子章句上」より）

※注1　或……「惑」に同じ。あやしむ。うたがう。
※注2　王……斉王のこと。
※注3　暴……日光にさらし照らしてあたためること。
※注4　罕……「稀」に同じ。まれである。

※注5　萌……良心が萌芽する意。
※注6　弈……囲碁のこと。
※注7　数……(囲碁の)技術の意。「小数」はつまらぬ技。
※注8　弈秋……囲碁の名人である秋という者。
※注9　通国……一国を通じての。国中きっての。
※注10　鴻鵠……白鳥。
※注11　繳……糸縄を矢の端にかけて射るしかけ。いぐるみ。

(一)　傍線部a「未有能生者也」をすべてひらがなで書き下したものとして最も適切なものを、次のア～オから一つ選び、記号で答えなさい。
ア　いまだのうありていくるものなり
イ　いまだのうあらざるにしやうずるものなり
ウ　いまだよくしやうずるものあらざるなり
エ　いまだあらざるによくいくるものなり
オ　いまだあるあたはずしてしやうずるものなり

(二)　傍線部b「見」とありますが、これは具体的にはどのようなことですか。主語を明らかにして十五字以内で説明しなさい。

(三)　傍線部c「寒之者」とは、ここではどのような者を指していますか。最も適切なものを、次のア～オから一つ選び、記号で答えなさい。

ア　いったん生育した物を、栄養を与えないために枯らしてしまう者。
イ　王に悪いことを教え、王の知性や良心の成長を妨げようとする者。
ウ　王に全く会おうとしない孟子の態度を、強く批判しようとする者。
エ　王のもとを離れようとする孟子に、思いとどまるよう懇願する者。
オ　孟子が失脚した後に王に近づいて、政治の実権を握ろうとする者。

(四) 傍線部d「夫」、g「惟」、h「以為」の読みを、送り仮名も含めてすべてひらがなで答えなさい。答えは現代仮名遣いでよいものとします。

(五) 傍線部e「不得也」とありますが、これはどのようなことですか。十五字以内で説明しなさい。

(六) 傍線部fは「弈秋に命じて二人の弟子に囲碁を教えさせ」という意味になります。これに従って返り点をつけなさい(送り仮名は不要)。

(七) 傍線部i「雖与之倶学、不若之矣」を現代語訳しなさい。

(八) 「易生之物」と「弈」のたとえにより、王はどのように学ぶべきであると孟子は述べていますか。最も適切なものを、次のア～オから一つ選び、記号で答えなさい。

ア　自分の師となり得る者であれば貴賤にかかわらず積極的に教えを請い、その中から正しい教えを授けてくれる者を選び師事すべきである。
イ　十日に一度しかない貴重な学びの機会を決して無駄にせず、一度で白鳥を射抜くような集中力をもって学ぶべきことに集中すべきである。
ウ　せっかく学んだことが時間が経って失われてしまわぬよう注意し、学びを妨げようとする他者に気を奪われないように専心すべきである。

エ　たとえ短い時間であっても師の教えを十分に理解し、囲碁の技術を身につけるように他者と競い合いながら見識を高めていくべきである。

オ　つまらない者に悪い方へ導かれたり他の事に気を奪われたりせずに、しっかりと高い志をもって教えを受け学ぶことに専心すべきである。

（☆☆☆◎◎◎◎）

【四】次の(一)～(七)について、それぞれの問いに答えなさい。

(一)　次の傍線部の敬語と同じ種類のものを、あとのア～オから一つ選び、記号で答えなさい。

○　社長の御都合をうかがい、予定を決定します。

ア　校長先生のおっしゃることを心に留めます。

イ　私から先輩に卒業記念品をさしあげます。

ウ　教授の書かれた論文を参考にします。

エ　先生も写真展をご覧になりましたか。

オ　お客様はそろそろお帰りになります。

(二)　次の四字熟語と同じ構成の熟語を、あとのア～オから一つ選び、記号で答えなさい。

○　時期尚早

ア　花鳥風月　　イ　針小棒大　　ウ　栄枯盛衰　　エ　用意周到　　オ　完全無欠

(三)　次の文の傍線部の熟語の類義語を漢字で書きなさい。

○　彼の研究は、医学の発展に大いに寄与した。

(四)　次の文の傍線部の熟語の対義語を漢字で書きなさい。

○　あなたの傲慢な態度が、相手を不快な気持ちにさせた。

(五)　次のことわざについて、①、②の問いに答えなさい。

○　画竜点睛を欠く

①　このことわざの意味を、次のア～オから一つ選び、記号で答えなさい。

ア　実際には役に立たず、無駄に終わること。

イ　初めは勢いよく立派だが、あとはふるわないこと。

ウ　物事を成し遂げても肝心のところが抜けていること。

エ　不自然で釣り合いがとれないこと。

オ　何もしないでいてはよい結果も得られないということ。

②　このことわざと同じ意味のことわざを、次のア～オから一つ選び、記号で答えなさい。

ア　木に竹をつぐ　　イ　破竹の勢い　　ウ　まかぬ種は生えぬ　　エ　画餅に帰す

オ　仏作って魂入れず

(六)　次の傍線部と同じ意味・用法のものを、あとのア～オから一つ選び、記号で答えなさい。

○　新しく導入した機材は、便利で使いやすい。

ア　雨上がりの空は青く澄み渡り、穏やかであった。

イ　北海道へは、新幹線で行こうと思っている。

ウ　机の上にあるノートは、私のものではない。

エ　彼女の瞳は、まるで星のようできらきらと輝いている。

オ　彼は、泳いで川を渡る覚悟をした。

(七)　次の①～④の傍線部の漢字の読みを書きなさい。また、⑤～⑧の傍線部のカタカナを漢字に直しなさい。

①　疑惑を払拭する。
②　緊張がほぐれ顔が綻ぶ。
③　遊具の安全性を懸念する。
④　多くの知己を得る。
⑤　楽しくダンスをオドる。
⑥　夜が次第にフけていく。
⑦　フキュウの名作を読む。
⑧　イカンなく実力を発揮してほしい。

（☆☆☆◎◎◎）

【五】　教師主導の伝達型の授業から、生徒が課題の解決に向かって主体的に取り組む授業への転換が求められています。あなたはその意義をどうとらえ、どのような国語科の授業づくりを行っていきますか。「説明的文章(評論文)の授業」を例として取り上げ、四〇〇字以内で述べなさい。

（☆☆☆☆◎◎）

解答・解説

【中高共通】

【二】(一)　A　ア　B　カ　(二)　ウ　(三)　自然とは美しくゆたかであり、見る者の目や心を楽しませるものであるという考え。(三十八字)　(四)　エ　(五)　外界への関心を断ち、自然との交流を拒否して無心の境地に至ろうとする禅の空思想に基づき、白砂と石だけの庭を造ることで極度に切りつめられた自然を現出したということ。(八十字)　(六)　ア　(七)　オ　(八)　枯山水の造園技法と、伝統的な造園法が対比されている本文の構造に注目する。両方について、項目毎にそれぞれの特徴を整理させ、その上で本文の内容を要約させる。

〈解説〉(一)　A　空欄前の言葉に対して、空欄後ではその言葉に相槌を打っているような表現なので、アが最も適切である。　B　空欄前後で「おもしろさやゆたかさはない」といっているが、それが結果的なものなのか、意図的なものなのかが題材となっている。文章から筆者は後者であることを強調したいことがわかるので、それに沿った表現をすればよい。　(二)　ウは後半が誤り。本文中には「目のとまるものをこれほど取り去った庭も珍しい」としている。　(三)　枯山水はbと対照的な位置づけであること、また一文目の内容から、bは鹿苑寺や慈照寺の庭がその例だと判断できる。以上を踏まえ、本文からbの内容を字数内にまとめればよい。
(四)　選択肢を見るとCには抽象の美と自然の美の関係について述べられていることがわかる。Cの前に、自然の「ゆたかやおもしろさを拒否し排除するようにしてこの庭は作られている」とあるので、そのことを述べた選択肢を探せばよい。　(五)　cの「坐禅にまつわるそのような心のありかた」については、前段落で示されている。さらに、cのあとでも「自然の抽象化」について説明しているので、それらの内容をまとめればよい。

(六)　dの後文にある内容を踏まえて考えること。ここでの「逆説」とは自然の美に対する「逆説」ととらえる。
(七)　本文全体から、龍安寺の石庭がどのような位置づけになっているかをまとめればよい。(八)　解答例は高等学校の国語総合の「C　読むこと」の指導事項「イ　文章の内容を叙述に即して的確に読み取ったり、必要に応じて要約や詳述をしたりすること」、中学校ならば、第3学年の「C　読むこと」の指導事項「イ　文章の論理の展開の仕方、場面や登場人物の設定の仕方をとらえ、内容の理解に役立てること」を踏まえている。

【二】(一)　ウ　(二)　b　すばらしくすることがなくて手持ちぶさたである(退屈である)　d　天皇　j　すばらしくいうこと。(十八字)
(三)　イ　(四)　エ　(五)　それほど軽率なお振る舞いをなされますな。(六)　宇多天皇が近々帝位につくということ。(十八字)
(七)　①　枕詞　②　賀茂神社の若い松は限りなく続く長い世を経ても、緑色があせることはないのと同じように、加茂の神様の威光が永遠に続くことを寿ぐという意図。(六十七字)
(八)　ア、オ

〈解説〉(一)　「せ給ふ」で最も強い尊敬の気持ちを表す。(二)　d　「大家」「大宅」(おほやけ)(大きな家の意)から、皇居や天皇、朝廷を指し示す。　j　「いみじ」はよいにつけ、悪いにつけ、程度の甚だしいことを指す。
(三)　「給はる」は謙譲語である。(四)　「ぬべき」は、完了の助動詞「ぬ」＋推量の助動詞「べし」である。打消の助動詞「ず」ではないことに注意する。(五)　「な…そ」の形で禁止を表す。(六)　直後に「かく位につかせたまへりければ」とある。近くなったのは帝位である。(七)　①　「ちはやぶる」は、「神」「うぢ」などにかかる。②　和歌は宇多天皇が帝位に就いた際、催された祭の場で詠まれたものである。(八)　古今和歌集は平安前期の勅撰和歌集である。藤原俊成は平安後期から鎌倉初期の歌人で、『千載集』の選者としても知られる。

【三】(一) ウ　(二) 孟子が王に謁見すること。　(三) イ　(四) d それ　g ただ　h おもえらく　(五) 囲碁の技術を習得できないこと。　(六) 使㆔弈秋誨㆓二人弈㆒　(七) この者とともに学ぶといっても、この者には及ばない。　(八) オ

〈解説〉(一)「未」は再読文字で「いま(だ)…ず」と読む。「能」は「よく」と読み、可能を表す。(二) bは「まみ(ゆ)」と読む。目下のものが目上のものに会うことを指す。(三) 王が学ぶことについて述べる孟子が退いた後で、やってくる者を指す。直前で「暴」と「寒」が対比されているように、孟子とは逆のことをする者である。(四) dはそもそも、hは「…と思う」といった意味である。(五) 囲碁に専念するという文脈である。「得」の目的語は、囲碁の技術である。(六)「使」は使役を表し、「AをしてBせしむ」と読む。(七)「若」は、「し(く)」と読み、比較を表す。(八) 孟子は「専心致志」が大切であると述べている。

【四】(一) イ　(二) エ　(三) 貢献　(四) 謙虚　(五) ① ウ　② オ　(六) ア　(七) ① ふっしょく　② ほころ(ぶ)　③ けねん　④ ちき　⑤ 踊(る)　⑥ 更(けて)　⑦ 不朽　⑧ 遺憾

〈解説〉(一) 傍線部とイは謙譲語であり、他は尊敬語である。(二) 本問の場合は四字熟語を文章にできるかを検討すればよい。例は「時期が尚早である」と表現できる。(三)(四) 同義語や対義語はセットで学習するとよい。漢字の書き取りと同様、誤字に注意すること。(五) ① 梁の絵師が金陵の安楽寺の壁にかいた竜が、瞳を書き入れるとたちまちにして天に昇ったという故事がもとになった。② 「仏造って眼を入れず」とも言う。(六) 形容動詞の活用語尾である。

【五】「生徒が課題の解決に向かって主体的に取り組む授業」を通して、生徒の学習意欲が向上し、学習習慣も確立されると考える。ひいては、生徒が自分への自信を持ち、将来への希望を抱くことに繋がるものであるはずである。第一には、授業を教師から生徒への一方通行のものではなく、生徒も発言する機会を持つ双方向的なものにしたい。具体的には説明的文章(評論文)の授業で、生徒が一定の理解に到達できるような問を設定したい。その問を個人で考えたり、グループで話し合ったりする中で、生徒の内容理解を促す。第二には、説明的文章(評論文)から話題を決め、各生徒の考えを発表させたい。この際には、インターネット、学校図書館などの活用も重要である。それらで得た知識、及び各生徒の意見をグループで交換させることによって、知識や各生徒の考えを深めさせる。その上で、各生徒の考えをまとめさせる。(三七五字)

〈解説〉中学校・高等学校学習指導要領解説では、我が国の児童生徒に関する問題点の一つとして、「自分への自信の欠如や自らの将来への不安、体力の低下といった課題」が指摘されている。それを踏まえ、「学習意欲の向上や学習習慣の確立」が重要視されている。学習指導要領の趣旨などを踏まえながら、説明的文章(評論文)の特徴と長所を活かし、できるだけ具体的にまとめたい。

二〇一六年度　実施問題

【中高共通】

【一】次の文章を読んで、(一)〜(八)の問いに答えなさい。

大地の上に人間が誕生して以降、長い間人間たちは、時間は循環すると感じながら暮らしていました。朝になれば、昨日と同じ朝が還ってくる。春になれば、昨年と同じ春が還ってきたと感じながら、人々は暮らしていたのです。森では老木が倒れ、若い木々が前と同じ森をつくりだし、川の水は永遠の循環をとげながら存在していました。

小さな時間循環も、大きな時間循環もあります。時間はたったひとつのものではなく、さまざまな時間循環とともに、多様に存在していたのです。

自然や、人間たちの共同の営みが、a このような時間世界を成立させていました。自然の移ろいが循環としてとらえられたのは、人間たちが、自然とともにある循環系の暮らしをしていたからです。おじいさんのように歳をとり、お父さんのように、お母さんのように大人になっていく世界がありました。毎年春になれば種を播き、秋になれば収穫をする世界があったのです。村には、村人同士が支えあいながら、地域社会を永遠に循環させていく知恵が蓄積されていました。

こうして循環系の村人の暮らしと、自然の動きが関係をとり結び、農民たちの循環する時間世界を創造し、成立させていたのです。

おそらく、その頃は、時間は人間を支配するものではなかったことでしょう。（　A　）自然と関係をもち、村の共同性と関係をもつなかに創造される時間が唯一の時間であり、b人間も時間の創造者でありつづけましたから、時間は自分の営みとともにあるものであって、けっして人間の外に確立された支配者ではなかったのです。

このような時間世界が存在していた間は、子どもたちも、自分がどんなふうに大人になっていけばよいのかを知っていました。歳とともに大きくなっていく自分の役割をはたしていくこととともに、村の時間も存在しつづけるのです。

現代人たちが失ったのは、こんな時間世界であり、人間の存在の仕方でした。そしてそのとき、時間は人間の営みとともに創造されるものではなく、客観的な時間秩序であり、時間という価値基準に変わっていたのです。c時間は、人間たちが他者と関係をとり結ぶなかに創造されるものから、人間を支配する客観的な基準になっていきました。

そのとき、人間たちは時間を使い捨てるようになっていったような気がします。d人生の経営が破綻しないように、つねに、いまの時間を使い捨てるのです。

時間に支配されながら、同時に時間を手段として使い捨てる、ここに現代人の時間に対する習慣が生まれているように感じます。未来の自分を「他者」とすることによって創造される時間とは、未来のための手段にされ、使い捨てられていく時間でもあるのです。

よく現代とは使い捨ての時代だといわれますが、現代は時間を使い捨てていく時代だということは、あまり気づかれていないように思います。（　B　）、考えてみれば私たちの労働には、生活のために労働という時間を使い捨てる部分が、必ずふくまれています。子どもたちは受験のために膨大な時間を使い捨てています。

とすると、時間を使い捨てるとは、どんなことを意味しているのでしょうか。それは、その時間とともに存在していた自分を使い捨てることにほかなりません。

こうして、自分の存在を確立するために、自分自身を使い捨てながら生きていくという新しい人間たちが誕生しました。それが現代人たる私たちの姿だといってもよいでしょう。時間を使い捨てることによって、その時間とともにあった自分自身を使い捨てる、ここに現代という使い捨ての時代が展開していくのです。

このような生き方をするようになったとき、私たちは、人間がもっていた根本的な情熱を失ったような気がします。自分自身が時間とともに使い捨てられていくのなら、どうして、そのような自分の営みに情熱をもつことができるでしょうか。情熱をもって何かを確立しても、それもまた使い捨てられていく過程のなかに、私たちは身をおいているのです。

その結果、ある課題を達成する必要性があると感じたときには、その課題を成し遂げようとしますが、それもまた生きていく手段であって、人間的な情熱がそのような行為をさせているわけではないのです。

しかもこのような習慣を身につけた私たちは、次第に、日々存在している現実の自分と、本物の自分とが別の者であると感じるようにもなってきました。かつて実存哲学は、自分が何者でもなくなっていく、あるいは確かに自分は存在しているのに、だんだん自分が失われていくように感じる現代人の感覚を、現代の人々の不安と喪失感として問題にしました。確かに私たちは、精神のある部分で、いつも、何となくそんな疎外感を感じているような気がします。

このような感覚が生じてくるのは、現代の人間たちが、つねに時間とともに自分自身の存在を使い捨てているからでしょう。たえず自分自身をつくりだしているのに、生みだされた現実の自分は、自分自身の手によって使い捨てられつづけているのです。（　C　）私たちは、自分で自分を使い捨てる習慣を、身につけてしまったのです。とすれば、使い捨てられていく自分が本物の自分なのか、それとも使い捨てつづける自分が本物の自分なのかも、明らかにすることはできないでしょう。

こうしてe現代的な自己喪失がはじまり、そうして、そうであるがゆえに、本物の自分を探したいという衝動にかられつづける精神をもちながら、私たちは暮らしているような気がするのです。

現代の子どもたちは、どんな時間の世界のなかで生きているのか、今日まで私たちは、このことに対して注意を払おうとしてこなかったように思います。（　D　）、忙しすぎる子どもたちや、時間に追われる子どもたちのことはしばしば議論され、もっとゆったりした成長の時間を与えたいと、多くの人々は考えてもきました。しかしこの議論は、私には時間の使い方の議論にすぎなかったような気がします。

それは、現代人は忙しすぎる、もっと余暇をとろうと言っているのと同じレベルの議論であって、もちろんその必要性も私はけっして否定しませんが、それだけでは現代の時間世界に生きる人間の問題は解決しないのです。

時間がどのように存在しているのかは、人間がどのように存在しているのか、ということでもあります。なぜなら、［　E　］。

子どもたちにとっても同じことがいえます。どんな時間世界とともに現代の子どもたちは生きているのか、そのことを洞察しなければ、今日の子どもたちがかかえている問題は理解できないように私は感じます。

（内山節『子どもたちの時間』より）

(一)　空欄（　A　）～（　D　）に入る適切な表現を、次のア～カからそれぞれ一つ選び、記号で答えなさい。

ア　もちろん　　イ　しかし　　ウ　つまり　　エ　あるいは　　オ　なぜなら　　カ　しかも

(二)　傍線部a「このような時間世界」とありますが、これはどのような時間世界ですか。本文の内容に即して四十字以内で説明しなさい。

(三)　傍線部ｂ「人間も時間の創造者でありつづけました」とありますが、このように言うのはなぜですか。その説明として最も適切なものを、次のア～オから一つ選び、記号で答えなさい。

ア　人々は時間という概念を創り出し、時計が発明される以前から、太陽の動きなどによってわかる時間というものを活用して生きていたから。

イ　人々は時間を身近なものと考え、地域社会の人々との関係と同様に、時間も自らの周りを循環させることを心がけながら生活していたから。

ウ　人々は時間を支配下に置いており、一日の生活だけではなく、春の種播きや秋の収穫についても自らの考えで行う時期を決定していたから。

エ　人々は時間を循環するものと感じ、毎年春になれば種を播き、秋になれば収穫をするというように生活と自然が密接に結びついていたから。

オ　人々は時間に縛られることなく、精神的に豊かな生き方を求めており、自然や周囲の人々と関係を保ちながらのんびりと暮らしていたから。

(四)　傍線部ｃ「時間は、人間たちが他者と関係をとり結ぶなかに創造されるものから、人間を支配する客観的な基準になっていきました」とありますが、時間が「人間を支配する客観的な基準になっ」たとは、どういうことですか。本文の内容に即して五十字以内で説明しなさい。

(五)　傍線部ｄ「人生の経営が破綻しないように、つねに、いまの時間を使い捨てる」とありますが、これはどういうことですか。その説明として最も適切なものを、次のア～オから一つ選び、記号で答えなさい。

ア　いま行っていることも、将来の生活に役立つとは限らないので無意味であるということ。

イ　いま行っていることは、将来の生活を良いものとするための準備にすぎないということ。

ウ　いま行っていることが、将来の生活へつながるよう努力しなければならないということ。

エ　いま行っていることに、将来の生活と関係する意味を見出せるかわからないということ。

オ　いま行っていることも、将来の生活に対する不安感が表面化しただけであるということ。

(六)　傍線部ｅ「現代的な自己喪失」とありますが、これはどういうことですか。その説明として最も適切なものを、次のア～オから一つ選び、記号で答えなさい。

ア　現在の時間とともに自分を使い捨てるという生き方をすることによって、現代人は達成すべきだと思えるような目標を見つけたときには努力を惜しまないが、それ以外のときは情熱を持つことが困難になったということ。

イ　将来のために現在の時間を使い捨てるという生き方をすることによって、現代人は自己意識を持っているものの、今ここにいる自分は未来の自分のために使い捨てられる存在にすぎないと感じるようになったということ。

ウ　時間に支配されると同時に手段として時間を使い捨てるという生き方をすることによって、現代人は客観的で生活に役立つ時間秩序を尊重するようになり、循環する時間の中にいる自分に対する興味を失ったということ。

エ　自分の存在を確立するために自分自身を使い捨てるという生き方をすることによって、現代人は使い捨てることへの抵抗が無くなるだけでなく、時間と自分を大切にするという価値観も放棄するようになったということ。

オ　時間が未来のための手段にされて使い捨てられていくという生き方をすることによって、現代人は自らの営みに対してこれまでのような情熱を持つことが難しくなり、厭世的な気分で日々を送るようになったということ。

(七) 空欄［ E ］に入る表現として、最も適切なものを、次のア～オから一つ選び、記号で答えなさい。

ア　人間は時間を存在させることによって、その時間とともに生きているからです
イ　人間は時間を生み出すことによって、人間らしい生き方が可能になるからです
ウ　人間は時間を大切に思うことによって、良い人生の過ごし方を考えるからです
エ　人間は時間を軽んじたことによって、かえって不幸になってしまったからです
オ　人間は時間を循環するものと考えることによって、時間の存在を知るからです

(八) この文章を授業で扱う場合、本文内容のどのようなところに注目し、どのような授業を展開しますか。具体的に答えなさい。

(☆☆☆◎◎◎)

【二】 次の文章を読んで、(一)～(八)の問いに答えなさい。

今は昔、紫式部、注1上東門院に歌よみ優の者にて[a]さぶらふに、注2大斎院より春つ方、「つれ〴〵に[b]さぶらふに、[c]さりぬべき物語やさぶらふ」とたづね申させたまひければ、御草子ども[d]取り出ださせたまひて、「いづれをか参らすべき」など、選り出ださせたまふに、紫式部、「みな目馴れてさぶらふに、[e]新しくつくりて参らせさせたまへかし」とまうしければ、「さらばつくれかし」と仰せ[f]られければ、[g]源氏はつくりて参らせたりけるとぞ。

いよ〴〵心ばせすぐれて、めでたきものにてさぶらふほどに、注3伊勢大輔まゐりぬ。それも歌よみの筋な

れば、注4殿いみじうもてなさせたまふ。奈良より、年に一度、八重桜を折りて持て参るを、紫式部取り次ぎて参らせなど、歌よみけるに、式部、「今年は大輔に譲りさぶらはむ」とて、譲りければ、取り次ぎて参らするに、殿、「遅し〳〵」と仰せらるゝ御声につきて、

いにしへの奈良の宮この八重桜今日h九重に匂ひぬるかな

「取り次ぎつるほど〳〵もなかりつるに、いつの間に思ひつゞけけむ」と、人も思ふ、i殿もおぼしめしたり。

（『古本説話集』より）

注1　上東門院……一条天皇の中宮彰子。
注2　大斎院……選子内親王。
注3　伊勢大輔……中宮彰子に仕えた女房。
注4　殿……藤原道長。

(一)　傍線部a「さぶらふ」、b「さぶらふ」について、敬語の種類を次のア〜ウからそれぞれ一つ選び、記号で答えなさい。

ア　尊敬　　イ　謙譲　　ウ　丁寧

(二)　傍線部c「さりぬべき物語やさぶらふ」の解釈として適切なものを、次のア〜オから一つ選び、記号で答えなさい。

ア　読むのにちょうどよい物語はございますか
イ　すでに読み終えている物語はありませんか
ウ　誰も読んだことのない物語はございますか

エ　私にも読めそうな物語をいただけませんか
オ　人々が忘れてしまった物語はありませんか

(三)　傍線部d「取り出ださせたまひて」とありますが、「たまひ」は誰に対する敬意ですか。次のア～オから一つ選び、記号で答えなさい。
ア　紫式部　　イ　上東門院　　ウ　大斎院　　エ　伊勢大輔　　オ　光源氏

(四)　傍線部e「新しくつくりて参らせさせたまへかし」について、適切な語句を補い、現代語に訳しなさい。

(五)　傍線部f「られ」について、文法的意味を、次のア～オから一つ選び、記号で答えなさい。
ア　受身　　イ　完了　　ウ　可能　　エ　尊敬　　オ　使役

(六)　傍線部h「九重」について、この掛詞に掛けられている二つの意味を説明しなさい。

(七)　傍線部i「殿もおぼしめしたり」とありますが、殿は何に対してどのような思いを持ったのですか。五十字以内で説明しなさい。

(八)　傍線部g「源氏」について、これは『源氏物語』を指しますが、『源氏物語』よりも前に成立した作品を、次の中から一つ選び、記号で答えなさい。
ア　『土佐日記』　　イ　『平家物語』　　ウ　『更級日記』　　エ　『大鏡』　　オ　『今昔物語集』

(☆☆☆◎◎◎)

【三】次の文章は、筆者の兄蘇軾が左遷された黄州の地を、筆者が訪問した際の体験をもとに書かれたものです。次の文章を読んで、(一)～(七)の問いに答えなさい。ただし、設問の都合上、訓点を省いたところがあります。

昔楚[注1]襄王、従宋玉[注2]・景差[注3]於蘭台[注4]之宮、有風颯然至者。王披襟当之曰、「快哉此風、[a]寡[b]人所与庶人共者耶。」宋玉曰、「此独大王之雄[注5]風[c]耳。庶人[d]安得共之。」[e]玉之言蓋有諷焉。夫風無雌雄之異、而人有遇不遇之変。楚王之所以為楽、与庶人之[f]所以為憂、此則人之変也、而[g]風何与焉。[h]士生於世、[i]使其中不自得、将何往而非病。使其中坦然[注6]、不以物傷性、将何適而非快。

（蘇轍「黄州快哉亭記」より）

※注1　楚襄王……楚の頃襄王(前二九九―前二六三)。
※注2　宋玉……屈原の弟子で、楚の頃襄王に仕えた。ここで引用されている楚王と宋玉の問答は、彼の「風の賦」(『文選』巻十三)に見える。
※注3　景差……楚の大夫。
※注4　蘭台之宮……楚王の離宮。
※注5　雄風……「風の賦」において宋玉は、同じ風でも、王侯貴族に吹いてくる風をさわやかな雄風とし、庶民に吹きつける風を臭くてきたない雌風としている。
※注6　坦然……ゆったりとして、こせこせしないさま。

(一) 傍線部a「寡人」、h「士」について、本文中における意味として最も適切なものを、次のア～エから一つずつ選び、記号で答えなさい。

a「寡人」

ア　皇帝を敬った呼び方　イ　王を敬った呼び方　ウ　臣下が自分をへりくだった言い方
エ　諸侯が自分をへりくだった言い方

h「士」

ア　一家の家長となる男　イ　学徳のある者　ウ　勇敢な男　エ　科挙に合格した者

(二) 傍線部bは「庶人と共にする所の者なるか」と訓読します。これに従って返り点をつけなさい(送りがなは不要)。

(三) 傍線部c「耳」、f「所以」の読みを、すべてひらがなで答えなさい。答えは現代仮名遣いでよいものとします。

(四) 傍線部d「安得共之」をすべてひらがなで書き下したものとして最も適切なものを、次のア～エから一つ選び、記号で答えなさい。

ア いづくんぞこれをともにすることをえん

イ なんぞこれをともにせんことをえんや

ウ えることこれをともにしてやすんずるなり

エ いづくにかともにこれをえるなり

(五) 傍線部e「玉之言」とありますが、筆者は宋玉の発言にどのような意図があると考えていますか。四十字以内で説明しなさい。

(六) 傍線部g「風何与焉」i「使其中不自得」とありますが、この現代語訳として最も適切なものを、次のア～エから一つ選び、記号で答えなさい。

g「風何与焉」

ア 風はなぜ人間の感じ方に変化を与えられるのだろうか。

イ 風は人間の感じ方の違いになんの関係もないのである。

ウ 風は人間の境遇の変化に大いに関わるものなのである。

エ 風はどうして遇不遇に違和感を与えられるのだろうか。

i「使其中不自得」

ア 自分の精神に元気を取り戻させられないとすれば、

イ 宮中で自分が望むような成果が得られないとすれば、

ウ　ものの本質を自然と身に付けさせられないとすれば、
エ　みずからの心を自身で満足させられないとすれば、

(七)　この文章における筆者の主張を、文章の展開をふまえて、七十字以内で説明しなさい。

(☆☆☆◎◎◎)

【四】次の(一)～(六)について、それぞれの問いに答えなさい。

(一)　次のア～オの文の中で、敬語の使い方が最も適切なものを一つ選び、記号で答えなさい。
〔上司の外出中に、A社の部長から預かった封筒について伝える場合〕
ア　A社の部長が二時過ぎに参ってこられて、この封筒をお預けになりました。
イ　A社の部長が二時過ぎにこられて、この封筒を預けさせていただきました。
ウ　A社の部長が二時過ぎに参ってこられて、この封筒をお預かりいたしました。
エ　A社の部長が二時過ぎにおいでになって、この封筒をお預けいたしました。
オ　A社の部長が二時過ぎにいらっしゃいまして、この封筒をお預かりしました。

(二)　次の(　　)に入る言葉として最も適切なものを、あとのア～エから一つ選び、記号で答えなさい。
○　思いがけず生徒全員の前で私が表彰されることになり、なんとも(　　)気持ちだった。
ア　こうごうしい　　イ　ゆるぎない　　ウ　おもはゆい　　エ　おびただしい

(三)　次の①、②の傍線部と同じ意味・用法のものを、あとのア～エからそれぞれ一つ選び、記号で答えなさい。
①　そんなものは二度と食べない。
ア　あの映画はおもしろくない。

イ　正直なところ嬉しくない。
ウ　私の気持ちは変わらない。
エ　もはや手元に財産はない。

②　あの映画はいかにも彼らしい演出だ。
ア　多くの客が満足して帰ったらしい。
イ　王者らしい風格がにじみ出ている。
ウ　明日は台風らしいので、外出は控える。
エ　彼の表情からして、うまくいったらしい。

(四)　次の傍線部の熟語について、①、②の問いに答えなさい。
○　帰路も交通事故に十分気をつけてください。
①　対義語を漢字二字で書きなさい。
②　「帰路」と同じ構成の熟語を、次のア～オから一つ選び、記号で答えなさい。
ア　猟犬　イ　移籍　ウ　不吉　エ　浮沈　オ　解凍

(五)　次の四字熟語の(　　)にあてはまる最も適切な漢字を、あとのア～オから一つ選び、記号で答えなさい。
○　明鏡(　　)水　〔意味〕よこしまな心がなく、明るく澄み切った心境。
ア　心　イ　流　ウ　清　エ　冷　オ　止

(六)　次の①～④の傍線部の漢字の読みを書きなさい。また、⑤～⑧の傍線部のカタカナを漢字に直しなさい。
①　あの建物付近が分岐点だ。
②　彼女は清廉な人物である。

③　相手の顔を凝視している。
④　新生活に必要な品を調える。
⑤　期待どおりシュウイツな作品だ。
⑥　新聞二紙をコウドクしている。
⑦　うわさのシンギを確かめる。
⑧　型紙を使って布をタつ。

（☆☆☆◎◎◎）

【五】言語活動を充実させるために授業で話し合い活動を行う場合、あなたはどのような指導の工夫を図りますか。具体的な手だてにふれながら四〇〇字以内で述べなさい。

（☆☆☆◎◎◎）

解答・解説

【中高共通】

【一】(一) A オ B イ C ウ D ア (二) 人々の暮らしと自然の動きが密接に結びつき、大小さまざまな循環が存在する時間世界。(四十字) (三) エ (四) 人々は時間を人間から独立して存在するものと捉え、その時間に束縛されて生活するようになったということ。(五十字) (五) イ (六) イ (七) ア (八) 人間の営みとともに創造された時間と、人間の外に確立された時間の両者の中に生きる人間の存在について、その違いを本文の論述に従い理解させる。例えば、時間が人間の営みと共存した農耕社会での自然な人間の生き方と現代の時間に支配され、生活が破綻しないように時間を自分の未来のために使い捨てる文明社会の人間の生き方の違いを現在の自分の生活と対比させながら理解させる。

〈解説〉(一) 空欄補充は、空欄前後の文と整合するように適切な言葉を選ぶことが大切である。Aには「時間」が人間を支配するものでない理由を説明する接続詞、Bには現代は時間を使い捨てていることに気付いていないが考えると理解できることを意味する逆接の接続詞、Cには現代人は時間とともに自分自身を使い捨てしていることを結論づける接続詞、Dには「論ずるまでもない」といった意味の接続詞が入る。(二) aの「このような時間世界」の「このような」は、その前の文「時間はたったひとつのものではなく、さまざまな時間循環とともに多様に存在していた」ことを指す。また、このような時間世界を生み出した「自然や人間たちの共同の営み」について筆者は、「村人の暮らしと、自然の動きが関係をとり結び、農民たちの循環する時間世界を創造し、成立させていた」と述べている。(三) bの「人間も」に対比される並立的な存在は、「自然」である。第三段落に「自然の移ろいが循環としてとらえられたのは、人間たちが、自然とともにある循環系の暮らしをしていたからです」とある。（四）自然の移ろいとともに人々が生きていく時間世界では、時間は自分の営みとともにあり、人間を支配するものではなかったが、科学技術の発達した現代では都市化現象が極度に進み、人間たちと他者（自然）との深い関係もなくなってしまった。そして人間の内に確立された時間は、逆に人間を支配する時間に変容してしまい、人間の生活を束縛するようになったことを意味する。（五）dの「人生の経営」とは、「自分の将来の生活」の暗喩である。自分の人生（将来）を安楽に生きるために（将来の破滅が生じないために）、今現在の「時間」を手段として利用している、という意味である。（六）dの「人生の経営が破綻しないように、つねに、いまの時間を使い捨てる」という筆者の考えをふまえ、未来（将来）の自分を現在の自分以外の「他者」を意識しながら、「つねに時間とともに自分自身の存在を使い捨てている」状況が、現代人に不安と喪失感を与えていることを考える。将来のために、また現在の生活のためにやむを得ず自分の「労働力」を商品として時間的に使い捨てにしていく現代人の精神面の苦痛や不安を考えてみよう。

（七）欠文の補充は、Eの前の文の理由説明である。時間の存在と人間の存在は相関関係にある。人間は時間世界に生きる存在であり、この時間世界は、人間が生きるために存在させたものである。（八）この文章を授業で取り扱う場合、本文の内容を理解させる指導は、中学校の場合、第三学年の「C読むこと」のイ「文章の解釈に関する指導事項」をふまえた授業となる。また、高校の場合は「国語総合」の「C読むこと」のイ「文章を的確に読み取ること、要約や詳述することに関する指導事項」やこれをふまえた「現代文A」「現代文B」での指導を考える。特に、本文のテーマ「子どもたちの時間」についての筆者の考えを正しく把握する指導を念頭に置き、「どんな時間世界とともに現代の子どもたちは生きているのか」についての洞察を深め、今日の知識基盤社会を主体的に生きぬく子どもの育成に関連した授業展開を具体的にかつ簡潔にまとめる。

【二】(一) a イ b ウ (二) ア (三) イ (四) 物語を新しく作って大斎院様に差し上げなさいませよ。 (五) エ (六) 「宮中」という意味合いの「九重」と、「この辺り」という意味合いの「ここの辺」が掛けられている。 (七) 和歌を考える時間がほとんどなかった中で、伊勢大輔が素晴らしい歌を詠んだことに対し、驚き感じ入る思い。(五十字) (八) ア

〈解説〉(一) aの「さぶらふ」は地の文だから、作者の紫式部への謙譲表現、bの「さぶらふ」は会話であるから、話し手の大斎院から上東門院への丁寧表現である。 (二) cの「さりぬべき」は「さりぬべし」の連体形で適当なという意味、「やさぶらふ」は疑問の係結びである。 (三) dの「たまひ」は、尊敬の補助動詞で上東門院への作者の尊敬表現である。 (四) e「新しくつくりて」は、竹取物語や宇津保物語は見なれているので、新しい物語をつくってという意味。「参らせさせたまへ」の「参らせ」は会話の受け手である大斎院への謙譲表現で、さしあげるの意味。「させたまへ」は、二重敬語(「させ」+「たまへ」)で仕手の上東門院への尊敬表現である。「かし」は、強く念を押す終助詞。 (五) fは、尊敬の助動詞で尊敬語「仰す」について、二重敬語と同じはたらきをしている。 (六) hは「ここのへ」と読み、宮中を指す。「ここの辺」は同音異義語で、和歌の修辞の一つ。 (七) iの「殿」は上東門院の父・藤原道長であり、道長が深く感動したのは、その前文にある取り次ぎの時間も十分になかったのに、伊勢大輔(『後撰集』の撰者、大中臣能宣の孫娘)がすぐれた歌を詠んだことにある。 (八) アの『土佐日記』は九三五年頃、イの『平家物語』は一二四一年頃、ウの『更級日記』は一〇五九年頃、エの『大鏡』は一〇七七年頃、オの『今昔物語集』は一一二〇年頃である。

【三】(一) a エ　h イ　(二) 所[下]与[二]庶人[一]共[上]者耶。　(三) c のみ　f ゆえん(ゆゑん)　(四) ア　(五) 庶民の実情を知らずに、風を快く感じている襄王を遠まわしに批判するという意図。(三十八字)　(六) g イ　i エ　(七) 風そのものに違いはないのに、王は快く感じ、庶民は憂うつに感じるという故事をふまえ、心の持ち方によって物事の感じ方が変わるということ。(六十六字)

〈解説〉(一) a 「徳の少ない人」という意味であり、ここでは諸侯の自称を指す。　h 「士」(シ)には、①「つわもの」(兵士)、②天子の世つぎ、③男子の美称(紳士)、④学識・徳行のある人といった意味があり、ここでは④の意味として用いられている。　(二) 「所」「与」は、返読文字である。一・二点および上・下点・送りがなに注意して返り点をつけよう。　(三) cは「のみ」と読む。限定を表す助字で、「已」「而已」「而已矣」と同義で、読みも同じである。　(四) 「安[ンゾ]得[ンレ]共[ニスルコトヲレ]之[ヲ]」の書き下し文である。反語形に注意すること。
(五) e 「玉之言」のあとに「蓋有諷焉」とある。「諷」は「諷諭」のことで「遠まわしの王への諫言」をいう。楚の襄王の「寡人所与庶人共者耶」と自己満足的表現に対して遠まわしの批判をし、民衆の実情を知らない王をたしなめたのである。　(六) g 「夫風無雌雄之異、而人有遇不遇之変」をふまえ、次に王と庶民の生き方の違いを例示して、風に対する感じ方の違いを述べている。　i 「使其中不自得」(其の中をして自ら得ざらしめば)の仮定形の訳。「中」は心、心の中を指す。　(七) 楚王の離宮で風を受けた王が「庶民と共有する風である」と述べたことに対し、宋玉が「此独大王之雄風」と諷諭した。風そのものに違いはなくとも人の有遇不遇によりその感じ方を異にすることを述べたのである。このことは、人は心の持ち方によって憂いともなれば喜びや快感を覚える。つまり、人は心の持ち方によって物事の感じ方が異なる、というのである。

【四】(一) オ　(二) ウ　(三) ①ウ　②イ　(四) ①往路　②ア　(五) オ　(六) ①ぶんき　②せいれん　③ぎょうし　④ととの(える)　⑤秀逸　⑥購読　⑦真偽　⑧裁(つ)

〈解説〉(一) ア、ウ「参って」は謙譲表現、「こられて」は尊敬表現であり、この二つをつなげて用いるのは不適切である。イ　後半の「預けさせていただき」が適切でない。エ　後半の「お預けいたしました」だと、発言者が封筒を預けたことになってしまう。(二) 例文は、主人公が偶然の表彰に、とまどいと気恥ずかしい気持になっている状態を表わす適切な語(形容詞)を選ぶ。(三) ①「ない」には自立語(形容詞)と助動詞があり、後者は動詞だけに付属する。①は動詞「食べる」に付属している助動詞である。②「らしい」には、客観的な根拠・伝聞にもとづく推量の助動詞と接尾語があり、②は接尾語である。(四) ② 漢字の熟語にはA「主・述関係」、B「述語・目的語(補語)」、C「類語の組合せ」、D「対義の組合せ」、E「修飾・被修飾語」、F「接尾語・漢字」、G「漢字・接尾語」等がある。「帰路」はEであり、アはE、イ・オはB、ウはF、エはDである。(五)「明鏡止水」(めいきょうしすい)は、「くもりのない鏡と静かな水の意」から生まれた四字熟語である。

【五】言語活動の充実のために、授業で「話し合い活動」を行うために、私は中学三年生の国語科の授業での取組みを次のように指導する。

第一に中学校学習指導要領国語科の「A話すこと・聞くこと」の指導事項エに従い、話し合いが効果的に展開するように進行の仕方を工夫する。例えば、司会や議長の立場で直接話し合いを進めるとともに、それ以外の立場で参加する場合にも、話合いが課題の解決に向かうように進め方について助言したり、話合いが効率よく進むように協力したりする。第二に、そのための工夫として相手の立場や考えを尊重して話し合い、自分の意見を述べたり相手の発言を聞いて検討し判断したりするよう指導する。また、話し合いの過程で、目的に沿った話し合いかどうかを考えさせたり、進み具合を客観的に把握させたりする指導を行う。

〈解説〉言語活動の充実は「生きる力」の知的側面の要素であり、「思考力・判断力・表現力」育成に不可欠な学習活動である。特に近年のＰＩＳＡ(学習到達度調査)において日本の子どもたちに問題解決能力に問題があることが明らかになって以降、国際社会を主体的に生き抜くために必要な「伝え合う力」の育成を含めて、国語力育成が今日の重要課題になっている。学習領域「Ａ話すこと・聞くこと」の指導事項のエは、小学校の「話し合うことに関する指導事項」を系統的に受け継いだもので、中学校では第一学年から学習段階に応じて、話し合う能力の育成指導が行われ、高校国語では国語総合の「Ａ話すこと・聞くこと」のエに、「表現について考案したり交流したりして、考えを深めることに関する指導事項」で話し合いに関する言語活動が示されている。

二〇一五年度 実施問題

【中高共通】

【一】次の文章を読んで、(一)〜(八)の問いに答えなさい。

科学・技術はこれまで社会生活の隅々にまで、さまざまな利益や恩恵をもたらしてきた。このことは疑うべくもないことである。とりわけIT技術、ナノテクノロジー、バイオテクノロジーといった最先端の科学・技術は近年、人びとの日常生活の見えない基盤をかたちづくりつつあり、科学技術が研究者のもの、技術者のものというよりは、aそれ自身がきわめて社会的な存在となりつつある。人びとの生活に多大な影響、それも容易には後戻りできない影響を及ぼすもの、ときには広範囲に大きなリスクを内蔵するものに、である。ところがそうした現代の科学技術は高度に専門化しているために、専門家以外の人にはにわかにその意義を評価しえないものである。実際、それらの理解には高度な知識を要するから、その影響がもろに及ぶ市民は、みずからの生命と安全に深くかかわる問題でありながらも、それらの問題が発生する仕組みや解決の方法をじぶんたちではうまく理解したり、構想したりすることができないでいる。

（ A ）、構想できないのはじつは専門研究者のほうも同様なのである。科学が異様なまでに細分化されてきた現代では、専門研究者もまた、みずからの専門領域ではきわめて高度な知識と技能をもってはいながら、専門以外のことがらについては非研究者とおなじく素人と言ってよいから、専門家のほうも先端科学技術がもつ社会的影響については、あらかじめ確かな判断を下せないのが実情である。

（　B　）、現実の社会では、特定の専門家だけではとても解決できないような問題が溢れかえっている。環境危機、生命操作、医療過誤、介護問題、食品の安全、教育崩壊、家族とコミュニティの空洞化、性差別、マイノリティの権利、民族対立などなど。これら現代社会が抱え込んだ諸問題は、もはやかつてのように政治・経済レベルだけで対応できることがらではないし、また特定の地域や国家に限定して処理しうる問題でもない。これらの問題は小手先の制度改革で解決できるものではなく、環境、生命、病、老い、食、教育、家族、性、障害、民族についてのわたしたちのこれまでの考え方そのもの(philosophy)を、その根もとから洗いなおすことを迫るものである。

これらの問題への取り組みにおいて、「専門を究めた」個々のプロフェッショナルは、他のプロ、あるいは他のノン・プロと協同しなければ、何一つ専門家としての仕事をなしえない。（　C　）情報端末の微細な回路設計を専門とする技術者がいるとする。その彼／彼女は、超微細な回路を実現するためには、それを可能にするような材料の専門家と組まねばならない。どんな機能をどんなふうに載せるかについて、システム設計の専門家とも組まねばならない。さらにそれを新製品として実現するためには、さらに別のプロ、たとえば消費者とじかにつながっている営業のプロ、広報のプロ、そしてもちろんコスト計算をしてくれる会計のプロとも組まねばならない。

ここで注意を要するのは、これら協同するプロたちにとって、組む相手はいずれも、じぶんの専門領域からすればアマチュアだということだ。（　D　）、ほんとうのプロというのは他のプロとうまく共同作業ができる人のことであり、彼／彼女らにじぶんがやろうとしていることの大事さを、そしておもしろさを、きちんと伝えられる人であり、そのために他のプロの発言にもきちんと耳を傾けることのできる人だということになる。一つのことしかできないというのは、プロフェッショナルではなく、スペシャリストであるにすぎないのである。

b このことが意味しているのは、ある分野の専門研究者が真のプロフェッショナルでありうるためには、つねに同時に「教養人」でなければいけないということである。「教養」とは、一つの問題に対して必要な c いくつもの思考の補助線を立てることができるということである。いいかえると問題を複眼で見ること、いくつもの異なる視点から問題を照射することができるということである。このことによって一つの知性はより客観的なものになる。そのためには常日頃から、［　E　］。じぶんの専門外のことがらに対していつも d 感度のいいアンテナを張っていること、そう、専門外のことがらに対して狩猟民族がもっているような感度の高いアンテナを、いつもじぶんのまわりに張りめぐらせていなければならない。要するに、狩猟民族が数キロメートル離れた地点での自然環境の微細な変化に的確に感応するのとおなじような仕方で、同時代の社会の、微細だけれども根底的な変化を感知するセンスをもつということである。

そういう視点から、わたしはいわゆる教養教育は、高年次になればなるほど不可欠のものになると考えている。専門研究者には、いま右で述べたような意味で、じぶんの専門とは異なる注1ディシプリンに問題を翻訳できる能力、科学哲学者・小林傳司の言葉でいえば、「議論の異なる注2フレーミングを相互翻訳でき能力」、ないしは「社会的な異言語を渡り歩くことのできる能力」が必要となるからである。

複眼をもつこととしての「教養」は、同時代の社会の全体を遠近法的に見るということである。これはじぶんが立っている位置を、より大きな注3パースペクティヴのなかで見定めるということである。遠近法とはこのばあい、知の使用をめぐる「価値の遠近法」(猪木武徳)にかかわる。つまり、人が絶対に見失ってならないものと、あってもいいけどなくてもいいものと、端的になくていいもの、絶対にあってはならぬものとの区別を、さしあたり大括りに摑むことができるということである。それは社会のニーズに従うことではなく、ニーズに対して、それはほんとうに応えるべきニーズなのかと問うことである。

わたしたちは社会の難しい問題に直面するとすぐに白黒をつけたがる。わかりやすい答え、明確な答えを性急に求める。しかし、学術の問題でも政治・経済の問題でも、あるいは身の回りの人づきあいの問題でも、じぶんの生き方の問題でも、重要な問題ほど答えはすぐに出てこない。そういう問題には、二つの対立する答えがともに成り立つことがあるし、答えがない場合もあるし、また問題じたいが脈絡によって別様にも立てられることがある。さらに答えを求めているうちに、その前提となる事態が刻々様変わりしているといったケースもある。

そのようなかでもっとも重要なことは、わかることよりもわからないことを知ること、わからないけれどこれは大事ということを知ること、そしてわからないものにわからないままに的確に対処できるということである。複雑性がますます堆積するなかで、この無呼吸の潜水のような過程をどれほど先まで行けるかという、e思考の耐性こそがいま求められている。それこそ逆説的な物言いではあるが、人が学ぶのは、わからないという事態に耐え抜くことのできるような知性の体力、知性の耐性を身につけるためでないのかと言いたいくらいである。そういう知性の耐性を高める注4ジムナスティックスこそが、いま「教養教育」には強く求められているようにおもう。

（鷲田清一『パラレルな知性』より）

※注1　ディシプリン……学問。専門分野。
※注2　フレーミング……骨組み。構成。
※注3　パースペクティヴ……大局的な観点。展望。

※注4　ジムナスティックス……体操。知的訓練。

㈠　空欄（　A　）～（　D　）に入る適切な表現を、次のア～カからそれぞれ一つ選び、記号で答えなさい。

ア　一方　　イ　たとえば　　ウ　とすれば　　エ　もちろん　　オ　やはり　　カ　しかし

㈡　傍線部 a「それ自身がきわめて社会的な存在となりつつある」とありますが、筆者がこのように言うのはなぜですか。本文の内容に即して四十字以内で説明しなさい。

㈢　傍線部 b「このこと」とありますが、この表現が指す内容の説明として最も適切なものを次のア～オから一つ選び、記号で答えなさい。

ア　プロフェッショナルが一つのことしかできないので、本当はスペシャリストと呼ぶべきであるということ。

イ　プロフェッショナルは他のプロと共同作業をすることで、そのおもしろさを他人に伝えられるということ。

ウ　プロフェッショナルが仕事をする際は、つねに自らもアマチュアであると自覚するべきであるということ。

エ　プロフェッショナルは独立した存在ではなく、専門領域が自分とは異なる人と協同するものだということ。

オ　プロフェッショナルが複数分野における専門家となれば、真の意味でプロとなることができるということ。

㈣　傍線部 c「いくつもの思考の補助線を立てる」とありますが、これはどういうことですか。本文の内容に即して二十字以内で説明しなさい。

(五)　空欄【　E　】に入る最も適切な表現を、次のア～カから一つ選び、記号で答えなさい。

ア　じぶんの関心とはさしあたって接点のない思考や表現にふれるよう、心懸けていなければならない

イ　じぶんの専門分野を深く探究するだけでなく、他者にうまく説明できるようにしなければならない

ウ　じぶんの思考が独りよがりなものになっていないか、何度も自問自答をくり返さなければならない

エ　じぶんの意見をきちんと主張するとともに、他者の思考に理解を示す態度を養わなければならない

オ　じぶんの直面する問題に対して、複数の解決法が思い浮かぶような思考力を持たなければならない

カ　じぶんの専門とする領域を拡大していくことで、より複雑な問題に対応していかなければならない

(六)　傍線部d「感度のいいアンテナ」とありますが、この内容を分かりやすく言い換えた部分を本文中から三十字以内で抜き出し、最初と最後の五字を答えなさい。

(七)　傍線部e「思考の耐性こそがいま求められている」とありますが、これはどういうことですか。このように述べる理由を明らかにしながら、八十字以内で説明しなさい。

(八)　この文章を授業で扱う場合、生徒の理解を深めるためにどのような工夫をしますか。その意図を含めて具体的に答えなさい。

(☆☆☆◎◎◎)

【二】次の文章を読んで、(一)～(九)の問いに答えなさい。

a暁に帰る人の、昨夜置きし扇、ふところ紙もとむとて、暗ければ、さぐり当てむさぐり当てむと、たたきもわたし、「bあやしあやし」などうち言ひ、もとめ出でて、そよそよとふところにさし入れて、扇ひきひろげ

て、ふたふたとうち使ひて、cまかり申ししたる、にくしとは世の常、いと愛敬なし。同じごと、夜ふかく出づる人の、烏帽子の緒強く結ひたる、dさしも結ひかためずともありぬべし。やをらさながらさし入れたりとも、人のとがむべき事かは。いみじうしどけなう、かたくなしく、e直衣、f狩衣などゆがみたりとも、たれかは見知りて笑ひそしりもせむとする。

g人は、なほ暁のありさまこそ、をかしくもあるべけれ。わりなくしぶしぶに起きがたげなるを、強ひてそそのかし、「明け過ぎぬ。あな見苦し」など言はれて、うち嘆くけしきも、hげにあかず、物憂きにしもあらむかしとおぼゆ。指貫なども、ゐながら着も敢へず、まづさし寄りて、i夜一夜言ひつる事の残りを、女の耳に言ひ入れ、何わざすと（jなし）ど、帯などをば結ふやうなりかし。格子押しあげ、妻戸ある所は、kやがてもろともに率て行きて、l昼のほどのおぼつかなからむ事なども、言ひ出でにすべり出でなむは、見送られて名残も（mをかし）ぬべし。

（『枕草子』より）

（二）傍線部a「暁（あかつき）」を含めた「あさ」に至るまでの次の語句を、時系列で並べたものとして最も適切なものを、次のア～カから一つ選び、記号で答えなさい。

ア　あかつき　→　あけぼの　→　あした　→　あさ
イ　あかつき　→　あした　→　あけぼの　→　あさ
ウ　あけぼの　→　あかつき　→　あした　→　あさ
エ　あけぼの　→　あした　→　あかつき　→　あさ
オ　あした　→　あけぼの　→　あかつき　→　あさ

カ　あした　→　あかつき　→　あけぼの　→　あさ

(二)　傍線部e「直衣」、f「狩衣」の本文中での読みを、それぞれひらがなで答えなさい。答えは現代仮名遣いでよいものとします。

(三)　傍線部j(なし)、m(をかし)を適切な活用形に直しなさい。

(四)　傍線部b「あやし」、i「夜一夜」、k「やがて」について、本文中における意味をそれぞれ答えなさい。

(五)　傍線部c「まかり申ししたる」は、誰が何をしている様子を表したものですか。二十字以内で説明しなさい。

(六)　傍線部d「さしも結ひかためずともありぬべし」とありますが、筆者がそのように言うのはなぜですか。五十字以内で答えなさい。

(七)　傍線部h「げにあかず、物憂きにしもあらむかしとおぼゆ」を現代語に訳しなさい。

(八)　傍線部l「昼のほどのおぼつかなからむ事なども、言ひ出でにすべり出でなむ」とありますが、これはどういうことですか。その説明として最も適切なものを、次のア～エから一つ選び、記号で答えなさい。

ア　女が、昼までともに過ごした男への今の気持ちを伝えようと、出て行こうとする男に別れのつらさを訴えているということ。

イ　女が、一人で過ごす昼間の不安な気持ちを押し隠して、ひとときの別れの言葉を口にしながら男を見送っているということ。

ウ　男が、女と離れて過ごす昼間は不安な思いになるということを口にしながら、そっと女の家を出て行ってしまうということ。

エ　男が、一人寂しく昼間を過ごす女に対して、再会を楽しみにしていることを優しくささやいて出て行ってしまうということ。

(九) 傍線部g「人は、なほ暁のありさまこそ、をかしくもあるべけれ」とありますが、筆者がそのように言うのはなぜですか。四十字以内で答えなさい。

(☆☆☆☆◎◎◎)

【三】次の文章を読んで、(一)~(九)の問いに答えなさい。ただし、設問の都合上、訓点を省いたところがあります。

其後四年、孔子[注1]相魯。後四年、伐[注2]越。越王句践迎撃、敗呉於姑蘇、傷[注3]闔廬指。軍却。闔廬病創将死。謂太子夫差曰、爾忘句践殺爾父乎。夫差対曰、不敢忘。是夕闔廬死。夫差既立為王。以伯[注4]嚭為太[注5]宰、習戦射。二年後伐越、敗越於夫湫。越王句践乃以余兵五千人、棲於会[注6]稽之上、使大夫種厚幣遺呉太宰嚭以請和、求委国為臣妾。呉王将許之。伍子胥諫曰、越王為人能辛苦。今王不滅、後必悔之。呉王不聽。用太宰嚭計与越平。其後五年而呉王聞齊景公死而大臣争寵、新君弱、乃興師北伐齊。伍子胥諫曰、句践食不重味、弔死問疾、且欲有所用之也。此人不死、必為呉患。今呉之有越、猶人之有腹心疾也。而王不先越、而乃務齊。不亦謬乎。呉王不聽。伐齊、大敗齊師於艾陵。遂威鄒・魯之君以帰。益疎子胥之謀。

（『史記』より）

※注1　孔子相魯……この文章のあらすじには直接関係しない部分。
※注2　伐越……呉の国が越の国を攻めた。
※注3　闔廬……呉の国の王。
※注4　伯嚭……呉の国の家臣。
※注5　太宰……王に仕える筆頭家臣。

※注6　会稽之上……会稽山の上。
※注7　齊景公……齊の国の王。
※注8　食不重味……粗末な食事をする。
※注9　威鄒・魯之君……鄒と魯の二君を威圧する。

(一)　傍線部c「爾」、傍線部d「敢」、傍線部h「与」の読みを、送りがなも含めてすべてひらがなで答えなさい。答えは現代仮名遣いでよいものとします。

(二)　傍線部g「為人」、i「師」の意味を説明した熟語として最も適切なものを、次のア〜エから一つ選び、記号で答えなさい。

g「為人」
ア　性格　イ　配慮　ウ　親友　エ　行動

i「師」
ア　統率　イ　将軍　ウ　衆人　エ　軍隊

(三)　傍線部a「孔子」とありますが、儒家の思想をまとめた「五経」にあてはまらないものを、次のア〜エから一つ選び、記号で答えなさい。

ア　『易経』　イ　『荀子』　ウ　『礼記』　エ　『春秋』

(四)　傍線部b「将死」について、すべてひらがなで書き下しなさい。

(五)　傍線部e「以」について、ここでの意味を表す漢字として最も適切なものを、次のア〜エから一つ選び、記号で答えなさい。

ア「思」　イ「用」　ウ「由」　エ「率」

(六)傍線部ｆ「使大夫種～国為臣妾」について、「大夫種をして幣を厚くし呉の太宰嚭に遺り以て和を請ひ、国を委ね臣妾と為らんことを求めしむ」と書き下します。その返り点をつけたものとして最も適切なものを、次のア～エから一つ選び、記号で答えなさい。

ア　使四大夫種厚レ幣遺二呉太宰嚭一以請レ和、求三委レ国為二臣妾一

イ　使丁大夫種厚レ幣遺二呉太宰嚭一以請レ和、求丙委レ国為乙臣妾甲

ウ　使二大夫種厚レ幣遺二呉太宰嚭一以請レ和、求下一委レ国為中臣妾上

エ　使下大夫種厚レ幣遺二呉太宰嚭一以請レ和、求中委レ国為二上臣妾一

(七)傍線部ｊ「且欲有所用之也」とありますが、伍子胥は句践の行動にどのような懸念を感じたというのですか。最も適切なものを次のア～エから一つ選び、記号で答えなさい。

ア　句践が食事を気にかけず、戦死者を弔い怪我で苦しむ人を慰問するのは、呉に対する復讐の意図を越の国民に隠そうとする可能性があるということ。

イ　句践が食事を粗末にしたり、国民の元を訪れ謝罪したりするのは、呉に対する恨みを忘れず、夫差を呪い殺そうとする意図が隠れているということ。

ウ　句践が食事を粗末にすることで財産を備蓄し、傷ついた国民を心服させようとするのは、越の国の再興を図ろうとする意図が隠れているということ。

エ　句践が食事を気にかけずに死傷者を気にするのは、聖人の振る舞いであり、国内で反乱を狙う者の口実に利用されてしまう可能性があるということ。

(八) 傍線部k「不亦謬乎」とありますが、伍子胥はどのようなことを「誤り」というのですか。「誤り」とする理由も含めて六十字以内で説明しなさい。

(九) 傍線部l「益疎子胥之謀」とありますが、呉王夫差がこのような行動をとった理由を六十字以内で説明しなさい。

(☆☆☆◎◎◎)

【四】 次の(一)~(五)について、それぞれの問いに答えなさい。

(一) 次のア~オの文の中で、敬語の使い方が誤っているものを一つ選び、記号で答えなさい。

ア 先生がお持ちになったものを運ぶ。

イ 私は、先生が申されたことを覚えています。

ウ 私が先生のお宅に参ります。

エ 先生は、まだいらっしゃらない。

オ ぜひ、先生方でご覧ください。

(二) 次の文の傍線部の熟語の対義語を漢字で書きなさい。

① 物事は中庸が大切である。

② 不審者を警戒する。

(三) 次の①、②の傍線部と同じ意味・用法のものを、あとのア~エからそれぞれ一つ選び、記号で答えなさい。

① 友達の薦めてくれた本を読む。

ア 自分の体験を本にまとめる。

イ だれのでもなさそうな傘を借りて帰る。

ウ　キャベツは小さくても重いのを選ぶ。
エ　自分の言ったことに責任をもとう。

②　集合場所をどこにするか決める。
ア　あまりのむごさに口もきけなかった。
イ　朝は六時に起きて、ラジオ体操をする予定だ。
ウ　ごはんつぶが顔についているよ。
エ　明日は父が授業参観に来る。

(四)　次の①、②の四字熟語の(　)にあてはまる最も適切な漢字を、あとのア～クから一つ選び、記号で答えなさい。

①　「意気(　)昂」(非常に元気なさま)
②　「自然(　)汰」(優良なものが残り、そうでないものが滅びること)

ア　帯　イ　高　ウ　堅　エ　軒　オ　蒼　カ　陶　キ　淘　ク　享

(五)　次の①～④の傍線部の漢字の読みを書きなさい。また、⑤～⑧の傍線部のカタカナを漢字に直しなさい。

①　親友の訃報に接する。
②　イギリスに倣った教育制度。
③　事故発生の蓋然性はきわめて低い。
④　胸襟を開いて話をする。
⑤　サッカーボールをケる。
⑥　その言い方ではゴヘイが生じる。

⑦　この場所を立ちノくことにする。

⑧　大会の運営にシショウをきたす。

（☆☆☆◎◎）

【五】作文

あなたは、生徒が「読むこと」の学習に主体的に取り組むために、授業でどのような指導の工夫を図りますか。四〇〇字以内で書きなさい。

（☆☆☆◎◎）

解答・解説

【中高共通】

【一】㈠　A　カ　B　ア　C　イ　D　ウ　㈡　科学技術が現代の社会生活に深く浸透し、人々に多大な影響を及ぼすようになったから。　㈢　エ　㈣　様々な視点から問題を考察するということ。　㈤　ア　㈥　同時代の社〜するセンス　㈦　現代の問題は複雑で簡単に答えが出ないため、それが分からないことを知りつつも、その重要性を理解して的確に対処できるよう、粘り強く考え続ける姿勢が必要だということ。　㈧　(例)「読むこと」の授業で、この文章の内容や表現の仕方について自分の考えを形成する力を養う。そのため、文章の構成や展開、表現の仕方について各グループでの学習を行い、文章に表れている筆者のものの見方や考え方についてまとめさせ、グループごとに発表する場を設ける。また、社会科と連携し、「現代社会」の構造についての関連性など図表にしてこの文章と照応する学習も横断的に行い、文章内容の徹底理解を図る。

〈解説〉(一)　空欄前後の文の内容と整合するように適切な言葉を選ぶこと。Aは前の文と逆接の内容へ導く接続詞、Bは他の内容へ導く接続詞、Cは例示の接続詞、Dは前の事柄から必然的に次の事柄が導かれることを示す接続詞が入る。　(二)「それ自身」とは直前にある「科学技術」のこと。科学技術が「社会的な存在」となっている背景を探し、傍線部aを含む一文の前半部分をまとめる。　(三)「このこと」の指示内容は、「ほんとうのプロ」の在り方を示す内容であり、「ほんとうのプロ」といえる人の条件である。現代社会は、特定の専門家だけでは解決できない問題にあふれている。これらの問題を解決するためには、他のプロ、あるいは他のノン・プロと協同する必要がある。そのため、それらの自分の専門領域と異なる人との協同作業ができなくてはならない。この内容に適合する説明を選ぶ。　(四)　傍線部cのあとに、「いいかえると問題を複眼で見ること、いくつもの異なる視点から問題を照射することができるということである」という説明がある。多角的に一つの問題を分析し考察することの重要性をのべている。　(五)　問題を複眼視するための常日頃の「物の見方」の姿勢を問うている。このことは、「ある分野の専門研究者が真のプロフェッショナルでありうるため」の条件でもある。このことについては、前二段落で具体例を交えて、自分の専門領域外の思考や表現にふれることが大切であるとのべられている。　(六)「感度のいいアンテナ」という暗喩は、直後で「(専門外のことがらに対して)狩猟民族がもっているような感度の高いアンテナ」と明喩で説明されている。そして、「要するに、」以下でこれらの比喩を通して筆者が示したかったことをのべている。「同時代の社会の、微細だけれども根底的な変化を感知するセンス」とはすなわち、自分の専門外のことについての「多くの思考の補助線」である。　(七)　現代社会は、特定の専門家だけでは解決できないような複雑な要素で構築されている。そのため、問題を解決する答えも多様化しているが、複雑な課題の重要性を認識しつつ、その解決のために忍耐強く思考しつづけ、対処できるようにすることの必要性が、最後の二段落でのべられている。　(八)　この文章は評論文であるために、論理中心の叙述であり、筆者のテーマ(主題)を把握するため、文と文のつながりや段落相互の関係について正しくとらえることが大切である。文書読解の手順として他に、文の組立てや語句の検討が必要になる。文書内容によっては「総合的な学習の時間」を活用することで、内容の理解に役立つ。PISA(学力到達度調査)の読解力との関係では、テキストを読んで自分の考えを論理的に書く力の育成を含めて考えてもよいだろう。

【二】(一)　ア　(二)　e　のうし　f　かりぎぬ　(三)　j　なけれ　m　をかしかり
(四)　b　不思議だ　i　一晩中　k　そのまま　(五)　男が女に対して別れの挨拶をしている様子。
(六)　女の所から帰る姿が見苦しくても別れを惜しむ様子が感じられるので、その姿を非難する人はいないから。　(七)　本当に名残惜しくて、つらいことであろうよと感じられる。　(八)　ウ　(九)　夜明け前の別れを惜しむ振る舞いに、その人の風情を解する人柄が表れるものだから。
〈解説〉(一)　a　「暁(あかつき)」は、「明時(あかとき)」の転で、夜中過ぎ、東の空が白み始める頃をいう。「あけぼの」は、「ほのぼの明け」の転といわれ、「あかつき」の終盤、夜空が次第に明るくなってくる頃である。「あした」は、夜がすっかり明けた頃のこと。「あさ」は夜が明けてしばらくの間のことをいう。
(二)　e　「直衣」の読みは、歴史的仮名遣いでは「なほし」となる。平安時代以後、皇族や摂関家など高貴な人々の平服となった。　f「狩衣」は、もともと公家で鷹狩りに用いたが、後に公家・武家の平服となり、江戸時代には礼服として用いた。　(三)　j「なし」はク活用の形容詞。直後に活用語の已然形に付く接続助詞の「ど」があることから、已然形「なけれ」とする。　m「をかし」はシク活用の形容詞。続く「ぬべし」(強意表現)は、活用語の連用形に付く強意の助動詞「ぬ」の終止形＋活用語の終止形に付く推量の助動詞「べし」からなる。したがって、連用形「をかしかり」とする。　(四)　b「あやし」は、「(自分には理解しがたい、異常なものに対する感じ)で、不思議だ。変だ」の意。「あやしあやし」と重ねることで意味を強めている。　i「夜一夜」は、「夜通し。一晩中」の意。　k「やがて」は、「そのまま、ただちに、ほかでもなく、そのうち」などの意味がある。　(五)「まかり」は、ラ行四段活用の自動詞「まかる」の連用形で「退き去る」の謙譲語。主語は、「暁に帰る人」(男)。男が女に別れの挨拶言上をしている姿である。

(六)　傍線部dは「(烏帽子のひもを強く結んでいるのは)そんなにきちんと結び固めなくてもいいはずであろう」と訳す。この文のあとに、「やをらさながらさし入れたりとも、人のとがむる事かは(そっと静かにひもを結ばないまま烏帽子を頭にさし入れているとしても、こうした忍び所から帰りの姿を人が非難するはずのことであろうか、いや非難するはずがない)」という反語文がある。忍び所から帰る男の姿を人々は見咎めはしないと筆者はいうのである。　(七)「げに」は、「実に」と書く。「あかず」は「満ち足りない様子」の意。「しも」は強意の副助詞。「かし」は強く念を押し意味を強める終助詞。「物憂き(つらい思い)」が深い様子を表している。「本当に満ち足りない様子で別れがつらいことであろうよと感じられる」の意。

(八)「昼のほどの」は、「(女が男と別れて一人でいる)昼の間」のこと。「おぼつかなからむ」の「おぼつかなし」は、「様子がはっきりせず不安な感じ」をいう。ここでは、昼の間女に会えなくて気がかりだということ。「言ひ出でにすべり出でなむ」の「言ひ出で」は、「言ひ出づ」(他ダ下二)の連用形を体言化したもの。「口にしながら」の意。「すべり出でなむ」は、「(女の家を)そっと出ていく」の意。㈨「をかしくもあるべけれ」とは、「風流であるはずのことなのだ」の意。筆者は、「暁の男と女の別れのありさま」を、「こそ～べけれ」の係結びで強調している。この文の最後にも「見送られて名残もをかしかりぬべし」(女に見送られる名残りもきっと風情があることであろう)とのべてある。

【三】㈠ c なんじ d あえて h と ㈡ g ア i エ ㈢ イ ㈣ まさにしせんとす ㈤ エ ㈥ イ ㈦ ウ ㈧ 呉にとって越は内臓疾患のようなものであるため、先に攻め滅ぼすべきなのに、呉王夫差が齊の攻略を優先しようとしていること。㈨ 夫差は再び子胥の忠告を無視したにもかかわらず、齊との戦いに勝利することができ、自分の実力と判断力に一層自信を深めたから。

〈解説〉㈠ c 「爾」は「汝」の仮借で、「女・而・若」などと同じ。d 「敢」の読みは歴史的仮名遣いでは「あへて」となる。「不敢」で「しいて～しない」の意。h ここの「与」は「A与BC」の形で「A(主部)がBとC(述部)した」という構文でとらえる。この一文は「太宰嚭の計を採用し、越と和睦した」と訳す。㈡ g 「為人」を書き下した「人となり」は、現代でも「性格」を意味する語として用いられている。i 「師」には、「先生、技芸にすぐれた人、役人・官吏、軍隊」といった意味がある。㈢ 「五経」とは、儒学の五つの経典で、「易経(周易)・書経(尚書)・詩経(毛詩)・礼記・春秋」をいう。『荀子』は、性悪説で知られる儒学者の荀子の著作などが唐の時代にまとめられたもの。㈣ 再読文字の「将」(まさに～ントす)に注意すること。㈤ e 「以」(もって)は、「ひきいる」(率)の意。㈥ 使役形「使$_{ム}$^{二}A$_{ニシテ}$B$_{セ}$^{一}」の応用である。「使」が最後の返り点になる。ア、イ、エがこの条件を満たしているが、アは一・二点を挟んで、上・中・下点か、甲・乙・丙点をつける必要がある。エは、上・中・下点の位置が誤っている。

(七)「且欲有所用之也(まさに之を用ゐる所有らんと欲するなり)」の「之」は、「勾践食不重味」によって貯えた財と「弔死問疾」によって心服させた民をいう。この両者を用いて勾践は、越を再興させようとする計画があることを子胥は夫差にのべている。(八)「不亦謬乎(亦謬らずや)」は、「なんという誤ちではありませんか」という伍子胥の呉王夫差への諫言である。勾践の「食不重味、弔死問疾」という計略は、越国再興のためであり、いずれ呉の患いの大種となることをのべ、勾践が腹心の疾病と同じで危険が迫るので越を滅ぼすことを先にすべきだと進言して、夫差が齊を先に攻略しようとしていることに対し、伍子胥は「誤り」だと指摘しているのである。(九)「益疎子胥之謀(ますます子胥の謀をうとんず)」とは、呉王夫差が、子胥の諫言に耳を貸さず、越より齊に出兵して勝利をおさめたために、夫差は、自分の考えが正当であり実戦力があったと盲信し、一段と子胥を遠ざけるようになったことである。なお、その後、子胥が齊に自分の子どもを預けたことで、子胥に謀反の念ありと邪推した夫差は、子胥に自分の剣を与え、自害させている。

【四】(一)イ　(二)①極端　②油断　(三)①エ　②ウ　(四)①エ　②キ
(五)①ふほう　②なら(った)　③がいぜんせい　④きょうきん　⑤蹴(る)　⑥語弊
⑦退(く)　⑧支障

〈解説〉(一)イの「申された」の「申す」は、「言う」の謙譲語。ここは先生に対する尊敬語を使うべきところで、「おっしゃった」となる。(二)①「中庸」は、「考えや行いがかたよらずバランスがとれていること」をいう。対義語は、おおいにかたよりが生じることなので、「極端」となる。②「警戒」は、「用心し備えること」。対義語は用心をおこたることなので、「油断」である。(三)①例文の「の」は、主格を表す格助詞で、「が」に置き換えられる。アは行為者を表す格助詞、イとウは所有や状態を表す準体助詞。②例文の「に」は、場所を表す格助詞。選択肢はいずれも格助詞だが、アは心的作用をひき起こす原因、イは時間、エは目的を表す。㈣①「意気軒昂(いきけんこう)」は、「(希望に満ちて)元気一ぱいな様子」の意。②「自然淘汰(しぜんとうた)」は、「生物のうち、外界に適応するものは栄え、適応しないものは滅びるということ」の意。㈤同音(訓)異義語や類似の字形、音訓の読みに注意すること。

【五】㈹「読むこと」は、言語能力を育成するうえで重要な学習領域に属する。わが国の子どもたちの「読解力」について、PISA(学力到達度調査)では、文章や資料の解釈、熟考・評価や論述形成力に課題があることが示されている。そのため、①テキストを理解・評価しながら「読む力」を高める授業、②テキストに基づいて自分の考えを「書く」力を高める授業、③様々な文章や資料を読む機会や自分の意見を述べたり書いたりする授業の充実に努める。

教材は、生徒の実態に応じたものを精選し、副教材に生徒の興味・関心を喚起するものを採択する。その上で、「語句の意味の理解」「文章の解釈」「自分の考えの形成」「読書と情報活用」等の「読むこと」の指導事項を念頭に研修を深める。

一斉授業での学習効果については、小テスト等を通じ形成的評価を行い、授業内容の改善を図る。また、グループ学習を行うなどして生徒相互で学習する喜びを培う。

〈解説〉「読むこと」は、三つの学習領域の一つとして示されている。三領域になる以前は、「理解」の領域での指導事項であったが、平成十年の学習指導要領改訂で学習領域が二領域から三領域になり、今回の改訂でも引き継がれている。今日の「知識基盤社会化」や「グローバル化」の中で、国際社会を主体的に生きるための主要能力の一つとして「読む力」は必要不可欠な言語能力である。この社会的背景をふまえて、各人の「読むこと」についての学習指導についてのべてもらいたい。

二〇一四年度　実施問題

【中高共通】

【一】次の文章を読んで、(一)～(八)の問いに答えなさい。

まず、私たちは経験と言葉とを厳密に区別することができるでしょうか。つまり、言葉になる以前の経験―それを仮に「原経験」と呼びます―を私たちは実際にaそれ自体として取りだすことができるでしょうか。

たとえば庭に咲く青い花を見るとき、私たちはその経験から、言葉以前を、すなわち「青い」、(　A　)「花が咲いている」と判断する以前を純粋な形で取りだすことができるでしょうか。目の前の青い花の美しさに魅了されているときにも、(　B　)、「純粋に」経験がなされているときにも、すでに、その花が「花」として受け取られ、そしてその色が「青色」として受け取られている、ということが起こっているのではないでしょうか。そこにすでに言葉が働き出ているのではないでしょうか。

私たちはまず「原経験」と呼ぶべきものを手にして、そのあと言葉による分節を行うのではなく、(　C　)最初から花を花として見、風の音を風の音として聞いているように思います。

もちろん見慣れないものを見、聞き慣れないものを聞くという経験をすることもあります。(　D　)そのときも私たちは、最初からそれを見慣れないものとして、少なくともある種類のものとして見ています。いま何か大きな音が響きわたったとしますと、私たちはそれをたとえば爆発音のようなものとして聞きます。それからそれをこれまでの経験と引き比べながら、何として見なしたらよいかを考えます。そして車が何かに衝突した音だとか、ビルの解体作業の現場で生じた音だとか判断します。このように、私たちが行うすべての経験において、つねに―意識するにせよ、しないにせよ―すでに、私たちが前もって獲得している世界理解の枠組み―［　E　］―が関与していると思います。言いかえれば、この「……として見る」、あるいは「……として聞く」というときの「……として」のなかに言葉が働き出ていると考えられるのです。

一般に「言葉とは何か」ということを考えてみますと、二通りに解釈することができると思います。まず第一に、[b]言葉は、考えるための、あるいは考えたものを表現するための「道具」であると言うことができます。つまり言葉は、あらかじめ存在している思索の内容に一つ一つ形を与えていくものであると考えるのです。

しかし、そもそも「言葉のない思索」というものを考えることができるでしょうか。むしろ、思索は言葉を通してはじめて成立するのであり、言葉は思索の単なる「道具」ではない、という考え方も成り立つと思います。そこに、思想は言葉という形を得てはじめて思想になるのであり、それ以前に純粋な思想というものがあるのではないという、もう一つの考え方が成り立ちます。

前者は次のような考え方に結びついています。私たちが日本語なり、英語なり、自分の言語を使う以前に、つまり、日本語の場合で言えば、水とか、土とか、木とか、光といった言葉を使う以前に、言いかえれば、ある事柄にそういう名前をつける以前に、もの、あるいは世界が客観的に区分ないし分節されているという考えです。私たちはそのあらかじめ区分されたものに、いわば偶然的な仕方で、たとえば日本語であれば「水」という名前を、英語であれば、“water”という名前をつけていくのだと考えられます。ここでは言葉は符牒のような役割をしています。

それに対して第二の解釈は、ものは言葉以前にあらかじめ分節されているのではなく、言葉とともにはじめて分節されるのだという考えに結びついています。つまり[c]言葉によって世界の見え方が決まるのです。

一つの例として、たとえば「青い」という言葉をとってみますと、まず、それに対応するものが世界のなかに客観的に存在しており、それを日本語を使う人は「青い」という言葉で、英語を使う人は“blue”という言葉で言い表しているというようにも考えられます。(d)しかしそう単純には言えません。「青い」という言葉と、“blue”という言葉が指しているものが必ずしも同じではないからです。「人間(じんかん)いたるところ青山あり」という成句の場合もそうですが、「草木が青々と茂った場所」と言うときの「青々」は実際には緑色のことです。「青い」という言葉と、“blue”という言葉が意味する範囲は、必ずしも同じではないのです。

もう一つ別の例を挙げれば、日本語では樹木と材木をともに「木」と表現しますが、英語では“tree”と“wood”と言い、ドイツ語では“Baum”と“Holz”と言うように別の言葉で表現します。「木」と“tree”ないし“Baum”という言葉が意味する範囲ははっきり異なっています。

こうした例を手がかりに考えますと、先に挙げた二つの見方のうち、第二のほうが言葉の本質を捉えているように思われます。つまり私たちは、日本語なら日本語、ドイツ語ならドイツ語、それぞれの言語によって、いわば一つの連続体である知覚対象を独自の仕方で分節しているわけです。私たちが使う言葉に応じて、それぞれの仕方で知覚対象に切れ目が入れられると言ってもよいでしょう。

もちろん厳密に言えば、言葉による分節以前に、生理的なレヴェルでの分節を考えなければなりません。私たち人間は、私たちの感覚器官の構造に応じた仕方で、まず対象を分節しています。それは日本語を話す人であれ、アラビア語を話す人であれ、人間であればまったく変わりませんが、昆虫や鳥がそれぞれの感覚器官に応じて行う分節とはまったく異なっています。感覚器官を通して周りのものをどのように受け取っているかという点で言えば、私たちは昆虫や鳥とはまったく違った世界に住んでいると言ってもよいのです。

しかしそれよりも重要なのは、人間の場合、この感覚器官による分節に加えて、さらに言語による分節を行っているという点です。動物学者のユクスキュル (Jakob von Uexküll, 1864-1944)が、ダニや昆虫、あるいは鳥類や人間など、さまざまな生物がそれぞれの生理的な機能に即した形で、見たり、聞いたり、感じたり、働きかけたりする固有の"Umwelt"(環境、周り世界)をもっていることを主張しましたが(ユクスキュル、クリサート『生物から見た世界』参照)、人間はそれにとどまらず、言語によって分節される世界をもっていると言うことができます。それを、"Welt"(世界)という言葉で言い表せば、e人間は二重の世界のなかに住んでいると言うことができます。

その、"Welt"のなかで日本語を使う人はそれに固有の仕方で、またドイツ語を使う人はそれに固有の仕方で知覚対象を分節し、世界を構造化しているのです。

(藤田正勝『哲学のヒント』より)

(一) 空欄(A)~(D)に入る適切な表現を、次のア~カからそれぞれ一つずつ選び、記号で答えなさい。

ア むしろ　イ あるいは　ウ しかし　エ もちろん　オ つまり　カ しかも

(二) 傍線部a「それ自体」の指す内容を、本文中から十字以内で抜き出しなさい。

(三) 空欄【 E 】に入る最も適切な表現を、次のア~オから一つ選び、記号で答えなさい。

ア 人間に生まれつき備わっている、基本的な世界認識の枠組み

イ 世界における出来事や事物を、客観的な視点で捉える枠組み

ウ 目や耳などの感覚器官を用いて、世界の事象を捉える枠組み

エ 世界において起こる出来事や事物を理解し、解釈する枠組み

オ 見慣れないものを、素直に受け入れていく世界認識の枠組み

(四) 傍線部b「言葉は、考えるための、あるいは考えたものを表現するための『道具』である」とあります

が、これはどういうことですか。その説明として最も適切なものを、次のア～オから一つ選び、記号で答えなさい。

ア　言葉は、すでに存在している思索の内容に具体性を与えることで、高次元の思想を生むのに役立っているということ。

イ　言葉は、すでに存在しているものに対して名前をつけることで、思索内容を明確化するのに役立っているということ。

ウ　言葉は、すでに存在する思索を示す符牒として働くことで、異言語間で情報を伝達するのに役立っているということ。

エ　言葉は、すでに存在しながらも忘れられがちな事柄を明確化することで、思索を深めるのに役立っているということ。

オ　言葉は、すでに存在する思索の内容を言い換えることで、より分かりやすいものとするのに役立っているということ。

(五)　傍線部ｃ「言葉によって世界の見え方が決まる」とありますが、これはどういうことですか。本文の内容をふまえて七十字以内で説明しなさい。

(六)　傍線部ｄ「しかしそう単純には言えません」とありますが、筆者が「言葉」についてこのように言う理由として最も適切なものを、次のア～オから一つ選び、記号で答えなさい。

ア　ほぼ同じ意味を示す表現でも、厳密に言えば人種や文化といった言語以外の差異まで考慮する必要があるから。

イ　言葉によってある事物を認識しようとしても、現実の世界ではそれに対応するものが客観的に存在しないから。

ウ　同じ言葉であっても複数の意味を持つ表現があり、正確な翻訳をする際に言語の違いが障害となりやすいから。

エ　翻訳すると同じ意味を表しているように思われる言葉でも、実は言語によってその意味する範囲が異なるから。

オ　客観的に対象が捉えにくい概念などは、同じ言葉でも人によって認識に微妙な差異が生じる可能性があるから。

(七)　傍線部e「人間は二重の世界のなかに住んでいる」とありますが、これはどういうことですか。本文の内容をふまえて六十字以内で説明しなさい。

(八)　この文章を用いて授業を行う場合、どのようなことをねらいとして、どのように授業を展開しますか。具体的に答えなさい。

(☆☆☆◎◎◎)

【二】次の文章を読んで、(一)～(八)の問いに答えなさい。

中ごろなまめきたる女房ありけり。世の中たえだえしかりけるが、みめかたちあひぎやうづきたりけるむすめをなむもたりける。十七八ばかりなりければ、aこれを、いかにもしてめやすきさまならせむと思ひける。bかなしさのあまりに、八幡[注1]へむすめともに、なくなくまゐりて、c夜もすがら御前にて、「我が身は今はいかにても d候ひなむ。このむすめを心やすきさまにてみせさせ給へ」と、数珠をすりてうちなきうちなき申しけるに、このむすめまゐりつくより、母のひざを枕にして eおきもあがらずねたりければ、暁がたになりて母申すやう、「いかばかり思ひたちて、かなはぬ心 fにかちよりまゐりつるに、かやうに夜もすがら、神もあはれと g おぼしめすばかり h 申したまふべき i に、思ふこともなげ j にね k たまへる、l うたてさよ」と、くどきければ、むすめおどろきて「かなはぬ心ちにくるしくて」といひて、

m 身のうさをなかなかなにと石清水おもふこころはくみてしるらむ

とよみたりければ、母もはづかしくなりて、ものもいはずして下向する程に、七条朱雀[注2]のへんにて、世の中にときめきたまふ雲客[注3]かつら[注4]よりあそびて帰りたまふが、このむすめをとりて車にのせて、n やがて北の方にして、始終いみじかりけり。o 大菩薩[注5]この歌を納受ありけるにや。

（『古今著聞集』より）

※注1　八幡……京都府八幡市の男山八幡宮。ふつう石清水八幡宮という。
※注2　七条朱雀……七条大路と朱雀大路とが交差するあたり。
※注3　雲客……殿上人。
※注4　かつら……京都市西京区の地名。
※注5　大菩薩……八幡大菩薩。八幡の神を呼ぶ語。

(一)　傍線部 a「これを、いかにもしてめやすきさまならせむ」を指示語の内容を明らかにして現代語訳しなさい。

(二)　傍線部 b「かなしさ」、c「夜もすがら」、l「うたてさ」、n「やがて」の意味を答えなさい。

(三)　傍線部 d「候ひなむ」を例にならって文法的に説明しなさい。

例　「女房ありけり。」　名詞「女房」＋ラ行変格活用動詞「あり」連用形＋過去の助動詞「けり」終止形

(四)　傍線部 e「おきもあがらずねたりければ」の理由を三十字以内で説明しなさい。

(五) 傍線部f、i、jの「に」の文法的説明として適切なものを、次のア～カからそれぞれ一つずつ選び、記号で答えなさい。

ア 格助詞　イ 接続助詞　ウ 完了の助動詞「ぬ」連用形　エ 断定の助動詞「なり」連用形
オ ナリ活用形容動詞の連用形活用語尾　カ 副詞の一部

(六) 傍線部g「おぼしめす」、h「申し」、k「たまへ」の敬意の対象として適切なものを、次のア～エからそれぞれ一つずつ選び、記号で答えなさい。

ア 母　イ むすめ　ウ 八幡宮の神　エ 雲客

(七) 傍線部m「身のうさをなかなかなにと石清水おもふこころはくみてしるらむ」を掛詞に注意して現代語訳しなさい。

(八) 傍線部o「大菩薩この歌を納受ありけるにや」について、作者がこのように述べた理由を六十字以内で説明しなさい。

(☆☆☆◎◎◎)

【三】次の文章を読んで、(一)～(八)の問いに答えなさい。ただし、設問の都合上、訓点を省いたところがあります。

孔子行遊、馬失食二農夫之稼一。野人怒取レ馬而繋レ之。

子貢往説レ之、卑レ辞而不レ能レ得也。孔子曰、「夫以人之所レ不レ能レ聴説レ人、譬下以二大牢一享二野獣一、以二九韶一楽中飛鳥上也。

予之罪也、非ザル㆓彼ノ人之過チニ㆒也ト。」[d]乃[e]使馬圉[注3]往説之。至リテ見テ㆓野人ヲ㆒曰ハク、「子ハ耕シテ㆓於東海ヲ㆒、至ル㆓於西海ニ㆒、吾ガ馬之失グル、[f]安得不食子之苗。」[g]野人大イニ喜ビ、解キテ㆑馬ヲ而与フ㆑之ニ。

説若ク㆑此ノ、其レ無クシテ㆑[h]方也、而反ツテ行ハル。事ニハ有リテ㆑所㆑至ル、而巧ハ[i]不㆑若カ㆑拙ニ。故ニ[j]聖人ハ量リテ㆑鑿[注4]ヲ而正ス㆑枘[注5]ヲ。

（『淮南子』より）

※注1　大牢（たいらう）……祭礼における牛・羊・豚の三種の犠牲。
※注2　九韶（きうせう）……帝舜の雅楽。
※注3　馬圉（ばぎょ）……うまかい。
※注4　鑿（さく）……部材を連結させるためのほぞ穴。
※注5　枘（ぜい）……木の接合部分につけた突起。ほぞ。

(一)　傍線部a「夫」、傍線部d「乃」、傍線部i「不若」の読みを、送りがなも含めてすべてひらがなで答えなさい。答えは現代仮名遣いでよいものとします。

(二)　傍線部bは「人の聴く能はざる所を以て人に説く」と訓読します。これに従って返り点をつけなさい（送りがなは不要)。

(三) 傍線部cの孔子の言葉の中で、「大牢・九韶」と「野獣・飛鳥」にたとえられているものは誰ですか。次のア~エからそれぞれ一つずつ選び、記号で答えなさい。

ア 孔子　イ 野人　ウ 子貢　エ 馬圉

(四) 傍線部e「使馬圉往説之」を書き下し文にしなさい。

(五) 傍線部f「安得不食子之苗」について、次の①、②の問いに答えなさい。

① 「安」と同じ読み方をする漢字を、次のア~エから一つ選び、記号で答えなさい。

ア 悪　イ 敢　ウ 何　エ 豈

② 現代語に訳しなさい。

(六) 傍線部g「野人大喜」とありますが、「野人」の喜んだ理由を二十五字以内で答えなさい。

(七) 傍線部h「方」の意味を、次のア~エから一つ選び、記号で答えなさい。

ア 方針　イ 方面　ウ 処方　エ 途方

(八) 傍線部j「聖人量鑿而正枘」は、第一段落の内容をふまえて述べられた比喩表現です。この比喩表現をとおして言いたいことはどのようなことですか。六十字以内で答えなさい。

(☆☆☆◎◎◎)

【四】 次の(一)~(五)について、それぞれの問いに答えなさい。

(一) 次の慣用句・ことわざの中で意味が正しいものを、次のア~オから一つ選び、記号で答えなさい。

ア 語るに落ちる　(話が筋道からそれていくこと)

イ 獅子身中の虫　(恩のある身内に害をもたらすもの)

ウ　魚心あれば水心あり　（人の考えはなかなか一致しないこと）
エ　市に虎あり　（人のうわさは止められないこと）
オ　春秋の筆法　（自分の考えを入れずに事実を述べること）

（二）次のア～オの中で、熟語の構成が異なっているものを一つ選び、記号で答えなさい。
ア　洋画　イ　漸進　ウ　傑作　エ　奇遇　オ　捜索

（三）次の傍線部の熟語の対義語を漢字で答えなさい。
彼は、血のにじむような努力を続け、その技を獲得した。

（四）次のア～オの文で、言葉の使い方が不適切なものを一つ選び、記号で答えなさい。
ア　まもなく電車が参ります。　（駅の案内放送で）
イ　私から御説明いたします。　（会議で司会者が）
ウ　明日は休まさせていただきます。　（部下が上司に）
エ　書類のコピーを取らせていただけますか。　（後輩が先輩に）
オ　先生のお手紙を拝見しました。　（生徒が先生に）

（五）次の①～③の傍線部の漢字の読みを書きなさい。また、④～⑥の傍線部のカタカナを漢字に直しなさい。
①　仕事の進捗状況を確かめる。
②　彼までも蔑むように笑う。
③　彼女は健気によく働く。
④　人の成功をウラヤむ。
⑤　朝読書をショウレイする。

⑥　気持ちの良いアイサツ。

（☆☆☆◎◎◎）

【五】作文

「書く力」を身に付けさせるためには、書く意欲を喚起する指導が重要となってきます。あなたは国語教師として生徒の現状をどうとらえ、どのような授業づくりを行っていきますか。四〇〇字以内で述べなさい。

（☆☆☆◎◎◎）

解答・解説

【中高共通】

【一】（一）A　イ　B　オ　C　ア　D　ウ　（二）言葉になる以前の経験　（三）エ　（四）イ

（五）ものは言葉で表す前にあらかじめ分節されているのではなく、一つの連続体である知覚対象を言葉によって分節することで、認識が生じているということ。　（六）エ　（七）他の生物と同じように感覚器官によって知覚対象を分節するのに加えて、人間は言語による文節を行いながら生きているということ。

（八）解答略

〈解説〉（一）空欄(A)には判断内容の多様性との関わり、(B)は言い換えを表す語、(C)には空欄以前より、以後の内容を重視する語、(D)には逆接の語が入る。(二)傍線部a「それ自体」の「それ」は、前の内容を指示する代名詞。ここでは「言葉になる以前の経験」が該当する。(三)空欄Eには、すでに私たちが前もって獲得している「世界理解の枠組み」と別言している文が入る。ここでの「世界理解の枠組み」とは、「原経験」のあとにそれを言葉によって分節するのではなく「花を花として見、風の音を風の音として聞いている」とあるように、すべての経験の中に言葉が働き出ていることを筆者は述べている。(四)傍線部bの後で「言葉は、あらかじめ存在している思索の内容に一つ一つ形を与えていくものであると考える」とあり、さらに後文で「言葉は符牒のような役割」とあることから考える。(五)傍線部cの前文「ものは言葉以前にあらかじめ分節されているのではなく、言葉とともにはじめて分節される」を軸とし、言語によって分節していることを組み合わせて解答を構成するとよい。(六)連続体である知覚対象についても独自の分節の仕方があるように、国々によって独自の言葉で知覚対象が分節されている以上、翻訳する場合、必ずしも言葉が同一の意味を表しているとは限らないのである。本文にある「青」と「木」の例を参照すること。(七)問題文の最後にある二つの段落の内容をまとめればよい。傍線部eの「二重」とは、動物同様の生理的・本能的感覚器官による分節と言語による分節を指す。(八)中学校学習指導要領解説では、各学年を対象に「C 読むこと」の指導事項、および言語活動例にしたがって授業計画を考え、授業展開を考えること。特に「説明や評論などの文章」は、第2学年の「C 読むこと」の言語活動例のイに示されていることも念頭におくとよい。高等学校学習指導要領解説では、「第一国語総合」の「C 読むこと」や「国語表現A」「国語表現B」の指導事項と言語活動例を踏まえて、授業計画と授業展開を創意工夫すること。

【二】(一) このむすめを、なんとかして見苦しくないさまにさせよう。 (二) b かわいらしさ c 一晩中 l なさけなさ n そのまま (三) ハ行四段活用動詞「候ふ」連用形＋強意・確述(完了)の助動詞「ぬ」未然形＋意志(推量)の助動詞「む」終止形 (四) 神仏に祈っても我が身がどうにもならないと思っているから。 (五) f ア i イ j オ (六) g ウ h ウ k イ (七) 我が身のつらさをかえって何とも言わないつもりです、私がつらいと思う心を石清水の神は察してくれているでしょう。 (八) むすめはこの歌を詠むことで、石清水八幡宮の神の心を動かし、殿上人の妻になるという幸福を手に入れることができたから。

〈解説〉(一) 「これを」とは十七八ばかりの娘のこと、「いかにもして」はなんとかして、という意味の副詞、「めやすきさま」の「めやすき」は「めやすし(目安し)」(形・ク)の連体形で、見苦しくないという意味、「ならせむ」の「せ」は使役の助動詞「す」の未然形、「む」は意志の助動詞の終止形で「…させよう」という意味である。 (二) 傍線部b「かなしさ」は、形容詞「かなし(愛し)」の名詞化したものである。傍線部c「夜もすがら」の「すがら」は、その間ずっと・通して、という意味の副詞。傍線部l「うたてさ」は、形容詞「うたてし」の名詞化したものである。 (三) 「我が身は今、どうなっても構いません」という意味である。 (四) 後文でむすめが、母親の八幡宮での願いごとをよそに、母親のひざを枕に眠りこんでしまったことに対し、母親が口説いたところ、むすめは、「かなはぬ心ちにくるしくて」と述べている。どんなに八幡様に願いごとをしても我が身はどうにもならないことを自覚しての娘の行為である。 (五) fは原因・理由を表す格助詞、iは逆接の意の接続助詞、jは形容動詞「無げなり」の連用形の活用語尾である。 (六) 傍線部g「おぼしめす」は「思ふ」の尊敬語。傍線部h「申し」は「言ふ」の謙譲語「申す」の連用形、傍線部k「たまへ」は尊敬の補助動詞「たまふ」の已然形である。 (七) 掛詞とは同訓異義の語を用い、上下にかけて一語に両用の意味をもたせた修辞法である。㈧　傍線部oの「にや」のあとに、「あらむ」が省略されている。「大菩薩この歌を納受ありけるにや(あらむ)」の「大菩薩」は八幡大菩薩のこと。「納受」は、話や願いごとを聞き入れることを指す。したがって、「むすめの歌が大菩薩の心を動かして、むすめは殿上人の妻となる幸運を授かったのであろうか。」という意味になる。

【三】㈠　a　それ　d　すなわち　i　しかず　㈡　以二人之所一レ不レ能レ聴説レ人　㈢　大牢・九韶…ウ　野獣・飛鳥…イ　㈣　馬圉をして往きて之を説かしむ。　㈤　①　ア　②　どうしてあなたの畑の苗を食べずにいられるだろうか、いやいられない。　㈥　広大な土地を耕作している豪農だとほめられたから。　㈦　ア　㈧　聖人は初めから方針を決めて物事に対応するのではなく、状況を見極め、柔軟に対応することで、物事を円満に解決するということ。

〈解説〉㈠　傍線部a「夫」は発語、傍線部d「乃」は、そこでという意味、傍線部i「不若」は、…に及ばないという意味で、比較形である。　㈡　返読文字「以」「所」「不」に注意すること。　㈢　Cの「以大牢享野獣」とは、大牢のご馳走で野獣をもてなすこと。「以九韶楽飛鳥」とは、九韶の雅楽で空飛ぶ鳥を楽しませることをいう。これは、Cの前文「以人之所不能聴説人」(人の聴く能はざる所を以て人に説く)をたとえて述べており、孔子の反省である。　㈣　傍線分eは「使二ム馬圉ヲシテ往キテ説レ之ヲ」の書き下し文である。　㈤　①　傍線部f「安クンゾ得レン不レザル食二ハ子之苗一ヲ」(いづくんぞ子の苗を食はざるを得ん)の「安」は、「いづくんぞ」と読む。アの「悪」がこの漢字と同じ読み方をする。他に、「焉」や「寧」がある。　②　fは、「安くんぞ子の苗を食はざるを得ん」と書き下す。　㈥　傍線部g「野人大喜」の内容は、馬圉の野人への言葉「子耕於東海、至於西海」(あなたは、東海から耕して西海に至るほど広大な土地をお持ちです)によって、野人の自尊心を高めたことをまとめる。　(七)　傍線部ｈ「方」は手立て、術策のことで、「説(ぜい)かくのごとく其れ方無くして」の「方無くして」は、手立てなく、出まかせにやってもという意味になる。　(八)　傍線部ｊ「聖人量鑿而正枘」(聖人はさくを量りてぜいを正す)は、「聖人は穴〔の大きさ〕を測っておいてから枘(ほぞ)を整える」という意味になる。接する人物の器量や見識を正しく見極めてから対応するのが聖人であり、道理の通じない相手と初めから正論で争い合うことの愚かさを比喩的に述べている。

【四】(一)　イ　(二)　オ　(三)　喪失　(四)　ウ　(五)　①　しんちょく　②　さげす(む)
③　けなげ　④　羨(む)　⑤　奨励　⑥　挨拶

〈解説〉(一)　ア「語るに落ちる」とは、「問うに落ちず語るに落ちる」の略で、隠そうとしたことを、うっかり話してしまうこと。　ウ「魚心あれば水心あり」とは、相手が好意を示してくれれば、こちらも好意をもって応待する気になるというたとえ。　エ「市に虎あり」とは、虎が市にいるはずはないとわかっていても、そう主張する者が大勢いれば、ついには信じてしまう意から、事実無根の風説も、言う人が多ければ、遂には人をまどわすに至るというたとえ。　オ「春秋の筆法」とは、中国の経書「春秋」で行われた筆法の意味で、ある事実の記述のなかに自分の価値判断を入れて書く書き方のこと。　(二)　アからエは修飾・被修飾関係であり、オは類義語の組合せである。　(三)　対義語は反対語のこと。「獲得」と「取得」とは同義語で、対義語は「喪失」である。　(四)　ウは「休ませていただきます」が正しい。

【五】(例)　現在の生徒の「書く力」については、論理的に表現する能力が低いと考えている。このことは、ＰＩＳＡ調査などにおいても見られるように、文章を深く読み、分析的に理解して記述する力の低下に現れている。

この現状をふまえて、私は、まず基礎的な国語力の育成に取り組む。例えば、生徒の漢字の習得への取組みや語句の用法、文の使い方、段落相互の関係などに注意させ、自分の考えを正しく表現するために、反復学習など丁寧な繰り返し指導を通じて「書く力」の定着を図る。

次に、習得した知識を実生活において活用するために、日常生活を題材にして課題を決め、描写・要約・紹介・説明・記録、報告などの指導を行い、言語活動能力を確実に身につけさせる。このようにして生徒の実態や学習段階に応じ、学習指導要領の「B 書くこと」の指導事項や言語活動例をふまえ、生徒の「書くこと」への興味や関心を深め、書く意欲を喚起する指導を行う。

〈解説〉設問で答える最初は「書く力」に関する生徒の現状である。ＰＩＳＡ調査の結果を受け、平成十七年十二月に「読解力向上プログラム」(文部科学省)が取りまとめられ、その中で「テキストに基づいて自分の考えを書く力を高める取組の充実」などが求められている。したがって、生徒の社会的自立に必要な国語力として、「読むこと」と関連づけた形で「書くこと」を充実していく必要がある。今日の映像文化社会で、生徒の「書く力」の育成は、活字文化の活性化と自己表現のために不可欠である。生徒の「書く力」育成の指針は、学習指導要領の「B 書くこと」の指導事項や言語活動例に示されている。その内容にふれながら、設問の「書く力」の指導について、自分の教育観を交えて論述することが大切である。

二〇二三年度　実施問題

【中高共通】

【一】次の文章を読んで、(一)～(八)の問いに答えなさい。

A人間が豊かさを喜べないのはなぜなのだろうか？　豊かさについてごく簡単に考察してみよう。

国や社会が豊かになれば、そこに生きる人たちには余裕がうまれる。その余裕にはすくなくとも二つの意味がある。

一つ目はもちろん金銭的な余裕だ。人は生きていくのに必要な分を超えた量の金銭を手に入れる。稼いだ金銭をすべて生存のために使い切ることはなくなるだろう。

もう一つは時間的な余裕である。社会が富んでいくと、人は生きていくための労働にすべての時間を割く必要がなくなる。そして、何もしなくてもよい時間、すなわち暇を得る。

では、続いてこんな風に考えてみよう。富んだ国の人たちは①その余裕を何に使ってきたのだろうか？　そして何に使っているのだろうか？

「［　B　］」という答えが返ってきそうである。たしかにそうだ。金銭的・時間的な余裕がない生活というのは、あらゆる活動が生存のために行われる、そういった生活のことだろう。生存に役立つ以外のことはほとんどできない。ならば、余裕のある生活が送れるようになった人たちは、その余裕を使って、それまでは願いつつもかなわなかった何か好きなことをしている、と、そのように考えるのは当然だ。

ならば今度はこんな風に問うてみよう。その「好きなこと」とは何か？　やりたくてもできなかったこととはいったい何だったのか？　いまそれなりに余裕のある国・社会に生きている人たちは、その余裕を使って何をしているのだろうか？

こう問うてみると、これまでのようには②すんなりと答えが出てこなくなる。（　a　）、「好きなこと」なのだから個人差があるだろうが、いったいどれだけの人が自分の「好きなこと」を断定できるだろうか？

土曜日にテレビをつけると、次の日の日曜日に時間的・金銭的余裕をつぎ込んでもらうための娯楽の類を宣伝する番組が放送されている。その番組を見て、番組が勧める場所に行って、金銭と時間を消費する。さて、そうする人々は、「好きなこと」をしているのか？　それは「願いつつもかなわなかった」ことなのか？

「好きなこと」という表現から、「趣味」という言葉を思いつく人も多いだろう。③趣味とは何だろう？　辞書によれば、趣味はそもそもは「どういうものに美しさやおもしろさを感じるかという、その人の感覚のあり方」（強調は引用者）を意味していた（『大辞泉』）。これが転じて、「個人が楽しみとしている事柄」を指すようになった。

（　b　）いまでは「趣味」をカタログ化して選ばせ、そのために必要な道具を提供する企業がある。テレビCMでは、子育てを終え、亭主も家にいる、そんな年齢の主婦を演じる女優が、「でも、趣味ってお金がかかるわよね」とつぶやく。すると間髪を容れず、「そんなことはありません！」とナレーションが入る。カタログから「趣味」を選んでもらえれば、必要な道具が安くすぐに手に入ると宣伝する。

さて、カタログからそんな「その人の感覚のあり方」を選ぶとはいったいどういうことなのか？

最近他界した経済学者ジョン・ガルブレイス〔１９０８-２００６〕は、二〇世紀半ば、一九五八年に著した『ゆたかな社会』でこんなことを述べている。

現代人は自分が何をしたいのかを自分で意識することができなくなってしまっている。広告やセールスマンの言葉によって組み立てられてはじめて自分の欲望がはっきりするのだ。自分が欲しいものが何であるのかを広告屋に教えてもらうというこのような事態は、十九世紀の初めなら思いもよらぬことであったに違いない。

経済は消費者の需要によって動いているし動くべきであるとする「消費者主権」という考えが長く経済学を支配していたがために、自分の考えは経済学者たちから強い抵抗にあったとガルブレイスは述べている。つまり、消費者が何かを必要としているという事実(需要)が最初にあり、それを生産者が感知してモノを生産する(供給)、これこそが経済の基礎であると考えられていたというわけだ。

ガルブレイスによれば、そんなものは④経済学者の思い込みにすぎない。だからこう指摘したのである。高度消費社会――彼の言う「ゆたかな社会」――においては、供給が需要に先行している。いや、それどころか、供給側が需要を操作している。つまり、生産者が消費者に「あなたが欲しいのはこれなんですよ」と語りかけ、それを買わせるようにしている、と。

いまとなってはガルブレイスの主張はだれの目にも明らかである。消費者のなかで欲望が自由に決定されるなどとはだれも信じてはいない。欲望は生産に依存する。生産は生産によって満たされるべき欲望を作り出す。

ならば、「好きなこと」が、消費者のなかで自由に決定された欲望にもとづいているなどとは到底言えない。私の「好きなこと」は、生産者が生産者の都合のよいように、広告やその他手段によって作り出されているかもしれない。もしそうでなかったら、どうして日曜日にやることを土曜日にテレビで教えてもらったりするだろうか？　どうして趣味をカタログから選び出したりするだろうか？

こう言ってもいいだろう。「ゆたかな社会」、（　c　）、余裕のある社会においては、たしかにその余裕は余裕を獲得した人々の「好きなこと」のために使われている。しかし、その「好きなこと」とは、願いつつもかなわなかったことではない。

（國分功一郎『暇と退屈の倫理学』より）

(一) 空欄（ a ）～（ c ）に入る適切な表現を、次のア～オからそれぞれ一つ選び、記号で答えなさい。

ア もちろん　イ なぜなら　ウ すなわち　エ そして　オ ところが

(二) 傍線部①「その余裕」の指す内容を、本文中から十字以内で抜き出しなさい。

(三) 空欄［ B ］に入る最も適切な表現を、次のア～オから一つ選び、記号で答えなさい。

ア 富むまでは願いつつもかなわなかった自分の好きなことをしている

イ 生きていくために必要なことばかりをしていたので想像ができない

ウ 国や社会が豊かになっていった結果として人々にも余裕が生まれる

エ 思いがけず生じた暇な時間をつぶすのにふさわしいことを考え出す

オ 余裕ある生活を送るなかで自分の好きなことを発見して夢中になる

(四) 傍線部②「すんなりと答えが出てこなくなる」とありますが、その理由について筆者はどのように考察していますか。本文の内容をふまえて四十字以内で説明しなさい。

(五) 傍線部③「趣味とは何だろう?」とありますが、筆者は、現代における「趣味」のあり方についてどのようなことを指摘していますか。本文の内容をふまえて六十字以内で説明しなさい。

(六) 傍線部④「経済学者の思い込み」とはどのようなことですか。本文の内容をふまえて五十字以内で説明しなさい。

(七) 傍線部A「人間が豊かさを喜べないのはなぜなのだろうか?」とありますが、筆者はその問いに対してどのように考察していますか。本文の内容をふまえて七十字以内で説明しなさい。

(八) この文章をもとにして授業を行う場合、どのようなことをねらいとして、どのように授業を展開しますか。具体的に答えなさい。

(☆☆☆◎◎)

【二】 次の文章を読んで、(一)～(七)の問いに答えなさい。

今は昔、[注1]高忠といひける越前守の時に、①いみじく不幸なりける侍の、夜昼まめなるが、冬なれど、帷(かたびら)をなん着たり A けり。雪のいみじく降る日、この侍、清めすとて、物の憑きたるやうに震ふを見て、守、「歌詠め。をかしう降る雪かな」といへば、この侍、「何を題にて仕るべき」と申せば、「裸なる由(よし)を詠め」といふに、程もなく震ふ声をささげて詠みあぐ。

はだかなる我が身にかかる白雪はうちふるへども消えせざりけり

と誦(よ)みければ、守②いみじくほめて、着たりける衣を脱ぎて取らす。北の方も哀れがりて、薄色の衣のいみじう香ばしきを B 取らせたりければ、二つながら取りて、[注2]かいわぐみて、脇に挟みて立ち去りぬ。[注3]侍に行きたれば、居並みたる侍ども見て、驚きあやしがりて問ひけるに、③かくと聞きてあさましがりけり。

さてこの侍、その後見えざりければ、あやしがりて、守尋ねさせければ、北山に貴き聖ありけり、C そこへ行きて、この得たる衣を二つながら取らせて、いひけるやう、「年まかり老いぬ。身の不幸、年を追ひてまさる。この生の事は益もなき身に D 候ふめり。④後生をだにいかでと覚えて、法師にまかりならんと思ひ侍れど、戒師に奉るべき物の候はねば、今に過し候ひつるに、かく思ひかけぬ物を賜りたれば、限りなくうれしく思ひ給へて、これを布施に参らするなり」とて、「法師になさせ給へ」と涙にむせかへりて泣く泣くいひければ、聖いみじう貴みて、法師になしてけり。さてそこより行方もなくて失せにけり。在所知らずなりにけり。

（『宇治拾遺物語』より）

※注１　高忠……伝未詳。
※注２　かいわぐみて……くるくると丸めるように畳むこと。
※注３　侍……国の館の侍所。侍の詰所。

(一)　次のⅠ、Ⅱの問いに答えなさい。
　Ⅰ　傍線部Ａ「けり」を適切な形に活用させなさい。
　Ⅱ　傍線部Ｄ「候ふ」、Ｅ「給へ」、Ｆ「参らする」について、敬語の種類をそれぞれ答えなさい。
(二)　傍線部①「いみじく不幸なりける侍の、夜昼まめなるが」、傍線部④「後生をだにいかでと覚えて」をそれぞれ現代語に訳しなさい。
(三)　傍線部②「いみじくほめて」とありますが、歌のどのような点を評価したのですか。本文に即して具体的に説明しなさい。
(四)　傍線部Ｂ「取らせたりければ」、Ｃ「そこへ行きて」の主語を本文中からそれぞれ抜き出しなさい。
(五)　傍線部③「かくと聞きてあさましがりけり」について、「かく」の指し示す内容を三十字以内で説明しなさい。
(六)　傍線部⑤「いみじう貴みて、法師になしてけり」とありますが、どのような点を「いみじう貴み」たのですか。四十字以内で説明しなさい。

(七) この文章を用いて授業をする場合、あなたはこの説話のどこに注目しますか。具体的に述べなさい。

(☆☆☆◎◎◎)

【三】次の文章を読んで、(一)~(八)の問いに答えなさい。ただし、設問の都合上、訓点を省いたところがあります。

貞観初、有上書請①去佞臣者。太宗謂曰、「朕之
所任、皆以為賢。卿知佞者誰耶。」A対曰、「臣居草澤[注1]、
不的知佞者。請陛下陽怒、以試群臣。B若C能不畏雷
霆[注2]、直言進諫、D則是正人。順情②阿旨、則是佞人。」帝謂
封徳彝[注3]曰、「朕聞③『流水清濁、在其源也。』君者政源、
人庶④猶水。君自為詐欲臣下行直、是猶源濁而望
水清。理不可得也。朕常以魏武帝多詭詐、深鄙其

為レ人。⑤此言⑥豈可レ堪レ為二教令一。」

（『貞観政要』より）

※注1　草澤……民間の意。　※注2　雷霆……激しい雷。天子の怒りの形容。
※注3　封徳彝……太宗に仕える臣下。

㈠　傍線部A「対」、傍線部B「若」、傍線部C「能」、傍線部D「則」の読みを、送りがなも含めてすべてひらがなで答えなさい。答えは現代仮名遣いでよいものとします。
㈡　傍線部①「佞臣」の対義語を漢字二字でそのまま抜き出しなさい。
㈢　傍線部②「阿」と同じ意味で用いられているものを次のア～エから一つ選び、記号で答えなさい。
ア　阿妹　　イ　阿漕　　ウ　阿世　　エ　阿鼻
㈣　傍線部③「流水清濁、在其源也」とありますが、本文中で「流水」に喩えられているものを漢字二字で二つ、「源」に喩えられているものを漢字一字で一つ、それぞれそのまま抜き出しなさい。
㈤　傍線部④「猶水」をすべてひらがなで書き下し文にしなさい。
㈥　傍線部⑤「此言」の内容を本文に即して答えなさい。
㈦　傍線部⑥「豈可堪為教令」を現代語に訳しなさい。
㈧　「太宗」は君主としてどのような態度であろうとしているのか、本文に即して答えなさい。

（☆☆☆◎◎◎）

【四】次の(一)~(五)について、それぞれの問いに答えなさい。

(一) 次のア~オの文で、敬語の使い方が不適切なものを一つ選び、記号で答えなさい。

ア　お客様がおっしゃることは、ごもっともです。(接客対応)

イ　まず、本校校長の鈴木からご挨拶を賜ります。(地域の教育研究会の司会)

ウ　どちらにお住まいでいらっしゃいますか。(相手の住所を尋ねる)

エ　高橋さんには、新天地でご活躍いただきたい。(送別会の挨拶)

オ　カードを利用なさると、さらに十パーセント割引いたします。(接客対応)

(二) 次の語句について、①は対義語を漢字二字で答えなさい。②は(　　)に入る漢字をア~オから一つ選び、記号で答えなさい。

①　斬新

②　換骨奪(　)

　ア　体　　イ　帯　　ウ　肉　　エ　胎　　オ　還

(三) 次のア~オの文で、言葉の使い方が不適切なものを一つ選び、記号で答えなさい。

ア　私が迎えに行くので、仙台に着く時刻を教えてほしい。

イ　口ではああ言ったものの、なかなか見限ることはできない。

ウ　彼が人を批判したり、悪口を言うのを聞いたことがない。

エ　わざわざ家まで行ったのに、結局彼には会えなかった。

オ　詳しい事情も知らないくせに、彼は口出ししてくる。

(四) 次の①~③の傍線部の漢字の読みを書きなさい。

① 戦争のむごさに慄然とする。
② 杜撰な計画だった。
③ 彼の行動には訝しい点がある。

(五) 次の①～③の傍線部のカタカナを漢字に直しなさい。
① 準備がトドコオる。
② メンエキ力が低下する。
③ 自由ホンポウな生き方に憧れる。

(☆☆☆◎◎◎)

【五】作文

今、国語科において「読書活動の充実」が求められています。あなたはその意義をどうとらえ、国語教師としてどのような授業づくりを行っていきますか。生徒の現状もふまえ、四百字以内で述べなさい。

(☆☆☆◎◎◎)

解答・解説

【中高共通】

【二】(一) a ア b オ c ウ (二) 金銭的・時間的な余裕 (三) ア (四) 現代人は、自分が何をしたいのかを自分で意識することができなくなっているから。(三十八字) (五) 趣味は本来その人の感覚にもとづく内発的なものであるはずだが、現実は企業が先に提示した中から選択させられているということ。(六十字) (六) 消費者による需要がまずあって、それを生産者が感知して供給するという仕組みが経済の基礎だとする考え方。(五十字) (七) 豊かさによって得た余裕を現代人は主体的に活用することができず、高度消費社会の中で、生産者の供給したものによって欲求そのものが操作されている。(七十字) (八) この文章の構成や展開、表現の特徴について、自分の考えをもたせることや文章に表れているものの見方や考え方を正しく理解し、自分のものの見方や考え方を広くすることをねらいとして、次の授業を展開する。①グループ活動により、この文章に関わる資料を学校図書館等を利用して調査させる。②各グループの調査資料をもとに発表やディベートを行い、内容や表現の仕方を評価したり、作者の意図をとらえさせる。

〈解説〉(一) 空欄補充は、その前後の文や語句との整合性を考えることが大切である。aには、好きなことに個人差があることを当然視する副詞、bには前文と内容面で逆の接続詞、そしてcには「ゆたかな社会」をさらに別の語で説明する接続詞が入る。 (二) 筆者は国や社会が豊かになれば、金銭的余裕と時間的な余裕の二つの意味の余裕が生まれるとしている。 (三) 後文に「たしかにそうだ」とあるので、後文の内容がBに入ることは想像できるだろう。さらに読み進めると「それまでは願いつつもかなわなかった何か好きなことをしている」とある。これと同意の選択肢をさがせばよい。 (四) 後文にある「どれだけの人が自分の『好きなこと』を断定できるか」は、多くの現代人が時間的・金銭的余裕を使って、「願いつつもかなわなかった何か好きなこと」や「自分の趣味」をエンジョイしているのだろうか、という筆者の疑問である。後文でジョン・ガルブレイスが述べている「自分が何をしたいのかを自分で意識することができなくなってしまっている」が、筆者の用意した答えである。　(五)　趣味とは「個人が楽しみとしている事柄」、いわばその人独自の「楽しみ」であり、個性的なものであった。しかし現在では、その「趣味」が企業によってカタログ化され、そのカタログから「趣味」を選択させられていると述べている。　(六)　④の前にある「そんなものは」(主語)の指示する内容が設問の答えになる。つまり、前文の「消費者が何かを必要としている事実…経済の基礎であると考えられていた」を要約すればよい。　(七)　最後の二つの段落(結論)の内容をおさえながら、全体をまとめる。筆者は豊かさを「金銭的な余裕」と「時間的な余裕」の二つの意味でとらえ、その余裕を自分の「好きなこと」に消費し、享受する喜びを想定しているものの、それに疑義を感じている。その疑義とは、人々は本当に自分の「好きなこと」を「趣味」を含めて主体的に消費しているのか、ということである。生産者の供給したものによって人々の「余裕」が消費され、操作されている今日の生活状況をふまえてまとめること。

(八)　中高共通問題であるため、指導上の差はあるにしても「C読むこと」の育成目標は共通しているだろう。中学では「C読むこと」の「自分の考えの形成に関する指導事項」、高校では「C読むこと」の「読書をして考えを深めることに関する指導事項」を参照すること。

【二】(一)　Ⅰ　ける　Ⅱ　D…丁寧　E…謙譲　F…謙譲　(二)　①　非常に不幸であった侍で、常に真面目である男(侍)が　④　せめて後生だけでも何とかして助かりたいと思われて　(三)　「白雪」に白髪の意を込め、「うちふるへども」に「雪を振るう」と「我が身が震える」の二つの意を掛けた当意即妙な点について評価した。（四）B 北の方　C 侍　（五）侍の歌に感動した越前の守と妻から褒美として着物を賜ったこと。（三十字）（六）越前の守から賜った貴重な着物を布施として献上し、自らの出家を強く願った点。（三十七字）（七）一人の貧しい侍の誠実な生き方と人間としてのあるべき姿に着目し、古典と現代に通ずる普遍的なものを理解させるための授業計画を創意工夫する。

〈解説〉（一）Ⅰ Aの「けり」は、係助詞「なん(む)」と呼応して係結びをつくるための結辞は連体形の「ける」になる。　Ⅱ Dの「候ふ」は「あり」の丁寧語、Eの「給へ」はハ行下二段活用の謙譲の補助動詞、Fの「参らする」は「献上する」の謙譲語である。　（二）①の「いみじく不幸なりける侍の」の「いみじく」は、大変に・非常に、という意味の副詞、「侍の」の「の」は同格の格助詞、「夜昼まめなるが」の「まめなる」は「まめなり」(形動)の連体形で、忠実な・勤勉な・真面目なという意味である。④の「後生をだにいかでと覚えて」の「後生」(ごしょう・ごせ)は、(仏語の)来世のこと。「いかでと覚えて」は、何とかしたいと思われて、という意味。今昔物語には、「後世をだに助らむと思ひたまへて」とある。　（三）「はだかなる…」の歌意は、「裸でいる自分の身に降りかかってくる白雪は、寒さでふるえる体を、いくらふるってみてもどうにも消えないことです」となる。「白雪」と「白髪」の意をかけ、さらに「ふるへども」に「(雪を)振るう」と「(我が身が)震える」の意味がこめられている。和歌の修辞法の掛詞が用いられている。　（四）Bの「取らせたりければ」の「取らす」は、与えるという意味で、北の方が帷姿の夏の衣服のままの侍に同情して、自分の着衣を脱いで与えたのである。Cの「そこへ行きて」の「そこ」は、北山を指す。北山の聖を例の「侍」が訪ねたことを述べている。　（五）③の「かくと聞きてあさましがりけり」の「かく」は前の事柄を受けて、このように、と述べる副詞。「前の事柄」は、雪のいみじく降る日に、越前守の「歌詠めの命」に応じて歌を詠み、主人と奥方(北の方)から褒美として衣をそれぞれから賜った経緯である。　（六）侍が北山の聖に、越前守と北の方から賜った二つの着物を布施として献上し、「法師になさせ給へ」と懇請する姿に、聖はひどく心うたれたのである。　(七)　説話は、叙事的・伝奇的・教訓的・寓話的・民衆的な要素をもち、民衆の意見・嗜好・信仰などを端的に叙述している文学作品である。「宇治拾遺物語」は、中世説話を代表するものであるが、説話百九十六のうち八十余が、平安時代の「今昔物語」と同材で、この「高忠侍歌読事」もその一つである。貧窮であっても実直に生きることの大切さや神仏を畏敬する宗教心の育成に、古典を通じて教育することも重要であることを論じてもよいだろう。

【三】(一)　A　こたえて　B　もし　C　よく　D　すなわち　(二)　正人　(三)　ウ

(四)　流水…人庶・臣下　源…君　(五)　なほみづのごとし(なおみずのごとし)　(六)　陛下がいつわって怒ったふりをして群臣たちを試し、佞臣と正人との見極めをしてほしいということ。　(七)　どうして教令として実施することに我慢できようか、いやとても我慢などできない。　(八)　人民も臣下も君主の姿勢をまねるものであるからこそ、自分はうそいつわりのない行動をしたい。

〈解説〉(一)　Aの「対」は、こたふ(う)の連用形「こたへ(え)」+接続助詞「て」で、こたへ(え)て、と読む。Bの「若」は、もし、と読み、仮定形をつくる副詞である。Cの「能」は、よく、と読む副詞。Dの「則」は、すなは(わ)ち、と読む接続詞で、…すると、と訳す。直前に訓読する語の送りがなが「…レバ」となることが多いので、「レバ則」と呼ぶ。　(二)　①の佞臣(ネイシン)とは、「口先がうまく、こびへつらう家臣」のこと。対義語は正人で、りっぱな徳のある人、である。　(三)　②の「阿」は、おもねる、と読み、へつらうこと。アの「阿妹」は妹を親しんで呼ぶ語、イの「阿漕」はあつかましいこと、ウの「阿世」は世俗にこびへつらうこと、エの阿鼻は梵語で、八大地獄の一つのこと。　(四)　③の「流水清濁、在其源也」(流水の清濁は其の源に在るなりと)にある「流水の清濁」については、後文に「人庶は猶ほ水のごとし」「君者政の源」を考える。君主は流水の源であり、人庶(人衆・人民)は、流水であるとしている。　(五)　④は再読文字の「猶」(なホ…ごとシ)に注意すること。　(六)　上書して佞臣の追放を求めた者の言「請陛下陽怒、以試群臣」の説明である。「いつわりの君主の怒りに対しても、それを恐れず諫言する者は「正人」であり、逆に君主におもねる者は佞臣である。それをお見分けください」ということ。　(七)　⑥「豈可堪為教令」(豈に教令と為すに堪ふべけんや)の現代語訳。反語形であるから「…となすに堪えられるだろうか、いや堪えられない」と訳す。

(八)　国を治める君主として、正人であるべきと述べている。清流のような善良な人民の鏡ともなるべき君主自らが清流の美しい水源であるべきで偽りの怒りで佞臣を探ろうとする詭計をいやしんでいる。

【四】(一)　イ　(二)　①　陳腐　②　エ　(三)　ウ　(四)　①　りつぜん　②　ずさん　③　いぶか

(五)　①　滞　②　免疫　③　奔放

〈解説〉(一)　身内の者の言動には、謙譲語を用いる。「…させていただく」を用いて、「挨拶させていただきます。」とする。　(二)　①　斬新(ざんしん)は、「(趣向や思いつきなどが)きわだって新しく珍しいこと」である。

②「換骨奪胎」(かんこつだったい)は、(骨をとりかえ、胎児を取って使う意から)古人の使った詩文の作意や内容を生かしながら、表現形式や語句などに新たな工夫を加えて、新しい作品を作ることである。

(三)　ウの「…たり」は、並列の助詞で、「…たり、…たり」の形で用いる。「悪口を言うのを」は「悪口を言ったりするのを」が正しい。

【五】(例)　読書活動の充実は、これからの社会を主体的に生きぬくために自己の見聞を広めると同時に、豊かな教養と人間性を身につけることを目的とした言語活動の一環である。私は、生徒たちが読書への関心と意欲を喚起するため、読書の意義を理解させようと思う。さらに、生徒の現状をふまえ次のような指導を行う。

① 優れた文章表現に接することで、場の情況や心理分析ができるように、授業の中での朗読、グループ研究を行い、文章に描かれた人物、情景、心情などを読みとらせる。

② 新聞やインターネット、学校図書館等の施設などを活用して得た情報をグループ相互で交換し、発表することによって、生徒相互の知識を広げ、考えを深めさせるようにする。

③ 生徒の学習能力に応じて、読書への関心を喚起する教材の精選を行う。

〈解説〉生徒の読書離れとマンガ本の氾濫は、従来からの難題である。その背景に映像文化の普及とそれに比例しての「活字離れ」現象がある。特にこれからの情報化社会では、自分に必要な情報を読書によって得ることが必要不可欠であり、中学の学習指導要領「C 読むこと」の指導事項に「読書と情報活用に関する指導事項」が示されている。その他、生徒の心身の発達や学習段階に応じて、「文章の解釈」「自分の考えの形成」等に関する指導事項が各学年ごとに示され、さらに、この指導事項を指導する際の具体的な言語活動が例示されている。また、高校の学習指導要領では、「国語総合」の「C 読むこと」の指導事項に「読書をして考えを深めることに関する指導事項」があり、「現代文A」の内容の取扱いの指導にあたっての配慮すべき事項や「現代文B」の内容の取扱い(2)「読書指導に関する事項」等にも、読書指導についてのあり方が示してある。

二〇二二年度 実施問題

【中高共通】

【一】次の文章を読んで、(一)~(九)の問いに答えなさい。

わたしのそだったのは、東北である。（ a ）、わたしの読む言葉は、どんな言葉もが湿るようにあたたかく濁った東北の言葉になった。大学をでて「国語」の教師になろうとしたわたしは、標準語のアクセントとはちがった言葉しか身にもたなかったために、不適格者とされた。にもかかわらず、わたしは①うさんくさい標準語や芝居がかった方言体で朗読される宮沢賢治には、どうしてもなじめなかったし、いまもそれはおなじだ。

言葉が意味をあらわすのは、言葉が意味のなかに閉じこめられるということではない。言葉がみずから意味しうるものの限界をしるしづけ、そうすることによって言葉が意味しえないものが何であるかを、はっきり指ししめすということである。本の活字が行間をあけて組まれるように、言葉は言葉にならないものを行間にもつ言葉なのだ。懐中電灯が光りをつつむ闇をさそいだすように、言葉は②言葉をつつんでいる沈黙をさそいだすことができるのでなければならない。言葉は、言葉の限界にゆきつく努力によって言葉になるので、言葉を読むとは言葉の限界を確かめ確かめしながら読んでゆくということだ。

言葉の本質は、わたしは、言葉に何ができないかを明らかにすることによって、言葉で果たしうるものを言葉にはっきりあらわすことだ、とおもう。わたしはそのことを、わたしなりの音読の習慣からまなんだ。声にだして読む言葉は、目で読むだけの言葉の表現からはどうしたってそれてゆくし、それていってしまわずにはいない。言葉がまるでちがってかんじられるということだって、しばしばある。言葉が声(肉体)をとおるやいなや、言葉はいわば言葉の身ぶりともいうべきもののさなかにみずからをあらわすほか、すべをもたなくなるからだ。声となった言葉は、ほとんど露骨といってよいほど、その言葉がどのようにもちいられているのかということを、明るみにはこびだす。

言葉を読むとは、つまるところ、わたしが言葉をどのようにつかったか、つかうかということのはっきりした証しなのだ。わたしの言葉づかい、わたしの言葉のつかいかたとは、わたしがわたしたちというものを、世界というものをどのようにかんじ、どのようにかんがえているかということの、いいかえればわたしがどのように「　A　」ということの、明証にほかならないだろう。声にだして読みさえすれば、それで言葉が十全な言葉になるなどとはおもわないし、③公開の朗読といったものを、わたしはめったに信じない。わたしがかんがえるのは、一人が一人に話しかける言葉、一人が一人に差しだす言葉としての、声になった言葉だ。一人が一人に話しかける声をみずから言葉のうちにたもつことによって、わたしたちはじぶんの言葉を、みずから言葉の限界いっぱいに立たせることができるのではないか、ということをかんがえるのだ。実際、言葉を書くということにおいて、日々の言葉のもつさまざまに多様で複雑な言葉のひびき、色あい、厚み、くせといったものを文字としての言葉にうつしいれることを、絶望的な困難さをおぼえずになしうるひとは、すくないだろう。というより、いないだろう。

書くという行為は、読むという行為より、つねにせまい。そのせまさの自覚をこそ、書くという行為はみずから方法的につらぬかなければならないのだ、とわたしはおもっている。言葉のはじまりは「「　B　」」なのだ。

わたしの記憶をかたどってきた言葉は、考えてみるといつだって、つねに④独自の言葉づかいをもった言葉たちだった。これまでもわたしなりに、ずいぶんおおくの物語や伝記や紀行やエッセーを読んできたけれども、文脈やストーリーをすっかりわすれてしまったあとでさえも、それらのなかのいくつかの言葉だけはしっかりとのこっているという経験が、たびたびあった。言葉を読むとき、わたしたちは意味やストーリーを読んでいるとおもっている。しかしほんとうは、わたしたちはそのとき、言葉をとおして、その言葉をなりたたせている言葉のひびきや色あいやかげりや呼吸を、つまりその言葉がみずからにしるしづけている限界の経験を読んでいるのだ。言葉をつかってわたしたちは、言葉の限界をみつける。（　b　）、その言葉がしるしもつ限界の経験をもちつづけるのである。

「言文一致」という言葉を、わたしは中学校で、近代文学史の一用語としてならった。（　c　）、「言文一致」はけっして文学史のうえの死語であるにはとどまらない、といつかますますおもうようになった。⑤書くとは言葉を「読むこと」の表現にほかならないのだということを、それは端的によくしめしている言葉だろう、とそうおもうようになった。

樋口一葉の言葉に、芥川龍之介の言葉に、宇野浩二の言葉に、宮沢賢治の言葉に確実にあったものが、いまのわたしたちの周囲の言葉からは、みごとにうしなわれているということはないだろうか。わたしたちの戦後の言葉は、ある意味で、「言文一致」の直接性をどこかにわすれつづけてきた、そうした言葉であったのではないだろうか。音をうつすものとしてではない。言葉がそのなかで活かされている日々の身ぶり、息づかいをよくつたえうる、ふさわしい「言文一致」を、わたしたちのもつ言葉にのぞむべきだ。そんなおもいに、わたしはつよくとらえられる。

（長田弘　『詩人であること』より）

(一) 空欄(a)～(c)に入る適切な表現を、次のア～オからそれぞれ一つ選び、記号で答えなさい。
ア つまり　イ しかし　ウ たとえば　エ だから　オ そして
(二) 傍線部①「うさんくさい標準語」と対比されている語句を、本文中から二十字以内で抜き出しなさい。
(三) 傍線部②「言葉をつつんでいる沈黙をさそいだす」とはどのようなことですか。本文中の表現を用いて、解答用紙の様式にしたがって四十五字以内で説明しなさい。
(四) 空欄[A]に入る最も適切な表現を、次のア～オから一つ選び、記号で答えなさい。
ア 言葉をうみだし意味をもたせてきたのか
イ わたしの生をにないとって生きているか
ウ 世界をとらえ声としてあらわしてきたか
エ この世にうまれその生を全うしてきたか
オ 他者とむきあって思いを伝えてきたのか
(五) 傍線部③「公開の朗読」を筆者はどのようなものととらえていますか。「[ ]という行為」という結びになるように、本文中の表現を用いて四十字以内で説明しなさい。
(六) 空欄[B]に入る最も適切な語句を、本文中から五字以内で抜き出しなさい。
(七) 傍線部④「独自の言葉づかい」の例として挙げられているものを、本文中から三十字以内で抜き出しなさい。
(八) 傍線部⑤「書くとは言葉を『読むこと』の表現にほかならない」とありますが、これは「言文一致」のあり方について筆者の考え方を示したものです。このことを、本文の内容をふまえて七十字以内で説明しなさい。

(九) この文章の中で述べられている「読むこと」を、あなたは国語の学習活動にどのように生かそうと考えますか。筆者の見解をよくふまえて具体的に述べなさい。

(☆☆☆◎◎◎)

【二】次の文章を読んで、(一)～(七)の問いに答えなさい。

名利に使はれて、しづかなるいとまなく、一生を苦しむるこそ愚かなれ。

財多ければ身を守るに貧し。害を買ひ、累を招くなかだちなり。身の後[注1]には金をして北斗をささふとも、人のためにぞわづらはるべき。愚かなる人の目をよろこばしむる楽しみ、またあぢきなし。大きなる車、肥えたる馬、金玉のかざりも、①心あらん人はうたて愚かなりとぞ見るべき。金は山に捨て、玉は淵に投ぐべし。利に惑ふは、すぐれて愚かなる人なり。

②埋もれぬ名を長き世に残さんこそ、あらまほしかる(べし)、位高く、やんごとなきをしも、すぐれたる人とやはいふべき。愚かにつたなき人も、家に生れ、時にあへば高き位にのぼり、おごりを極むるもあり。いみじかりし賢人・聖人、自ら賤しき位にをり、時にあはずしてやみぬる、又多し。ひとへに高き官・位をのぞむも、次に愚かなり。

智恵と心とこそ、世にすぐれたる誉も残さまほしきを、つらつら思へば、誉を愛するは人の聞をよろこぶなり。ほむる人、そしる人、ともに世にとどまらず、伝へ聞かん人、又々すみやかに去るべし。誰をか恥ぢ、誰にか知られん事を願はん。③誉は又毀りの本なり。身の後の名、残りて(　④　)益なし。是を願ふも、次に愚かなり。

ただし、しひて智をもとめ、賢を願ふ人のために言はば、⑤知恵出でては偽あり、才能は煩悩の増長せるなり。伝へて聞き、学びて知るは、真の智にあらず。いかなるをか智といふべき。可・不可は一条なり。いかなるをか善といふ。⑥まことの人は智もなく、徳もなく、功もなく、名もなし。誰か知り、誰か伝へん。これ、徳を隠し愚を守るにはあらず。本より賢愚得失の境にをらざればなり。

迷ひの心をもちて名利の要[注2]を求むるに、かくのごとし。万事は皆非なり。言ふにたらず、願ふにたらず。

（『徒然草』より）

※注1　身の後には金をして北斗をささふとも……自分の死後には、黄金で北斗七星を支えるほど財産があっても。　※注2　要……欲望。要求。

(一)　傍線部①「心あらん人はうたて愚かなりとぞ見るべき。」を現代語に訳しなさい。

(二)　傍線部②「埋もれぬ名を長き世に残さんこそ、あらまほしかる(べし)、」について、次のⅠ、Ⅱの問いに答えなさい。

Ⅰ　(べし)を適切な活用形に直しなさい。

Ⅱ　傍線部②を現代語に訳しなさい。

(三)　傍線部③「誉は又毀りの本なり。」とありますが、作者がそう考える根拠が端的に示されている一文を抜き出しなさい。

(四)　空欄（　④　）に入る適切な語を、次のア～オから一つ選び、記号で答えなさい。

ア　よも　　イ　さらに　　ウ　さすがに　　エ　あなかしこ　　オ　やがて

(五)　傍線部⑤「智恵出でては偽あり」とありますが、この部分は、「大道廃れて仁義あり。智恵出でては大偽あり。」という思想の影響下にあるとされています。この思想が記されている作品はどれですか。次のア～オから一つ選び、記号で答えなさい。

ア　易経　イ　論語　ウ　荀子　エ　老子　オ　孟子

(六)　本文中において作者はどのような人を「愚か」と考えていますか。三点に分けて現代語で答えなさい。

(七)　傍線部⑥「まことの人は智もなく、徳もなく、功もなく、名もなし。」とありますが、作者がそう考える理由を、七十字以内で説明しなさい。

(☆☆☆◎◎◎)

【三】　次の文章を読んで、(一)～(八)の問いに答えなさい。ただし、設問の都合上、訓点を省いたところがあります。

荀勗善解音声、時論謂之闇解。A 遂調律呂、正雅楽。
毎至正会、殿庭作楽、自調宮商、①無不諧韻。阮咸妙賞。
時謂神解。毎公会作楽、而心②謂之不調。既無一言直。
③勗意忌之、遂出阮為始平太守。後有一田父耕於野、
得周時玉尺。B 便是④天下正尺。荀試以校己所治鐘鼓・
金石・糸竹、皆覚短一黍。C 於是⑤伏阮神識。

(『世説新語』より)

※注1　律呂……声音の基準を正す竹管。　※注2　正会……正月の儀式。朝廷で音楽を演奏した。
※注3　宮商……音楽の調子。　※注4　為始平太守……左遷を表す。　※注5　鐘鼓・金石・糸竹……いずれも楽器を指す。　※注6　一黍……あわ一つぶ。

(一)　傍線部A「遂」、傍線部B「便」、傍線部C「於是」の読みを、送りがなも含めてすべてひらがなで答えなさい。答えは現代仮名遣いでよいものとします。
(二)　当時の人々は荀勗と阮咸をそれぞれ何と評していましたか。それぞれ漢字二字でそのまま抜き出しなさい。
(三)　傍線部①「無不諧韻。」を現代語に訳しなさい。
(四)　傍線部②「之」が指示するものを漢字一字でそのまま抜き出しなさい。
(五)　傍線部③「勗意忌之」の意味として最も適切なものを、次のア～エから一つ選び、記号で答えなさい。
　ア　荀勗は調子外れな音楽に阮咸が何も言わないことを心中憎み、
　イ　荀勗は心の中で阮咸の持つ豊かなる音楽的才能を忌み嫌って、
　ウ　荀勗は阮咸が故意に調子外れな音楽を演奏したことを憎んで、
　エ　荀勗は世評と不釣り合いな阮咸を内心不気味な存在だと思い、
(六)　本文は内容、時間の経過の観点から二段落に分けることができます。前段の最後の五字をそのまま抜き出しなさい。
(七)　傍線部④「天下正尺」は何を意味しますか。本文に即して説明しなさい。
(八)　傍線部⑤「伏阮神識」とはどういうことですか。本文に即して具体的に説明しなさい。

(☆☆☆◎◎◎)

【四】次の(一)~(五)について、それぞれの問いに答えなさい。

(一) 次のア~オの文で、敬語の使い方が不適切なものを一つ選び、記号で答えなさい。

ア 東山小学校の校長先生がいらっしゃいましたので、校長室にお通ししました。〔教頭への来客の連絡〕

イ 下足入れのビニール袋はお持ち帰りにならないで、出口脇の箱にお入れください。〔講演会終了時のアナウンス〕

ウ それでは、高橋が戻り次第伝えます。私、斉藤が承りました。〔不在の同僚あての電話取り次ぎ〕

エ 本日三時に来てくださいとご連絡をいただいて参りました。宮城一郎と申します。〔アルバイトの面接〕

オ 十時過ぎにお越しになられました千葉様より、この書類を預かりました。〔不在だった上司への来客の報告〕

(二) 傍線部の語句について、以下の問いに答えなさい。

彼の活躍を支えているのは、第一にその強靭な精神力である。

① 「強靭」の対義語を漢字二字で答えなさい。

② 次のア~オの中で、「強靭」と同じ構成(成り立ち)の熟語を一つ選び、記号で答えなさい。

ア 快諾　イ 泰然　ウ 収拾　エ 喪失　オ 恣意

(三) 次のア~オの文で、言葉の使い方が不適切なものを一つ選び、記号で答えなさい。

ア この状況では、おそらく妹は一人では行かかない。

イ 楽しみにしていた映画は、全然おもしろくなかった。

ウ　よしんば敗れたとしても、わがチームに悔いは残らない。
エ　よもや一緒のクラスにはなるまい、そう思っていた。
オ　きっと彼女の両親がしてくれたことに違いない。

(四)　次の①～③の傍線部の漢字の読みを書きなさい。
①　寄付で経費を賄う。
②　この研修は悉皆である。
③　失敗にいつまでも拘泥するな。

(五)　次の①～③の傍線部のカタカナを漢字に直しなさい。
①　事案を委員会にハカる。
②　作品のコウセツについて触れる場ではない。
③　万事イロウのないように取りはからう。

(☆☆☆◎◎◎)

【五】作文

思考力・判断力・表現力等を育成する手立ての一つとして、「言語活動の充実」が求められています。あなたはその意義をどうとらえ、国語教師としてどのような授業づくりを行っていきますか。生徒の現状もふまえ、四百字以内で述べなさい。

(☆☆☆◎◎◎)

解答・解説

【中高共通】

【二】(一) a エ b オ c イ (二) 湿るようにあたたかく濁った東北の言葉 (三) 言葉の限界を示すことによって、言葉では意味を表しえないものが何であるかも明らかにしていく。 (四) イ (五) 一人が一人に対して話しかけるものではなく、多くの人を前にして、ただ声に出して読む。 (六) 読むこと (七) その言葉をなりたたせている言葉のひびきや色合いやかげりや呼吸 (八) 「書くこと」とは単に音をそのままうつすことではなく、日々の言葉のもつひびきや息づかいを文字としての言葉にうつしいれることであるということ。 (九) (例) 文章を読むということは、単に言葉を読むのではなく、言葉の奥にある言葉の響きや色合いやかげりなど、作者の心を深く読み取るということである、という筆者の考えを生徒一人一人に理解させる。特に有名な文章家の作品を読者の活動の参考書として選び、音読・黙読を通じて、豊かな読解力を培う。そのための学習活動を計画し、実践する。

〈解説〉(一) 空欄前後の文と整合する語句を選ぶこと。aは累加の意味の語、bは順接、cは逆接の語が入る。

(二) 「うさんくさい標準語」の「うさんくさい」とは、「あやしくて疑わしい」の意味。標準語と対になっているのは方言であり、本文では解答のようになる。 (三) 筆者は、言葉は「自ら意味しうるものを限界づける」とし、そのことによって、「言葉の意味しえないものがなんであるかを指し示す」と述べている。「言葉をつつんでいる沈黙」とは、擬人法であり、かつ暗喩であり、「言葉では意味を表しえないもの」を示す。

(四) Aは「わたし」の「言葉を読む」行為の明証の内容である。Aの前の「わたしが」(主体)、「わたしたち」(人間関係)や「世界」(自分をとりまく世界)に対して、「感じ」「考える」ことを言い換えた人間としての「生」

の実態を述べたものを選ぶ。(五)「公開の朗読」を信じない筆者は、「一人が一人に話しかける言葉、一人が一人に差し出す言葉としての、声になった言葉」を信じるというのである。このことをふまえて、大勢の中での公開の朗読に対する内容をまとめる。(六)「書くという行為」と「読むという行為」の対比で、いずれを「言葉のはじまり」とするのが適切か、文意に従って選択すること。(七)④「独自の言葉づかい」は、「私」の記憶をかたどった言葉に関わる。その言葉とは、「言葉のひびきや色あいやかげりや呼吸」を読んだ経験によるものだ、と筆者はいう。(八)筆者は、読書でいくつかの言葉が記憶に残っている経験があると述べ、その言葉の記憶を「言葉のひびきや色あいやかげりや呼吸」を読むことに関連づけている。最終段落では、「音」をうつすものとしてではなく、言葉がその中で活かされている日々の身ぶり、息づかいをよく伝えうるような「言文一致」を求めている。このことは、言文一致とは単に音(話し言葉)を用いて書くのではなく、日々の言葉のもつひびきや色あい、かげりや呼吸を文字としての言葉にしるしづけることに他ならない。(九)筆者は「言葉を読む」とは、言葉の限界を確かめ確かめしながら読むものだ、と述べている。その限界とは、その言葉を成り立たせている言葉のひびきや色あいやかげりや呼吸(作者の豊かな感性や感興の高まりや知性など)の表現する言葉である。「読むこと」の意義は、単なる「音」としての文字だけでなく、作者の深淵な魂や感性を盛り込んだ器としての「言葉」を読み取ることとなる。

【二】(一)道理をわきまえた人は、いとわしくばかばかしいものだと見るに相違ない。(二)Ⅰ　べけれ　Ⅱ　いつまでも埋もれることのない名声を、後々の世まで残すということは、望ましいことであろうが、(三)可・不可は一条なり。(四)イ　(五)エ　(六)①　利欲に惑わされる人。②　高い官位をひたすら追い求めている人。③　他から誉められ名を残すことばかりを願っている人。(七)「まことの人」とは、賢か愚かとか、名声があるかないかとかいう相対的な評価基準とは無縁であり、絶対的で自由な境に生きていると考えているから。

〈解説〉(一)「心あらん(む)人」とは「道理をわきまえている人」、「うたて」は「見苦しい。ばかばかしい」の意味である。そして、「見るべき」の「べき」は当然の意の「べし」の連体形、係助詞「ぞ」と呼応した係結びである。(二)Ⅰ ②の「べし」は、推量の意を表す助動詞で、係助詞「こそ」と呼応した結辞になるため、已然形の「べけれ」になる。Ⅱ「埋もれぬ名」は「埋もれることのない名声」の意味。「長き世に残さん(む)こそ」とは「遠い後の世まで残すということこそ」の意味で、「む」は、婉曲表現の助動詞である。「あらまほしかるべけれ」は「(誰にとっても)望ましいことであろうが、」の意味である。(三)③の「誉は又毀りの本なり」とは、「名声はまた非難の原因である。」ということ。名声は「可」、非難は「不可」とするものは一つながりで差別のあるものではなく、「可」も「不可」も相対的な価値判断にすぎない。結局、一条(ひとつながりのもの)で差別はない、という老荘の思想を述べて部分を抜き出す。(四)④の前の語句「身の後の名」は、「死後の名声」のこと。以下、「死後の名声が残っても何の益もない」意に関わる語が入る。(五)⑤の「智恵出でては偽あり」とは、「人知の発達によって人為つまり「偽」が生じた意。「老子十八章」による。(六)本文では「名利に使はれて、しずかなるいとまなく、一生を苦しむる人」「ひとへに高き官・位をのぞむ人」「身の後の名」(死後の名声)を残すことをひたすら願う人とある。(七)傍線部後の文「誰が知り、…をらざればなり」を入れて考えるとよい。

【三】(一)A ついに B すなわち C ここにおいて (二)荀勗…闇解 阮咸…神解 (三)韻律に合わない(かなわない)ものはなかった。(四)楽 (五)ア (六)為始平太守 (七)天下の基準となる周代のものさしを意味する。(八) 阮咸が正式な尺に則った正しい韻律で演奏し、真に音楽を理解していたことを悟り、感服したということ。

〈解説〉(一) Aの「遂」は「つひ(い)に」と読み、「すぐに」を意味する。Bの「便」は「すなは(わ)ち」と読み、「まさしく」を意味する。Cの「於是」は「ここにおいて」と読み、「そこで」を意味する。(二)「荀勗」については「時論謂之闇解」とあり、阮咸については「時謂神解」と述べている。(五) ③の「意」は「心の中」、「忌」は「憎む」ことであり、「之」は「毎公会作楽、而心謂之不調、既無一言直」をさす。(六) 前段は、荀勗が阮咸を左遷するところまで。(七) ④の「正尺」は一田父が野で手にした周時の五尺のこと。「天下の正尺」は「天下の標準となるべきものさし」のこと。(八) 荀勗が、周代のものさしで、自分の楽器を測ったところ「短一悉」の違いであった。音楽会では、正式な尺に則った韻律で演奏されたため、阮咸はその演奏に「無一言直」であった。このことを知った荀勗は、阮咸のすぐれた神識(鑑識力)に感服したのである。

【四】(一) オ　(二) ① 脆弱　② エ　(三) ア　(四) ① まかなう　② しっかい　③ こうでい
(五) ① 諮る　② 巧拙　③ 遺漏

〈解説〉(一) オの「お越しになられました」は、「お越しになる」+「れ」(尊敬の助動詞「る」の連用形)で二重敬語になっている。(二) ①「強靭」は、「ねばり強く、困難などによく耐える様子」。対義語は、弱くてもろい」意味の「脆弱」である。②「強」も「靭」もともに「ねばりづよく耐力のある」意味であることから、類語の組合せといえる。エの喪失が、類語の組合せである。(三) 陳述の副詞に関する問題である。アの「おそらく」は、文末を「推量」の言葉で結ぶ。「行かない」ではなく、「行かないだろう。」が正しい。
(五) ①の「ハカる」は「図」「計」「測」「量」「諮」等多様であるから注意すること。

【五】（解答例）「言語活動の充実」を通して思考力・判断力・表現力等の育成を図ることは、今次改訂の重要課題である。これは記述式問題における正答率の低さや無答率の高さなど、近年の生徒の実態を踏まえたものでもある。

本来、国語の授業では学習過程そのものが言語活動であるが、改訂の趣旨に即して言えば、言語活動を通して身に付けるべき力を教師が明確に押さえ、その定着に向け、いかに工夫していくかが授業づくりの重要なポイントになる。例えば、討論の授業では、ただ「話し合わせる」だけでなく、パネルディスカッションの形を取り入れることにより、図やグラフ等の資料を活用し、立場や論点を明確にして説明する力を高めることが期待できる。

この授業で「身に付ける力（言語能力）」、そのための「方法（学習の方法）」と「取り組む学習活動（言語活動）」について、教師・生徒双方が明確に押さえた上で展開される国語の授業づくりに取り組んでいきたい。

〈解説〉思考力・判断力・表現力等の育成は、「生きる力」の知的側面の「確かな学力」の定着とも深く関わる。「言語活動の充実」は、「確かな学力」の定着に不可欠な学習であり、その必要性は、特にＰＩＳＡ調査の結果、我が国の子どもたちに読解力の低下傾向が見られたことに起因している。そのため、平成十七年十二月には、文部科学省において「読解力向上プログラム」が取りまとめられた。ここでは「読む力」と「書く力」を高める取組みの充実が求められている。いわゆるＯＥＣＤのキーコンピテンシィ（主要能力）の育成と類似した言語能力の育成であり、これは、メディアリテラシーの育成に連動していると言ってもよかろう。このことをふまえて、学習方法と学習活動を考えること。

前者では、子どもの個性を生かす教育の一層の充実を図る観点から習熟度別指導や少人数指導、発展的な学習や補充的な学習などの個に応じた指導を積極的、かつ適切に実施することが大切である。後者では、多様な学習活動を学習の諸領域で創意工夫することが求められる。特に「言語活動例」を学習計画にどのように取入れ、それをどのように活用し、「言語活動の充実」のための授業づくりに取組むかを自分の教育観を加えて論述すること。

二〇一一年度 実施問題

【中高共通】

【一】次の文章を読んで、(一)〜(八)の問いに答えなさい。

物語行為によって語られる事柄は多岐にわたっているけれども、フィクションを別にすれば、その中核部分は過去の経験と歴史によって占められるであろう。それゆえ、「赤い花が見える」、「いい香りがする」「お腹が痛い」など①知覚的現在を直接的に描写することは、物語行為の対象とはならない。これら〔　A　〕的刺激によって聞き手の同意・不同意が促されるような文のことをクワイン[注1]は「観察文」と呼んだが、観察文は知覚状況が共有されていさえすれば、それについての同意・不同意に間主観的[注2]一致を得ることができる。それに対して、物語文について同意・不同意の一致が得られるためには、知覚状況ではなく、「物語」の文脈の共有が必要不可欠の条件なのである。

もちろん、知覚的現在はほどなく過去へと移行するが、われわれはそれを想起することによって、「過ぎ去った知覚的現在」(　a　)過去の出来事について語ることができる。しかし、〔　A　〕的刺激に促されて知覚的現在を描写すること(観察文)と、想起に促されて「過ぎ去った知覚的現在」について語ること(物語文)とは、似ているようで、全く違った種類の行為である。簡単に言えば、われわれは現在の出来事を「描写」することはできるが、②過去の出来事を「描写」することはできない。それは、過去の腹痛を今現在痛むことができないことと類比的である(今痛むことができれば、それは現在の腹痛であって、過去の腹痛ではないであろう)。

過去の腹痛は、それを今思いだし、語ることができるだけであり、そこには描写に値する感覚的な細部が欠落しているのである。同じことは、過ぎ去った知覚的体験すべてについて当てはまるであろう。過去の出来事は「描写」されるのではなく、こう言ってよければ想起的に「構成」されるのである。

そのことは、「体験」と「経験」とを対比することによって、別の側面から補強することができる。知覚的現在の見聞嗅触を「体験」と呼ぶことにすれば、「体験を話す」ことは、今現在の知覚状況を描写し、記述することにほかならない。それに対して、「経験を語る」ことは、過ぎ去った体験をありのままに描写することではない。「経験談」、「経験豊富な人」、「学識経験者」といった日常表現にも表れているように、経験を語るという行為には、単なる記述にはおさまらないある種の規範的意味が込められている。ありていに言えば、過去の「経験」は現在のわれわれの行為に指針を与え、それを規制する働きをもつということである。（　b　）、「経験を語る」とは、過ぎ去った体験をわれわれの信念体系の脈絡の中に組み入れ、それを意味づけると共に、現在の行為との間に規範的関係を新たに設定することにほかならない。「羹（あつもの）[注3]に懲り鱠（なます）を吹く」という俗諺は③過去の体験と現在の行為とのそうした関係を戯画的に表現したものであろう。

一度限りの個人的な体験は、経験のネットワークの中に組み入れられ、他の経験と結びつけられることによって、「構造化」され「共同化」されて記憶に値するものとなる。逆にいえば、信念体系の中に一定の位置価を要求しうる体験のみが、経験として語り伝えられ、記憶の中に残留するのである。したがって、繰り返せば、経験を語ることは過去の体験を正確に再生あるいは再現することではない。それはありのままの描写や記述ではなく、「解釈学的変形」ないしは「解釈学的再構成」の操作なのである。そして、体験を経験へと解釈学的に変形し、再構成する言語装置こそが、われわれの主題である物語行為にほかならない。それゆえ物語行為は、孤立した体験に脈絡と屈折を与えることによって、それを新たに意味づける反省的な言語行為といえるであろう。言い換えれば④「体験」は物語られることによって、「経験」へと成熟を遂げるのである。

以上のような体験と経験との関係は、過去の出来事や歴史的事実を語る場面にも適用することができる。ごく常識的に考えれば、過去の出来事はわれわれが想起しようとしまいと、またそれについて語ろうと語るまいと、そうし主観的な活動からは独立に厳然とし客観的に実在する。（ c ）、借金は返済する必要がなくなり、殺人犯は無罪放免となるであろう。そして、想起とは、客観的に実在する過去を再現することにほかならない。これは誰もが疑わない過去についての自明の了解事項である。しかし、こうした健全な常識を疑い、それに異を立てるところにこそ、哲学の面目はあると言わねばならない。

（野家啓一『物語の折口学』より）

※注1　クワイン……米国の論理学者、哲学者。
※注2　間主観的一致……多くの主観を共有した上での客観的一致。
※注3　羹に懲りて鱠を吹く……一度失敗したのに懲りて必要以上の用心をすること。

（一）空欄［ A ］に入る最も適切な表現を、漢字二字で答えなさい。
（二）空欄（ a ）～（ c ）に入る適切な表現を、次のア～オからそれぞれ一つ選び、記号で答えなさい。
ア　もちろん　イ　さもなければ　ウ　しかし　エ　それゆえ　オ　すなわち
（三）傍線部①「知覚的現在を直接的に描写すること」を本文中では何と表現していますか。三字以内で抜き出しなさい。
（四）傍線部②「過去の出来事を『描写』することはできない」とありますが、それはなぜですか。本文中の表現を用いて五十字以内で説明しなさい。

(五)　次の文は、傍線部③「過去の体験と現在の行為とのそうした関係」について説明したものです。(　ア　)～(　ウ　)に入る適切な表現を、本文中からそれぞれ抜き出しなさい。

過去の体験が(　ア　)を持つことで「経験」となり、現在の行為に(　イ　)と(　ウ　)を与えるような関係を示している。

(六)　傍線部④「『体験』は物語られることによって、『経験』へと成熟を遂げるのである」とありますが、それはどういうことですか。本文中の表現を用いて六十字以内で説明しなさい。

(七)　次の文は、「物語行為」に関する筆者の叙述の引用です。(　ア　)、(　イ　)に入る適切な表現を、本文に即して、それぞれ漢字三字で答えなさい。

昔話が「昔々あるところに」で始まり、「あったとさ」で締めくくられる形式をもっていることから見ても、物語行為の基本的時制は(　ア　)であろう。あるいは「今は昔」(今昔物語)、「いづれの御時にか」(源氏物語)、「古老のいへらく」(風土記)といった物語の語り出しを思い起こしてみてもよい。これらはすべて、現在の時点から過去を「(　イ　)」するという解釈学的機能をもった表現である。

(八)　この文章の中で述べられている「物語行為」を、あなたは国語の学習活動にどのように生かそうと考えますか。具体的に述べなさい。

(☆☆☆☆☆◎◎◎)

【二】次の文章を読んで、(一)〜(六)の問いに答えなさい。

母と二人暮らしの儒学者左門は、ある日、旅の途中で病に倒れた武士宗右衛門を助けた。二人は意気投合し、たちまち義兄弟の契りを結ぶ。宗右衛門は、主君塩冶氏が尼子経久に討たれたことを聞いて、急ぎ帰る途中であった。二人は菊の節句を再会の日と固く約束して別れた。しかし、尼子は、宗右衛門の従兄弟の赤穴丹治を使って彼を監禁してしまった。左門との約束を果たしたい宗右衛門は自死し、幽霊となって左門の前に現れたのであった。

先づ赤穴丹治が宅にいきて姓名をもていひ入るるに、丹治迎へ請じて、①「翼ある物の告ぐるにあらで、いかでしらせ給ふべき。謂なし」としきりに問ひ尋む。左門いふ。「士たる者は富貴消息の事ともに論ずべからず。只信義をもて重しとす。伯氏宗右衛門、一旦の約をおもんじ、Aむなしき魂の百里を来るに報ひすとて、日夜を逐てここにくだりしなり。吾、学ぶ所について士に尋ねBまゐらすべき旨あり。ねがふは明らかに答へ給へかし。昔魏の公叔座病の床にふしたるに、魏王みづからまうでて手をとりつも告るは、『若[注1]諱べからずのことあらaば誰をして[注2]社稷を守らしめんや。C吾ために教を遺せ』とあるに、叔座いふ。『商鞅年少しといへども奇才あり。王若此の人を用ゐ給はずbば、これを殺しても境を出すことなかれ。②他の国にゆかしめば必ずも後の禍となるべし』と、苦に教へて、又商鞅を私にまねき、『D吾、汝をすすむれども王E許さざる色あれcば、用ゐずはかへりて汝を害しF給へと教ふ。是、君を先にし、臣を後にするなり。汝速く他の国に去て害を免るべし』といへり。此の事士と宗右衛門に比てはいかに」。丹治只頭を低て言なし。

③左門座をすすみて、「伯氏宗右衛門、塩冶が旧交を思ひて尼子に仕へざるは義士なり。士は旧主の塩冶を捨てて尼子に降りしは士たる義なし。伯氏は[注3]菊花の約を重んじ、命を捨てて百里を来しは信ある極なり。士は今尼

子に媚て骨肉の人をくるしめ、此の横死をなさしむるは友とする信なし。経久強てとどめ給ふとも、旧しき交はりを思はdば、④私に商鞅・叔座が信をつくすべきに、只栄利にのみ走りて士家の風なきは、即尼子の家風なるべし。さるから兄長何故此の国に足をとどむべき。吾今信義を重んじて態々ここに来る。汝は又不義のために汚名をのこせとて、いひもをはらず抜打に抜打に斬つくれば、一刀にてそこに倒る。家眷ども立ち騒ぐ間にはやく逃れ出て跡なし。尼子経久此のよしを伝へ聞きて、兄弟信義の篤きをあはれみ、⑤左門が跡をも強て逐せざるとなり。

（『雨月物語』より）

※注1　諱べからずのこと……万が一のこと。死ぬこと。　※注2　社稷……国家。
※注3　菊花の約……菊の節句、九月九日(重陽の佳節)に再会を約束したこと。

(二)　次のⅠ～Ⅳの問いに答えなさい。

Ⅰ　傍線部Ａ「むなしき魂」、Ｅ「許さざる色」について、本文中における意味をそれぞれ答えなさい。

Ⅱ　傍線部Ｂ「まゐらす」、Ｆ「給へ」は敬語表現ですが、誰から誰への敬意ですか。次のア～カからそれぞれ選び、記号で答えなさい。

ア　赤穴丹治　　イ　左門　　ウ　伯氏宗右衛門　　エ　公叔座　　オ　魏王　　カ　商鞅

Ⅲ　傍線部ａ～ｄの四つの「ば」について、一つだけ用法が他と違うものがあります。それを記号で答え、その用法について文法的に説明しなさい。

Ⅳ　傍線部Ｃ「吾」、Ｄ「吾」は誰を指しますか。次のア～カからそれぞれ一つ選び、記号で答えなさい。

ア　赤穴丹治　　イ　左門　　ウ　伯氏宗右衛門　　エ　公叔座　　オ　魏王　　カ　商鞅

㈡　傍線部①、②をわかりやすく現代語に訳しなさい。
㈢　傍線部③において、その後「左門」が話した部分は、どこからどこまでですか。会話部分の初めと終わりの七字を答えなさい。（ただし、句読点を含みます）
㈣　傍線部④「私に商鞅・叔座が信をつくすべき」とありますが、誰がどうすべきだったのですか。五十字以内で説明しなさい。
㈤　傍線部⑤「左門が跡をも強て逐せざるとなり」とありますが、それはなぜですか。六十字以内で説明しなさい。
㈥　この文章と同時期に書かれた作品を次のア～オから一つ選び、記号で答えなさい。
ア　世間胸算用　　イ　国性爺合戦　　ウ　南総里見八犬伝　　エ　醒睡笑　　オ　風姿花伝

（☆☆☆☆◎◎◎）

【三】次の文章を読んで、(一)～(八)の問いに答えなさい。ただし、設問の都合上、訓点を省いたところがあります。

前漢陳平陽武戸牖人。少家貧、好読書、治黄老術。(注1) A為人長大美色。及長可取婦、富人莫与者、貧者平亦媿之。久之、富人張負有女孫。五嫁夫B輒死、①人莫敢取。平欲C得之。負偉(注2)平、随至其家、廼(注3)負郭窮巷、以席為門。然門外多長者車轍。負帰謂其子仲曰、「②吾欲以女孫予陳平。」仲曰、「③平貧不事事、一県中D尽笑其所為。④奈何予之女。」負曰、「固⑤有美如陳平長貧者乎。」E卒与女。予酒肉資以内婦。戒其孫曰、「⑥毋以貧故事人不謹。」里中(注4)社平為宰、(注5)分肉甚均。父老善之。平曰、「使平得宰天下、亦⑦如此肉矣。」従高祖為護軍中尉、尽護諸将。

（『蒙求』より）

※注1　黄老術……黄帝・老子の道家の学術。
※注2　偉…すぐれて立派である。奇偉である。
※注3　負郭窮巷……郊外の貧しい町。
※注4　里中社……村の社祭。「社」は豊年を祈って土地神を祭ること。
※注5　宰……肉を切り盛りする役。

(一)　次のⅠ～Ⅲの問いに答えなさい。
Ⅰ　傍線部A「為人」とD「尽」の読みを、必要な場合は送りがなも含めて、すべてひらがなで答えなさい。答えは現代仮名遣いでもよいものとします。
Ⅱ　傍線部C「之」が指示するものをそのまま抜き出しなさい。
Ⅲ　傍線部B「輒」、E「卒」の意味として最も適切なものを、次のア～エからそれぞれ一つ選び、記号で答えなさい。
B「輒」　ア　すぐに　イ　そのたびに　ウ　必ず　エ　たまたま
E「卒」　ア　そのまま　イ　やむをえず　ウ　すすんで　エ　とうとう
(二)　傍線部①「人莫敢取」を現代語に訳しなさい。
(三)　傍線部②は「私は孫娘を陳平に嫁がせようと思う」という意味です。これを参考に傍線部②に返り点を施しなさい。
(四)　傍線部③「貧不事事」の意味として最も適切なものを、次のア～エから一つ選び、記号で答えなさい。
ア　貧しかったものの、生業に励むこともせず、　イ　貧しかったが、それを苦に思うこともなく、

ウ　貧しかったので、思うような生活もできず、　エ　貧しかったため、きちんとした結婚もせず、

(五)　傍線部④をすべてひらがなで書き下し文にしなさい。

(六)　傍線部⑤「美如陳平」とありますが、張負はどのようなことから陳平に美徳(人徳)があると判断したのですか。本文に即して説明しなさい。

(七)　傍線部⑥の書き下し文として最も適切なものを、次のア～エから一つ選び、記号で答えなさい。

ア　貧なる故事を以てしても人に謹しまざることは毋し、と。

イ　貧なるの故を以て人に事へて謹しまざること毋かれ、と。

ウ　貧を以て故に事ふこと毋くんば、人謹しまざらんや、と。

エ　貧を以て故事となすも、人に謹しまざること毋かれ、と。

(八)　傍線部⑦「如此肉」とはどのようにすることですか。わかりやすく説明しなさい。

(☆☆☆◎◎◎◎)

【四】次の(一)～(五)の問いに答えなさい。

(一)　次の熟語について、アは同義語を、イは対義語を、それぞれ漢字二字で答えなさい。

ア　伯仲　　イ　軽率

(二)　次のア～オの文で、傍線部の敬語の使い方が正しいものを一つ選び、記号で答えなさい。

ア　わざわざおうかがいくださり、ありがとうございます。　(目上の来客に対して)

イ　先生には、御健勝でおられることと存じます。　(恩師への手紙で)

ウ　当センターでは、会議室は無料で御利用になれます。　(問い合わせに対する答えとして)

エ　これより校長がごあいさついたされます。（来賓に対して）

オ　今日は、ほんとうにおいしい夕食を味わわさせてもらいました。（夕食のお礼として）

㈢　次の空欄に同じ漢字一字を入れ、慣用的な表現を完成させなさい。

□が込む。□に乗る。

㈣　次の①～③の傍線部の漢字の読みを書きなさい。

①　生誕百周年を寿ぐ。

②　法律を遵守する。

③　どんな片言隻語も聞き漏らすな。

㈤　次の①～③の傍線部のカタカナを漢字に直しなさい。

①　優秀な学業成績をオサめる。

②　物価がトウキするのは望ましくない。

③　ハクランキョウキな人。

（☆☆☆◎◎◎）

【五】作文

国語科の授業に、伝統的な言語文化に親しむ指導が求められています。あなたは国語教師としてその意義をどうとらえ、どのような授業づくりを行っていきますか。生徒が置かれている現状をふまえ、四百字以内で述べなさい。

（☆☆☆☆◎◎◎）

解答・解説

【中高共通】

【一】(一) 感覚　(二) a オ　b エ　c イ　(三) 観察文　(四) 過去の出来事は思い出して語ることができるだけで、描写に値する感覚的な細部が欠落しているため。　(五) ア 規範的意味　イ 指針　ウ 規制（イとウは順不同）　(六) 過去の体験は変形、再構成されることによって、現在の行為に対して価値を持つ、記憶に値する「経験」になりうるということ。　(七) ア 過去形　イ 再構成　(八) 解答略

〈解説〉(一) 現在において感じることのできる刺激とはどのようなものかを答える。これと「『過ぎ去った知覚的現在』について語ること」は別なものであると述べられていることから、過去においては感じることのできない刺激が答えとなる。よって、「感覚」が正解。　(二) a 空欄部の後の「過去の出来事」は、空欄部の前の「過ぎ去った知覚的現在」を言い換えたものであると考えられる。よって、オの「すなわち」が正解。　b 空欄部の前の文章で述べられていることは、空欄部の後で述べられていることの原因として考えられる。よって、エの「それゆえ」が正解。　c 空欄部に続く内容を、過程の上で成り立つものとして考えると、イの「さもなければ」が正解となる。　(三) 傍線部の次の文章中に、「観察文」という語が出てくる。この部分は、傍線部を説明したものであると考えられるため、これが正解となる。　(四) 傍線部のある段落で述べられていることを把握して解答する。特に傍線部の後の文章をまとめる。　(五) 傍線部のある段落で述べられていることから、空欄部に当てはまるものを探す。本文中では「経験」が私たちの行為に指針を与え、それを規制する働きを持つことが述べられている。それはつまり、「経験を語る」ことで、過去の体験を私たちの

信念体系の中に組み入れて意味づけると同時に、現在の行為との間に規範的関係を作ることであるという。ここに、規範的意味がこめられている。これらのことから解答を導き出す。(六) 傍線部のある段落では、一貫して「体験」が「経験」へと変わることが述べられている。「体験」は、変形・再構成されることで、これまでの「経験」との関連付けがなされる。しかし、それがなされる「体験」は、現在の行為に対して価値があり、記憶するに値するもののみである。これらのことをまとめて解答する。(七) 各空欄部に当てはまると考えられる選択肢を、本文中から探し、適宜形を変えて解答する。アは「過去」という語を変化させて「過去形」とする。イについては、それぞれの物語の語り出しが、現在からみてどのような視点で語られているのかを考える。これは、過去に起こったことを「再構成」するものだと考えられる。よって、これが正解となる。(八) 「物語行為」とは、「孤立した経験に脈絡と屈折を与えることによって、それを新たに意味づける反省的な言語行為」であるという。ここから、国語の学習活動に生かせると考えられるものを導き出す。

【二】(一) Ⅰ A……亡魂　E……許可しない様子　Ⅱ B……イからアへ　F……エからオへ
Ⅲ 記号……c、説明……確定　Ⅳ C……オ　D……エ　(二) ① 鳥が知らせたわけでもないのに、どうして宗右衛門の死をあなたが知っていらっしゃるのだろうか。 ② 商鞅を他の国に行かせたら、後々、必ず我が国の存亡の禍いをもたらすことになるだろう。 (三) 伯氏宗右衛門、…… に汚名をのこせ
(四) 丹治が、公に君臣の道を重んじながらも、親族である宗右衛門に対しても十分配慮すべきだったということ。 (五) 尼子は、左門との信義を貫き通し死を選んだ宗右衛門と、その思いに報いようとした左門の信義の篤さに深く心打たれたから。 (六) ウ

〈解説〉(一) Ⅰ A　ここでの「むなしき」の意味は、魂がなくなっている、つまり死んでいるという意味。宗

右衛門の魂のことを指す。死んでしまった魂という意味の語を解答する。　B　ここでの「色」は、顔色や様子ということを意味する。公叔座が魏王に対して、商鞅を用いるように進言したのだが、魏王の様子はそれを聞き入れるようではなかったのである。　Ⅱ　B　ここでの「まゐらす」は、謙譲の補助動詞の終止形である。話者は左門であり、赤穴丹治に対して発言しているため、イの左門からアの赤穴丹治への敬意が正解となる。F　傍線部は左門の発話の中で、さらに公叔座が商鞅に対して、魏王への発言を語っている部分である。ここで公叔座が敬意を払うべきなのは、年若い商鞅よりも魏王である。よって、エの公叔座からオの魏王の敬意が正解となる。　Ⅲ　選択肢の傍線部の前の語の活用に注目する。aでは、動詞「あり」の未然形に、順接の仮定条件を示す接続助詞「ば」が接続している。bでは、打消しの助動詞「ず」に、順接の仮定条件を示す接続助詞「ば」が接続している。cでは、動詞「あり」の已然形に、順接の確定条件を示す接続助詞「ば」が接続している。dでは、動詞「思ふ」の未然形に、順接の仮定条件を示す接続助詞「ば」が接続している。よって、解答はcで確定条件を示すもの、となる。　Ⅳ　C　傍線部は、左門の発話の中で、魏王が公叔座に対して語っている部分である。よって、ここでの「吾」は、オの魏王である。　D　傍線部は、左門の発話の中で、公叔座が商鞅に語っている部分である。よって、ここでの「吾」は、エの公叔座である。　㈡　①「翼あるもの」とは、鳥を意味する。丹治は、左門がなぜ宗右衛門の死について知っているのかと尋ねている。
②　傍線部までは、商鞅のことが語られている。よって、ここも、商鞅を他の国に行かせれば、という条件を仮定していると考えられる。「後の禍」とは、国家にとっての災厄ととらえる。これらのことから解答を導き出す。　㈢　後半の段落の冒頭は、「左門座をすすみて」であり、最初の句点は「義士なり」の後につく。これでは文章が成立していない。よって、この間に発話の開始部があると判断する。宗右衛門を「伯氏」と呼んでいることから、この部分も発話に含まれると考える。よって、「伯氏宗右衛門、」が発話の最初である。発

話の終末部分は、「とて」という部分の直前までと考えられる。よって、終末部分は「に汚名をのこせ」となる。(四) 左門は、丹治が義を尽くす相手を、塩冶から尼子に変えたことと、丹治の血縁である宗右衛門にひどい仕打ちをしたことを責めているのである。(五) 傍線部の直前に、「兄弟信義の篤きをあはれみ」とある。尼子は、信義のために死んだ宗右衛門と、同じように信義でもってそれに応えようとした左門に感動したのである。これらのことをまとめる。(六) 雨月物語は、明和五(一七六八)年成立、安永五(一七七六)年に刊行されている。アの『世間胸算用』は、元禄五(一六九二)年に刊行されている。イの『国性爺合戦』は、正徳五(一七一五)年に初演された。ウの『南総里見八犬伝』は、文化一一年から天保一三年(一八一四〜一八四二年)に刊行された。エの『醒睡笑』は、元和九(一六二三)年に書き下ろされ、寛永年間(一六二四〜一六四四年)に刊行された。オの『風姿花伝』は、応永七(一四〇〇)年ころ成立。よって、答えはウの『南総里見八犬伝』である。

【三】(一) Ⅰ A……ひととなり　D……ことごとく　Ⅱ 女孫　Ⅲ B……イ　E……エ
(二) この女を娶(めと)ろうとする者は誰もいなかった。　(三) 吾欲下以二女孫一予中陳平上　(四) ア
(五) いかんぞこれにむすめをあたへん(と)　(六) 筵(むしろ)を入り口に垂らすような貧しく粗末な生活をしていても、門外には出入りする長者の車の轍(わだち)が数多くついていたことから。　(七) イ　(八) (この肉を等分に切り分けるように)世の中の物事を公平無私にとり裁くことができるということ。
〈解説〉(一) Ⅰ A 生まれつきの人柄のこと。D のこらずみな、すべての意。標準的な読みである。
Ⅱ 直前の文は、張負の女孫について述べているものである。よって、之とは女孫をさすと考えられる。
Ⅲ B 「そのたびごとに」の意。接続に用いられる「すなはチ」と読む字は、他に則・即・乃・便・載などが

ある。それぞれの意味を確認しておこう。　E「卒(つひ)ニ」は、そのはては、の意。物事のしまいだけを言う。卒は「をフ／をハル」「しゅつス」とも読むので、文脈から判断すること。　(二)「不敢(あへて〜ず)」は「決して〜しない」の意。女孫の夫が次々に亡くなっているので、もはやだれも結婚したがる人がいない、ということ。　(三)「〜ント欲(ほっ)ス」の形で、「〜したいと思う、〜したがる」の意。「以(もっ)テ」は、手段・方法や原因・理由を表す返読文字である。二字以上をへだてて上の一字に返る場合は、まず一・二点が使われ、一・二点をはさんでさらに返る場合に上・中・下点が使われる。　(四)事は「仕事」の意。「事ヲ事トス」で、ここでは自分の生業に励むことの意。　(五)奈何は、「いかん」あるいは「いかんセン」と読み、処置・手段・方法を問う場合と、「いかんゾ〜ン(ヤ)」で「どうして〜だろうか、いや〜ではない」という反語を表す場合とがある。ここでは反語。陳平が貧しいのに働いていないことを指摘し、女孫の父親が張負に向かって「どうしてこれ(陳平)に娘を嫁がせることがあるのか(いや、嫁がせることはない)」と述べている部分。　(六)「以席為門(むしろをもってもんとなす)」ほどの貧しい住まいであるにもかかわらず、門の外には「多長者車轍」(出入りする長者の車の轍がたくさんついている)ようすから、張負は陳平が人にしたわれる徳のある人物であることを見抜いたのである。　(七)「毋(な)カレ」は返読文字で、「〜してはいけない」という禁止を表す。事はここでは「つかフ」と読む。張負が嫁いでいく孫に対して、陳平が貧しくてもよく仕えるように、と戒めた言葉。　(八)「此肉」とは、陳平が等分に切り分けた肉のこと。もし陳平が天下をとりしきる立場になれたなら、肉を等分に分けたように、物事をへだてなく扱えるだろうという意。

【四】(一) ア 互角・拮抗・対等など イ 慎重 (二) ウ (三) 手 (四) ① ことほ(ぐ) ② じゅんしゅ(する) ③ へんげんせきご (五) ① 修(める) ② 騰貴 ③ 博覧強記

〈解説〉(一) ア「伯仲」とは、(1)兄と弟、長兄と次兄、(2)きわめてよく似ていて優劣のない事、の意を表す。イ「軽率」とは、かるがるしいさま、かるはずみなさま、の意を表す。「慎重」とは、慎み深く、重々しいさま、注意深くて、軽々しく行動しないさま、の意を表す。 (二) アの「うかがい」は、「聞く」「尋ねる」「問う」の謙譲語であるため不適(ご訪問くださり)。イは「おられる」が不適(御健勝でいらっしゃる)。エの「れ」は尊敬語であるため不適(ご挨拶いたします)。オは「味わわさせていただきました」が適当である。(三)「手が込む」とは、技巧が緻密である、また、物事がこみ入って複雑である、との意を表す。「手に乗る」とは、だまされて術中に陥る、相手の思うままになる、との意を表す。 (四) ①「寿ぐ」とは、(1)ことばで祝う、(2)祝言する、結婚する、の意を表す。 ②「遵守」とは、法律や道徳、習慣を守り、従うこと。③「片言隻語」とは、ほんのちょっとした短いことば。 (五)「修める」とは、(1)事物を整った状態にする、(2)言動を整え正しくする、(3)学問や技芸などを身につける、学習する、の意を表す。 ②「騰貴」とは、物価の高くなること、相場あがること。 ③「博覧強記」とは、ひろく古今・東西の書物を見て、物事をよく覚えていること。

【五】略

〈解説〉「伝統的な言語文化と国語の特質に関する事項」は、平成20年度告示の学習指導要領で初めて設定された。伝統的な言語文化に親しむ意義を、自分なりに解釈し、どのような授業づくりに生かすかが求められている。伝統的な言語文化に親しむ意義としては、国際的な舞台で活躍する人物を育てるためには、自国の伝統や文化を理解しつつ、それを基盤とした考え方を養うことが必要であること等があげられる。授業づくりにおいては、生徒が古典などに接する機会を持ちつつ、受動的なだけでなく、能動的な姿勢も欠かさないこと等の様々なことが考えられる。各自の思うところを述べる必要がある。

二〇一〇年度　実施問題

【中高共通】

【一】次の文章を読み、(一)～(九)の問いに答えなさい。

「エム」と「ワラウ」のちがいをもっとも明確に区別したのは、おそらく、柳田国男氏であった。

柳田氏にしたがえば、「エミ」は、「ワライ」の未完の形態ではけっしてない。「栗がエム」というのは、あの〈とげ〉のある外皮がわれて、なかの実が、やさしくのぞいていることである。それにたいして、「ワラウ」は、おそらく、「割る」という語からわかれて出たものであろう。同じ口を開くにしても大きくあけ、[　A　]気持をともなわぬのがつねである。だから、笑われる相手のあるときには、不快の感をあたえるものと、ほぼ相場がきまっていた。「エム」には、いかなるばあいにも、そういうことがない。古くは「エガオ」に「咲顔」をあてたのも、「エガオ」のやさしさを、花が咲く状態にたとえたものにほかならない。

「エミ」と「ワライ」のあいだにはもう一つ、じつは、もっとはっきりしたちがいがあった。それは、「ワライ」には、かならず〈声〉があるが、「エミ」には〈声〉がないという点である。「エミ」はけっして、声をしのんだ「おかしみ」ではなかった。たとえば、人が大きな声を立てて笑うような席には、きまって、静かにホホエンデいる者がワラウ人の数よりも多く同席しているのが、つねであった。柳田氏によれば、このばあいの「エガオ」は、笑いの対象にたいしてではなくて、むしろ笑う人にむかっての〈一種の会釈〉だったのである。こんなことにワライこけるのは、はしたないと内心で思っていても、自分ばかりがつんとしていては、まわりの人たちにたいして反感を表示したことになるからである。

この「エガオ」は、人につられて笑うといったたちの〈付和雷同〉ではない、と柳田氏はいった。しかし、これはむしろ、わが国の人びとが、他者の期待への同調をほとんど自発的とみえるくらいに、ごく自然におこなってきたことのあらわれである、というべきであろう。

他者の期待への的確な同調は、自制心なくしては成り立ちえないものである。この自制としての「微笑」は、ハーンや柳田氏によって、（　　a　　）注目されてきた。「エガオ」は、「ワライ」の先ぶれでもなければ、準備でもない。むしろその反対に、ワラウまいとするつつしみの一つの表現でもあった。（　　b　　）、多田道太郎氏は、こうのべている。「私たちは長いあいだ微笑しつづけてきた。とりわけ『目上』の人に対して。それはほとんど①第二の天性である」と。

「微笑」は、わが国に固有の「笑い」ではけっしてない。私のまずしい体験からいっても、外国人の多くは、かれらの文化にもっともふさわしい身ぶりでもって、私たちにホホエミながら会釈してくれるのが、ふつうである。この会釈としての「微笑」は、おそらく、どこの国の人びとにも共通の表情である。したがって、会釈としての「微笑」は、国境をこえることができるにちがいない。けれども、注1ハーンのあげた例からもあきらかなように、私たちの自制としての「微笑」の正確な意味あいが、はたして国境をこえることができるかどうかということになると、はなはだ疑わしい。「②ジャパニーズ・スマイル」といわれるゆえんである。

わが国の人びとの「エミ」が〈自制〉の「笑い」であるとすれば、③「ワライ」は〈攻撃〉の「笑い」であった。柳田氏は、「ワライ」は一つの〈攻撃方法〉だが、むしろ〈追撃方法〉と名づけた方があたっているかもしれない、と指摘した。「ワライ」は、すでに不利な地位ないしは位置にある者にたいする、ある積極的な行為(手はつかわないが)であり、いわば勝ちかかった者の特権であるからだ。

劣敗者を笑う優越の「笑い」、それは、笑われる者にとって、大きな精神上の損傷を意味する。この悪意のこもった「嘲笑」が「恥(公恥)」を招来するのは、そのためである。西洋ではもっぱら、「笑い」のこの攻撃的な側面が強調されてきた。それにたいして、わが国では、ひとに笑われまいとする防禦的な側面が重視されてきたように思われる。[注2]ベネディクトが、わが国を「恥の文化」とよんだのも、おそらく、このあたりの事情を印象的にいったものであろう。

わが国でも、古くは、嘲笑するがわの攻撃的な性格の方に、力点がおかれていたようである。かつては、敵を劣敗者として嘲笑することで、味方の勇気を鼓舞し、みずからも元気づく、そんな笑いが一般的であった。ところが、時代もさがり、文化が洗練されてゆくにつれて、嘲笑されるがわの防禦的な性格に、しだいに力点がおかれるようになっていった。いつしか、この笑われまいとする努力が、「世間」にたいする「体面・【　B　】」として、わが国の人びとの規範意識の中心的な位置をしめるようになったのである。それがおそらく、近世――[注3]とりわけ江戸時代であったことは、すでにあきらかにしておいたとおりである。

「世間」に準拠して、はずかしくない行動をするということは、（　c　）、「世間」から笑われないような行動をするということであった。「笑い」はもとより、肉体に直接くわえられる痛苦ではない。だが、社会的制裁としての「笑い」の痛苦が、時には、肉体への痛苦にまさるともおとらぬものであったことは、近世商人のいくつかのエピソードからも、私たちはうかがい知ることができる。④江戸時代の代表的なエピソードのひとつを、ここに紹介しておこう。

「ある呉服屋から出火して、勢いにのった火はたちまち隣家をも類焼した。大店の番頭や手代たちは呉服のどっさりはいっている土蔵にすっ飛んでいって、小窓の戸をしめ壁土で塗りこめた。それを見た主人は大声でしかりつけた。『このあほう。私の家から火を出しておきながら、自分とこの蔵だけは火災からまぬがれたとあっては、世間さまに顔向けができるかい。』そしてせっかく目張りした小窓を一つ残らずあけ放ち、商品をことごとく灰燼に帰してしまった」。

「笑い」には、〈社会的制裁〉というたいせつな機能があるのである。この社会的制裁としての「笑い」には、（　d　）、攻撃型の「笑い」と、自制型の「笑い」とがある。つまり、悪意のこもった「嘲笑」と、好意のこもった「微笑」とがあるのだ。この二つの「笑い」は、これまでにものべてきたように、きわめて対照的な関係にあるので、ともに共通した「笑い」そのものの本性をつかむことは、たいそうむつかしい。「笑い」の理論がなかなか一定にさだまりにくいのは、なにも「笑い」が複雑な人間的表情であるという理由ばかりではなかったのである。

だが、「嘲笑」にせよ「微笑」にせよ、いずれにしても、「笑い」が［　C　］の表現であるということだけは、たしかである。自分が必死になって防衛しようとしているとき、人は笑わないし、また、笑えない。私たちの「笑い」は、この緊張の弛緩が、他者にたいする優越感をともなっているばあいは「嘲笑」となり、他者にたいする同調的な態度をあらわすばあいは「微笑」となるのである。

このうち、従来は（　e　）「嘲笑」ばかりが問題にされ、語られてきたきらいがあった。「嘲笑」が、「笑い」の典型のように思われてきたからである。「はじ」の概念の多くが「公恥」にかぎられ、「笑い」の哲学の多くが「優越」の理論であったのも、けっして偶然ではなかったのである。しかし、「微笑」となると、もっと微妙な解釈を必要とするであろう。さらには、「微苦笑」などという、複雑なバリエーションまであるのだから。

いま、「笑い」を「はじ」との関係でいうならば、「嘲笑」が「公恥」とふかいかかわりのあることは、ベネディクトいらい、もはや公理となったといってよい。それにたいして、「微笑」は、すぐれて「羞恥」とふかい関連性があるものと思われる。そしていまや、社会的制裁としての「笑い」の機能は、この両面からの社会心理学的な考察を必要としていることだけは、疑う余地のないところである。

（井上忠司「『世間体』の構造」より）

※注1……ラフカディオ・ハーンは『日本人の微笑』（一八九三）において、日本人の「微笑」について考察している。

※注2……人類学者ルース・ベネディクトは『菊と刀』（一九四六）で、西洋と日本の文化を比較している。

※注3……筆者は同書において、江戸時代における「世間」について分析している。

（一）空欄［ A ］に入る最も適切な形容詞を答えなさい。

（二）空欄（ a ）～（ e ）に入る適切な語句を、次のア～オから一つ選び、記号で答えなさい。

ア ややもすると　イ つまるところ　ウ いみじくも　エ つとに　オ とりもなおさず

（三）傍線部①「第二の天性」について、筆者はその言葉の意味を本文中でどのように述べていますか。三十字で抜き出して、最初と最後の五字をそれぞれ答えなさい。

（四）傍線部②「ジャパニーズ・スマイル」を、筆者はどのようなものとしてとらえていますか。本文に即して六十字以内で説明しなさい。

（五）傍線部③「『ワライ』は〈攻撃〉の『笑い』であった」とありますが、筆者はこの「笑い」をどのようなものとしてとらえていますか。六十字以内で説明しなさい。

（六）Ⅰ 空欄［ B ］に入る適切な漢字二字の熟語を答えなさい。ただし、「体」で始まる熟語とする。

Ⅱ 空欄［ C ］に入る最も適切な語を、次のア～オから一つ選び、記号で答えなさい。

ア 恥　イ 共感　ウ 自制　エ 高踏　オ 余裕

(七)　次の文は、傍線部④「江戸時代の代表的なエピソードのひとつ」について説明したものです。(ア) および(イ)に入る適切な表現を、本文中からそれぞれ抜き出して答えなさい。

近世商人のエピソードは、たとえ財産を失ってまでも(ア)をしなければならないという考えが(イ)となるほど、周囲からの「笑い」は肉体への痛苦にまさるともおとらぬものであったことを示している。

(八)　「エミ」と「ワライ」には時代の変遷を経て、どのようなはたらきや性質が備ったと筆者は考えていますか。その共通点と相違点を、六十字以内で説明しなさい。

(九)　この文章の内容をふまえて、あなたが「笑い」について生徒に学習させる際に、どのようなことをねらいとして、どのような学習活動を行いますか。具体的に述べなさい。

(☆☆☆☆◎◎◎)

【二】　次の文章は『堤中納言物語』の一節で、右馬佐とその友人の中将が、按察使の大納言の姫君を垣間見している場面です。(一)〜(九)の問いに答えなさい。

童の立てる、あやしと見て、「かの立蔀のもとに添ひて、清げなる男の、さすがに姿つきあやしげなるこそ、のぞき立てれ」と言へば、この大輔の君[注1]といふ、「あないみじ。御前には、例の、虫興じたまふとて、あらはにやおはすらむ。①告げたてまつらむ」とて参れば、例の、簾の外におはして、烏毛虫(かはむし)aののしりて、払ひ落させたまふ。いと恐ろしければ、近くは寄らで、「入らせたまへ。端あらはなり」とI聞こえさすれば、「②これを制せむと思ひて言ふ」とおぼえて、「それ、さばれ、もの恥づかしからず」とのたまへば、「あな心憂。そらごとと思しめすか。その立蔀のつらに、いとb恥づかしげなる人、侍るなるを。奥にて御覧ぜよ」と言へば、「[注2]けらを、かしこに出で見てA来」とのたまへば、立ち走りいきて、「まことに、侍るなりけり」と申せば、立ち走り、烏毛虫は袖に拾ひ入れて、走り入りたまひぬ。

たけだちよきほどに、髪も袿ばかりにて、いと多かり。すそもそがねば、ふさやかならねど、ととのほりて、なかなかうつくしげなり。「かくまであらぬも、世の常び、ことざま、けはひ、もてつけぬるは、くちをしうやはある。まことに、うとましかるべきさまなれど、いと清げに、けだかう、わづらはしきけぞ、ことなるべき。あなくちをし。などか、いとむくつけき心なるらむ。かばかりなるさまを」と思す。

③右馬佐、「ただ帰らむは、いと c さうざうし。見けりとだに知らせむ」とて、畳紙に、草の汁して、

烏毛虫の毛深きさまを見つるよりとりもちてのみ守るべきかな

とて、扇して打ち叩き Ⅱ たまへば、童べ出で来たり。「これ Ⅲ 奉れ」とて、取らすれば、大輔の君といふ人、「この、かしこに立ちたまへる人の、御前に奉れとて」と言へば、取りて、「あないみじ。右馬佐のしわざに【 B 】あめれ。心憂げなる虫をしも興じたまへる御顔を、見たまひ C つらむよ」とて、さまざま聞こゆれば、言ひたまふことは、「思ひとけば、ものなむ恥づかしからぬ。人は夢幻のやうなる世に、誰かとまりて、悪しきことをも見、善きをも見思ふべき」とのたまへば、いふかひなくて、[注3]若き人々、おのがじし心憂がりあへり。

※注1　大輔の君……女房の呼称。　※注2　けらを……童の呼称。
※注3　若き人々……若い女房たち。

(一)　傍線部a～cについて、それぞれの文中での意味を答えなさい。

(二)　次のア～ウの問いに答えなさい。

ア　傍線部A「来」の読みを、ひらがなで答えなさい。

イ　空欄【 B 】に入る語として、適切なものを答えなさい。

ウ　傍線部C「つ」について、助動詞の意味を答えなさい。

(三)　傍線部Ⅰ～Ⅲの敬語表現は、それぞれ誰に対する敬意ですか。適切なものを次のア～オから一つ選び、それぞれ記号で答えなさい。

ア　中将　　イ　右馬佐　　ウ　按察使の大納言の姫君　　エ　大輔の君　　オ　按察使の大納言

(四)　傍線部①「告げたてまつらむ」について、話者が告げようとしている内容を、本文中から十五字以内でそのまま抜き出して答えなさい。

(五)　傍線部②「これを制せむ」について、「これ」の指示する内容を簡潔に説明しなさい。

(六)　傍線部③「右馬佐」について、右馬佐は按察使の大納言の姫君を見て、どのような心情を抱きましたか。本文に即して、説明しなさい。

(七)　按察使の大納言の姫君は、どのような人物として描かれていますか。彼女の言動に即して、簡潔に説明しなさい。

(八)　『堤中納言物語』の成立時期に最も近い時期に書かれた作品を、次のア～エから一つ選び、記号で答えなさい。

ア　宇津保物語　　イ　浜松中納言物語　　ウ　落窪物語　　エ　大和物語

(九)　あなたがこの文章を授業で指導する際に、どのようなことをねらいとして、どのように授業を展開しますか。具体的に述べなさい。

(☆☆☆☆◎◎◎)

【三】次の文章を読み、(一)～(九)の問いに答えなさい。ただし、設問の都合上、訓点を省いたところがあります。

季文子相宣・成[注1]、無衣帛[注2]之妾、無食粟[注3]之馬。仲孫它[注4]諫曰、「子為魯上卿、相二君矣。妾不衣帛、馬不食粟、人其①以子為愛、且不華国乎。」文子曰、「②吾亦願之。然吾観国人、其父兄之食麤[注5]而衣悪者、猶A多矣。吾是以不敢。人之父兄食麤衣悪、而我美妾与馬、③無乃非相人者乎。④且吾聞以徳栄為国華、不聞以妾与馬。」文子以告孟献子。献子囚之B七日。自C是子服之妾、衣不過七升[注6]之布、馬餼[注7]不過稂莠[注8]。文子聞之曰、「⑤過而能改者、民之上也。」⑥使為上大夫。

(『国語』より)

※注1　宣・成……春秋時代の魯の君主、宣公と成公のこと。
※注2　衣帛………「衣」は着ること、「帛」は絹織物。
※注3　粟………穀物の総称。　※注4　仲孫它………孟献子の子。字は子服。
※注5　麤………粗末なもの。　※注6　七升之布……粗末な布。
※注7　馬餼……馬の飼料。　※注8　稂莠………はぐさ、いぬあわ。

(一)　次のⅠ・Ⅱの問いに答えなさい。
Ⅰ　二重傍線部A「猶」とC「自」の読みを、必要な場合は送りがなも含めて、すべてひらがなで答えなさい。答えは現代仮名遣いでもよいものとする。
Ⅱ　二重傍線部B「之」が指示する内容を答えなさい。
(二)　傍線部①について、「以子為愛」を現代語に訳しなさい。
(三)　傍線部②とあるが、季文子は宰相としてどのようなことを願っていますか。十字以内で答えなさい。
(四)　傍線部③の現代語訳として最も適切なものを、次のア～エから一つ選び、記号で答えなさい。
ア　宰相になる者がいなくなるのではありませんか。
イ　宰相の立場が危うくならないことがありますか。
ウ　宰相として批判されることではありませんか。
エ　宰相としての態度ではないではありませんか。
(五)　傍線部④は「われとくえいをもつてこつかとなすをきくも、せふとうまとをもつてするをきかず。」と書き下すことができます。これを参考に傍線部④に返り点を施しなさい。

(六) 傍線部⑤「過而能改者」に関連して、『論語』には「過而不改、□□□□。」とあります。□□□□に入る適切な言葉を、次のア～エから一つ選び、記号で答えなさい。

ア 則不知悪　イ 是謂過矣　ウ 君子不器　エ 是非之心

(七) 傍線部⑥を書き下し文にしなさい。

(八) 季文子が考える宰相としての「徳」とは、どのようなものですか。わかりやすく説明しなさい。

(九) あなたがこの文章を教材として授業をする際、どのようなことをねらいとして、どのように授業を展開しますか。具体的に述べなさい。

(☆☆☆◎◎◎)

【四】 次の(一)～(六)について、それぞれの問いに答えなさい。

(一) 「弁」と同じ部首を持つ漢字を、次のア～エから一つ選び、記号で答えなさい。

ア 卒　イ 弁　ウ 契　エ 器

(二) 「読む」という意味の敬語表現になるように、次の文中の(　　)に入る適切な漢字二字を答えなさい。

先生の著書を(　　)させていただきました。

(三) 傍線部の言葉が本来の意味で正しく使われているものを、次のア～エから一つ選び、記号で答えなさい。

ア その訃報を聞いて、彼はしばらく頭をうなだれていた。

イ 昔、失敗したことにいつまでもこだわるのはやめよう。

ウ テレビを通じて、これまでも先生の謦咳に接してきた。

エ 彼の成功を他山の石として、私も努力してまいります。

(四) 次の例文中の傍線部の意味用法と同じものを、あとのア～オから一つ選び、記号で答えなさい。

［家事の中で掃除ばかりはどうも好きになれない。］
ア　優しかったばかりに人一倍苦労した。
イ　机の上にとりどりの薬の箱が溢れんばかりに並んでいた。
ウ　ここぞとばかり声援する。
エ　あとは結果を待つばかりだ。
オ　買ってきたばかりの花の苗を植える。

(五)　次の①～③の傍線部の漢字の読みを書きなさい。
①　そのテーマに相応しい発言が相次いだ。
②　固唾を呑んで見守った。
③　剛毅木訥で近寄りがたい。

(六)　次の①～③の傍線部のカタカナを漢字に直しなさい。①については送りがなも書きなさい。
①　スガスガシイ朝を迎えた。
②　この絵は彼のカイシンの作だ。
③　友人同士がセッサタクマして、目標を達成した。

(☆☆☆◎◎◎)

【五】今、習得した知識・技能を活用する授業が重要視されていますが、あなたは国語教師として生徒の現状をどうとらえ、どのような授業づくりを行っていきますか。具体例もあげて、四〇〇字以内で述べなさい。

(☆☆☆◎◎◎)

解答・解説

【中高共通】

【二】(一) やさしい　(二) a エ　b ウ　c オ　d イ　e ア　(三) ほとんど自～てきたこと　(四) 他者と接する際の共感や親しみをこめた微笑みではなく、周囲の状況や他者の期待に同調する態度として自制心をもって示す微笑。　(五) 優位にある者が不利な地位・位置にある者に対し、大きな精神上の損傷を与えるとともに、味方の勇気を鼓舞し自らも元気付く嘲笑。　(六) Ⅰ 体裁　Ⅱ オ
(七) ア「世間」から笑われないような行動　イ 規範意識　(八) (例) 社会的制裁という点で共通しているが、「ワライ」が攻撃型で「エミ」が防御的・自制的な「笑い」である点で相違している。　(五七字)
(九) 解答例省略、解説参照
〈解説〉(一)「エム」と「ワラう」の違いを論じている点に視点を当て、「ワラう」が、相手に不快の感を与えるのに対し、「エム」は、「エガオ」の「やさしさ」があり、相手に不快感を与えないことをヒントにする。「ワラう」には、「やさしさ」がないのである。　(二) 空欄a～eの前後の語句や文の内容に整合するように、適切な語句を選ぶこと。　(三) ①「第二の天性」の「天性」とは、「生れつきの性質」をいう。自然に、自発的に表現される「微笑」についてのべてある部分。　(四) ②「ジャパニーズ・スマイル」を、筆者は、「自制としての微笑」とのべている。また、この「自制としての微笑」については、「他者の期待への的確な同調は、自制心なくしては成り立ちえない」と説明している。「会釈としての微笑」は、他者と接して心を交流させ、共感や親しみを表す形態であり、国境を越える普遍性をもつが、「自制としての微笑」は、「わが国の人々が、他者の期待への同調をほとんど自発的に自然に行ってきた形態」であり、民族独自のスマイルである

ため、国境を越える普遍性があるかどうかは疑わしい、とある。（五）③の「ワライ」の攻撃性については、以下の文にある、「不利な地位ないしは位置にある者にたいする、勝ちかかった者の特権」「劣敗者を笑う優越の「笑い」」と「劣敗者の精神上の損傷」「敵を劣敗者として嘲笑することで、味方の勇気を鼓舞し、みずからも元気づく」を説明する。（六）Ⅰ「体面」と類語の「体裁」は、「他人に見られたときの自分の状態についての感じ」の意。Ⅱ 空欄Cのあとに、「自分が必死になって防衛しようとしているとき、人は笑わないし、また、笑えない。」とあり、「私たちの笑いは、この緊張の弛緩」とある。（七）④の江戸時代のエピソードは、世間体を重視する、わが国の「恥の文化」の一面を表している。財産を失うことよりも、人から笑われまいとする行動が、「体面・体裁」を重視する規範意識の定着を示している。（八）文中、「エミ」が〈自制〉の「笑い」であるとすれば、「ワライ」は〈攻撃〉の「笑い」であった、とある。「攻撃型の笑い」と「自制型の笑い」の二つの「笑い」についての説明がある。わが国の世間体を重視する「恥の文化」において、「エミ」と「ワライ」に共通のはたらきがある点を見出せるというのである。（九）「世間体の構造」の内容理解をふまえて、「笑い」の持つ本質、弛緩（余裕）との関わりをはじめ、慣用句やことわざにおける「笑い」の学習、人間の心理と「笑い」（欲求充足）と欲求内容との関わり、「失笑・苦笑・微笑・哄笑・媚笑・冷笑・談笑・一笑」等の熟語と内容の学習を展開することも考えてみよう。

【二】（一）a　大騒ぎして　b　立派な人　c　もの足りない　（二）ア　こ　イ　こそ　ウ　強意（確述）　（三）Ⅰ　ウ　Ⅱ　イ　Ⅲ　ウ　（四）入らせたまへ。端あらはなりと。（五）虫と戯れること。（六）姫君は容姿端麗であるにもかかわらず、虫を好むなどの常識で計れない性向があるため、右馬佐は非常に残念に感じている。（七）物事を実証的・理知的に判断するとともに、悟りを開くことで、他人の

視線を気にせずに行動できると考え実践する人物。　(八)　イ　(九)　解答例省略

〈解説〉(一)　a「ののしりて」の「ののしり」は、「ののしる」(ラ行四段活用動詞)の連用形で、「大騒ぎする」意。「大騒ぎして」と訳す。b「恥づかしげなる人」の「恥づかしげなる」は、形容動詞「恥づかしげなり」の連体形で、「こちらが気おくれするほどの立派な」の意。c「さうざうし」は、形容詞で、「物足りない」意。(二)「来」(く)は、カ行変格活用動詞で、Aの「来」は命令形の「こ」。空欄Bには、「あめれ」の「めれ」(婉曲の推定の助動詞・已然形)に呼応する係助詞「こそ」が入る。係結びの法則。(四)①「告げたてまつらむ」は、「お知らせ申し上げよう」の意。姫君へ声をかけて邸内に入るように伝えようという大輔の君の言葉。その内容は、「入らせたまへ。端あらはなり」(内へお入り遊ばせ。端近な所は人目につきます)。(五)②「これを制せむ」の「これ」は、「御前には、例の、虫興したまふ」の「毛虫の収集」をさす。(六)右馬佐の「まことに、うとましかるべきさまなれど、いと清げに、けだかう、わづらはしきけぞ、ことなるべき。あなくちをし。」(とても親しめそうにもない姫君の様子だが、さっぱりとして美しく、気品があって、気のおかれる点が並みの女性とは違っている。ああ残念なことだ。)をふまえて、姫君への右馬佐の心情をまとめる。　(七)毛虫収集を止めさせようとした大輔の君へ対しての「それ、さばれ、もの恥づかしからず」(人目についても、たいしたことではない。恥ずかしいことなんかない)から、姫君の他人を気にしない行動力のある性格が見える。また、右馬佐の姫君への歌に対する大輔の君の愚痴に「思ひとけば、ものなむ恥づかしからぬ。」(悟ってしまえば、何事でも恥ずかしいことなどありません。)という理知的な判断や「人は夢幻のやうなる世に～」の言葉に見える姫君の実証的・科学的考察から、按察使(あぜち)の姫君の人物像を説明すること。　(八)『堤中納言物語』の成立時期は、十一世紀中ごろ。　ア『宇津保物語』(十世紀後半)　イ『浜松中納言物語』(十一世紀中ごろ)　ウ『落窪物語』(十世紀末)　エ『大和物語』(十世紀中ごろ)

(九) 中学校国語での古文の指導では、やや難解な文章である。高校国語の「古典」の授業(あるいは「国語総合」での授業)では、古文読解の能力を養うとともに、ものの見方、感じ方、考え方を広くし、古典に親しみ、伝統文化としての「古文」を尊重する態度を育成することが大切である。「古典」の科目での指導の場合には、「古典」の指導事項のア～オの内容に従い、語句の意味、用法や文の構造の理解や作品に表れた人間、社会、自然などに対する思想や感情の読み取り、さらに文章や作品の表現上の特色の理解等、総合的に指導することを考えてみよう。

【三】(一) Ⅰ　A　なほ(なお)　C　より　Ⅱ　仲孫它(子服)　(二) あなたを物惜しみをする人(けちな人)だと考えて　(三) 国家が繁栄すること　(四) エ　(五) 吾聞下以二徳栄一為中国華上、不レ聞レ以二妾与レ馬。　(六) イ　(七) 上大夫たらしむ。(上大夫と為さしむ。)　(八) 宰相は人民の生活の様子に目を配り、人民の生活を最優先するというもの。　(九) 解答例省略

〈解説〉(一) Ⅰ　A「猶」は、再読文字ではなく、「なほ(お)」と読む。「今もやはり。まだ」の意。　C「自」は、「より」と読み、起点を表す。　Ⅱ　Bの「之」は、「これを」と読む指示代名詞。孟献子の息子の仲孫它をさす。　(二) ①「以子為愛」は、「子を以て愛(を)しむと為し」と書き下す。「あなたをけちな人間と言っている」意。　(三) ②「吾亦願之」の之は、「不華国乎」の「華国」(国家が繁栄すること)をさす。　(四)「すなわち人に相たる者に非ざる無からん」の二重否定文の解釈。　(五) ④「吾聞以徳栄為国華、不聞以妾与馬。」の「以二徳栄一」の一・二点をはさんで、「聞下為中国華上」の返り点をつける。不・与は返読文字。(六)「過而能改者」は、「過失があっても改められる人」の意。「過而不改是謂過矣」(あやまちてあらためざるこれをあやまちといふ(う))。(『論語』・衛霊公)　(七) ⑥「使レム為サ二上大夫ト一。」の書き下し文。「為」

を「たり」と訓読するときは、「為ラ」となる。㈧　李文子の仲孫它の諫言に対して答えた「吾観国人、其父兄食麤衣悪、而我美妾与馬、無乃非相人者乎。」に見られる、国民の生活実態をよく観察し、粗衣粗食で生活する困窮者がいる以上、国民と同じ生活をすることを甘受する宰相としての生き方。㈨　中学校国語では、「内容の取扱い」の「C読むこと」の配慮事項のイに「古典としての漢文を理解する基礎を養い、古典に親しむ態度を育て我が国の伝統文化に関心を深めるようにし、教材も生徒の発達段階に即して適宜用いる」とあるが、この課題文は、中学生には少々高度で難解だと思われる。　高校国語での漢文は、「古典」目標の「古典としての漢文を読む能力の育成とともに、ものの見方、感じ方を広くし、古典に親しむ態度を育てる」ことをふまえた漢文学習を考えることになろう。　「言語活動例」にある音読、朗読や漢文に表れた思想や感情の特徴、表現上の特色などについて話し合うことも大切なことである。

【四】㈠　ウ　㈡　拝読　㈢　イ　㈣　エ　㈤　①　ふさわ　②　かたず(づ)　③　ごうきぼくとつ　㈥　①　清清(々)しい　②　会心　③　切磋琢磨

〈解説〉㈠「奔」(ほん)は、「大」部。ア「卒」は、「十部」。イ「弁」は、「廾」部。ウ「契」は、「大部」。エ「器」は、「口部」。ウが「奔」と同じ部首。㈡「読む」の謙譲語は、「拝読」。自分の行為を低めて相手を敬う語を「謙譲語」という。㈢　ア「うなだれる」は、「項だれる」と書く。「心配・悲しみ・恥ずかしさなどのために、首を前に垂れること」。イ「こだわる」は、「わずかな事に心がとられ、進展できないでいること」。ウ「謦咳(けいがい)に接する」は、「お目にかかる」意。エ「他山の石」は、「ほかのつまらない出来事や他人のくだらない批評でも、自分の品性・知徳をみがく助けになること」。イが正解。

㈣　例文の「掃除ばかり」の「ばかり」は、限定を表す副助詞。アは、原因。イは、程度。ウは、判断。エは、限定。オは、完了した状態。エが例文と意味用法の同じ副助詞。　(五)　①「相応」は、音読みで「そうおう」と読む。訓読みでは、「ふさわ」。②「固唾」は、「かたず」と読み、「固唾を呑む」は、「事のなりゆきを緊張して見守ること」の慣用句。③「剛毅木訥」は、「ごうきぼくとつ」と読む。「意志が固く不屈の精神をもっていてしかも飾り気のないこと」。(『論語』・子路)　(六)　同音(訓)異義語や類似の字形に注意すること。漢字は、表意文字であるために、字義を正しく理解して、文の内容に整合するように表記すること。

【五】解答例省略、解説参照

〈解説〉テーマの「習得した知識・技能を活用する授業」は、「生きる力」の知的側面である「確かな学力」を習得させるための授業である。「確かな学力」とは、「基礎・基本的知識や技能の習得をふまえ、その習得した知識・技能を活用し、思考力や判断力、表現力を身につけ、主体的に生きる力」をいう。　この学力を定着させるために、基礎・基本的な知識をいかにして習得させるかを考えることが大切である。そのためには、①生徒の実態(個性・能力)の把握と実態に応じた学習指導、②教材の精選と教材の研修、③学習形態の工夫(グループ学習・体験学習等の導入)、④学習進度に応じた指導(補習指導・発展的学習指導)を行い、自分独自の授業づくりを計画してみよう。

●書籍内容の訂正等について

弊社では教員採用試験対策シリーズ（参考書，過去問，全国まるごと過去問題集），公務員試験対策シリーズ，公立幼稚園・保育士試験対策シリーズ，会社別就職試験対策シリーズについて，正誤表をホームページ（https://www.kyodo-s.jp）に掲載いたします。内容に訂正等，疑問点がございましたら，まずホームページをご確認ください。もし，正誤表に掲載されていない訂正等，疑問点がございましたら，下記項目をご記入の上，以下の送付先までお送りいただくようお願いいたします。

> ① **書籍名，都道府県（学校）名，年度**
> （例：教員採用試験過去問シリーズ　小学校教諭 過去問　2025 年度版）
> ② **ページ数**（書籍に記載されているページ数をご記入ください。）
> ③ **訂正等，疑問点**（内容は具体的にご記入ください。）
> （例：問題文では“ア～オの中から選べ”とあるが，選択肢はエまでしかない）

〔ご注意〕

○ 電話での質問や相談等につきましては，受付けておりません。ご注意ください。

○ 正誤表の更新は適宜行います。

○ いただいた疑問点につきましては，当社編集制作部で検討の上，正誤表への反映を決定させていただきます（個別回答は，原則行いませんのであしからずご了承ください）。

●情報提供のお願い

協同教育研究会では，これから教員採用試験を受験される方々に，より正確な問題を，より多くご提供できるよう情報の収集を行っております。つきましては，教員採用試験に関する次の項目の情報を，以下の送付先までお送りいただけますと幸いでございます。お送りいただきました方には謝礼を差し上げます。

（情報量があまりに少ない場合は，謝礼をご用意できかねる場合があります）。

◆あなたの受験された面接試験，論作文試験の実施方法や質問内容

◆教員採用試験の受験体験記

送付先	
	○電子メール：edit@kyodo-s.jp
	○FAX：03-3233-1233（協同出版株式会社　編集制作部 行）
	○郵送：〒101-0054　東京都千代田区神田錦町2-5 協同出版株式会社　編集制作部 行
	○HP：https://kyodo-s.jp/provision（右記のQRコードからもアクセスできます）

※謝礼をお送りする関係から，いずれの方法でお送りいただく際にも，「お名前」「ご住所」は，必ず明記いただきますよう，よろしくお願い申し上げます。

教員採用試験「過去問」シリーズ

宮城県・仙台市の
国語科 過去問

編　集　　© 協同教育研究会
発　行　　令和5年11月25日
発行者　　小貫　輝雄
発行所　　協同出版株式会社
〒101-0054　東京都千代田区神田錦町2－5
電話　03－3295－1341
振替　東京00190－4－94061
印刷所　　協同出版・POD工場

落丁・乱丁はお取り替えいたします。